職業欄はエスパー

森 達也

職業欄はエスパー＊目　次

職業欄はエスパー

Prologue

一九七四年三月。ユリ・ゲラーが初めて来日してテレビのスペシャル番組でスプーン曲げを披露したとき、僕は十七歳の高校生だった。

番組が放送されたその夜、自宅でテレビを見ていた当時のクラスメートのたぶん半分以上は、あわてて台所から持ってきたスプーンを握り締めながら、テレビの画面に釘付《くぎづ》けになっていたはずだ。翌日の学校では、いつのまにか曲がっていたというスプーンを持ってきた一人の級友が、クラスの話題の中心になっていたと記憶している。

テレビは僕も夢中で見た。でもスプーンは最後まで手にしなかった。受動するだけで、能動は欠片《かけら》もない。級友のほとんどが抱いた「自分にも超能力があるかもしれない」という能動的な発想を、僕は思いつきさえもしなかった。

番組の反響は凄《すさ》まじかった。超能力なのかそれともトリックなのかという論戦で、まさしく日本中が沸騰した。高度経済成長と歩調を合わせるかのように、テレビがメディアの主流というポジションを不動のものにしつつある時代だった。そしてこれ以降、超能力や

UFO、心霊などを扱った番組は、高視聴率が保証されるひとつのジャンルとして、テレビメディアに君臨し続けてきた。

　それから二十年近くが経過して、僕はテレビの制作現場を職場に選択していた。しかし作る側に回っても、このジャンルとの接点は相変わらずない。深夜の低予算ドキュメンタリーが主なフィールドである僕にとって、ゴールデンタイムの華やかなスペシャル番組は、ほとんど縁のないジャンルだったからだ。要するにスタンスとしては一視聴者だ。受動するばかりで能動は相変わらず欠片もない。

　一九九三年、僕はひとつのドキュメンタリー企画を思いついた。十九年前のあの夜、スプーンを手にしたり夜空に奇妙な光を見たりして、以後は「超能力者《エスパー》であること」を職業に選択してきた男たちを被写体にしたドキュメンタリーだ。

　企画を思いついた背景は今となっては思いだせない。還暦を迎えたプロレスラーとか、八人の子供を抱える大家族や、筋ジストロフィーの青年実業家……、たぶん当時の僕にとっては、泡のように浮かんでは消えるそんなテレビドキュメンタリー企画のうちのひとつでしかなかったはずだ。

　しかしこのドキュメンタリー企画が番組として完成し放送されたのは、結果的にはそれから五年が経過した一九九八年だった。その間まさしく、オウム事件を筆頭とする時代の軋《きし》みや刹那《せつな》的なメディアの対応に、この企画は激しく翻弄《ほんろう》され続けた。

放送後も継続する彼らとの交流はもう八年に及ぶ。でもこの期間、そして今に至るまで、僕は自らスプーン曲げを試したことはただの一度もない。

信条があるわけではないし意地になっているわけでもない。もちろん手にしたことは何度もあるが、いつも二、三度擦《こす》った頃に、決まって別の用事を思いだす。携帯電話の充電をしなくてはいけなかったとか、コーヒーメーカーのスイッチを切り忘れていたとか、郵便局に簡易保険の名義書き換えの電話をしなくてはいけなかったとか、そんな事柄だ。そして用事を済ませたときには、テーブルの上に置いたスプーンのことはいつのまにか忘れている。そのくりかえしだ。たぶん残りの人生においても、スプーンを手にするたびにきっと僕は、片づけておかなければいけなかった何かを思いだすのだろう。

世の中には二通りの人がいる。自分に超能力があるかどうかに関心がある人とない人だ。僕はどう考えても後者のタイプということになる。

超能力という未知の能力が実在しているのかどうか、未《いま》だに僕にはわからない。現象は何度も目撃している。でも、「あなたは信じますか?」という問いをもし発せられたら、答えようとしてたぶん僕は口ごもる。

求められる答えはイエスかノーなのだ。しかし、「信じる」あるいは「信じない」という相反する二つの述語に共通する過剰なほどの主体性に、発音しようとするたびにどうしても、奇妙な後ろめたさと戸惑いがまとわりつく。ずっとそうだ。過去も、そして現在も、これに代わる言語をどうしても獲得できずにいる。

秋山眞人《あきやままこと》。
堤裕司《つつみゆうじ》。
清田益章《きよたますあき》。

この三人が、八年前に僕が選んだ超能力者だ。もちろん自称超能力者は他にも多数いる。しかし僕はこの三人に固執した。三人以外は視野に入らなかったと言ってもいい。理由はわからない。正確には簡略な言語化ができない。でも自分の選択に自信はある。理由は言えないが自信はある。

たぶん、この「曖昧《あいまい》な確信」という矛盾した情感に、「超能力」という現象の本質と、見守る僕らの実相とが隠されている。「信じる」でもなく「信じない」とも違うこの曖昧なニュアンスが、いつのまにか深い迷宮に入りこんでいた僕らの足許《あしもと》を、仄《ほの》かに照らしだしてくれるような気がするのだ。

ただし脱出できるだけの光度ではない。迷宮にいることを自覚するだけの、とりあえずはささやかな明滅だ。それでも僕は、この微《かす》かな灯《あかり》に目を凝らし続けようと思う。なぜなら強い光源は他を隠す。小さいものや弱いものや薄いものを、押し潰《つぶ》して扁平《へんぺい》にしてしまう。「曖昧な確信」というこの薄い闇に少しずつ目が馴化《じゅんか》したとき、「超能力」という迷宮に、きっと新たな視界が開けるはずだ。

目を凝らせばきっと出口は見えてくる。特殊な能力じゃない。僕たちに与えられた普通の能力だ。他者の営みを想う心をとりもどすだけでよい。誰もがきっと、曖昧に確信できるはずなのだ。

Chapter 1

終わらないファイナルバトル

「私たちは少なくとも嘘はついていない」

二〇〇〇年九月二十三日。テレビ朝日東陽町スタジオ。

年に何回か特番として放送されることがすっかり恒例となった「TVタックル」のスペシャル版「超常現象バトル」の収録に、この日のゲストの一人として出演する超能力者、秋山眞人の付添い人という形で僕は同行していた。超常現象否定派のカリスマ、早稲田大学理工学部教授大槻義彦《おおつきよしひこ》を、秋山から紹介してもらうことが目的だった。

収録は午後一時から。秋山以外にはたま出版の韮澤潤一郎《にらさわじゆんいちろう》やUFO研究家の竹本良《たけもとりよう》など、超常現象肯定派としてテレビでお馴染《なじ》みのメンバーとその関係者たちが続々と集まってきた控え室で、僕は秋山眞人から、今回のゲストの一人、カメリア・マキという名の女性を紹介された。日本でただ一人の職業魔女だという。青と赤のシャドウを両瞼《まぶた》に塗った彼女は、初めましてと名刺を差しだした僕に、「生年月日はいつですか」といきなり訊《たず》ねてきた。

「はい？」

「生まれた月日です。何月何日ですか」

「あ、はい。えーと、五月十日です」

婉然《えんぜん》と微笑みながら、カメリア・マキは手にした名刺をトランプのように広げる。一枚ごとに異なる種類の花のイラストが描かれている。その一枚を彼女は僕の目の前に差しだした。パステルタッチで描かれたイラストの片隅には、彼女の連絡先が小さく印刷されていた。

「あなたの花です。ポピーです」

受け取った名刺を思わずまじまじと眺める僕に、カメリア・マキは静かに言う。

「不眠症は治ります」

「……別に不眠症ではないですけど？」

顔いっぱいに浮かべられた微笑の量が、息がかかるほどの至近距離で無言のままフリーズしていた。予想外の反論をされて憮然《ぶぜん》としているといった表情でもないし、言葉が思いつけず笑って誤魔化そうとしているという気配でもない。文字どおりのフリーズだ。

黙って名刺を受けとるべきだったかなと思ったとき、扉が開き、髭面《ひげづら》に丸眼鏡の番組プロデューサーが、「おはようございます」とにこやかに現れた。後に続く女性ADが人数分の幕の内弁当を、全員が着席した会議用の長机の上に並べてゆく。にこにこと柔和な笑顔を絶やさないプロデューサーは椅子に座りながら、「肯定派の皆さんに朗報です。今日はすごい目玉が登場しますよ」と皆に告げる。

「韮澤さん。VTRは見てもらいましたか？」

「見ました。すごいねあれは。間違いなくホンモノでしょう」

　韮澤の言葉に満足そうに頷《うなず》きながら、プロデューサーは隣の席の秋山眞人に向き直り、

「スプーン曲げの新人が今日登場するんですけど、とにかくガチガチに硬いステンレス18—10というスプーンを一瞬で曲げるんですよ。それも直角じゃなくて、例えば曲面を作ったり、捩《ねじ》ったり、自由自在なんですよ。僕も腕力には多少自信があるのだけど、とてもじゃないけどあれは無理です。科学技術庁にも同じ条件で計測を依頼して、人間の力では不可能というお墨付きをもらっています。人間業じゃないですよ」と一気に喋《しゃべ》る。にこにこと微笑を浮かべながら聞いていた秋山が大きく頷いた。

「昔、関口淳《せきぐちじゅん》がデビューしたての頃、やっぱり18—10のスプーンやフォークを一瞬で曲げましたね。しかもそのとき、確か彼は十歳くらいでしたからね。その後トリックだって週刊朝日にさんざん叩《たた》かれたけど、たとえトリックだったとしても、大人でも曲げられない硬度のスプーンを、あんな子供が一瞬で曲げていたことは事実なんです」

「今日のゲストのナポレオンズにもVTRを見せたのですが、確かにマジックじゃないってはっきり言ってましたね」

「ナポレオンズが？　じゃあいよいよホンモノだ。やっと大槻さんにとどめを刺せますね」

幕の内弁当の包み紙を開けながらの韮澤の屈託のない言葉に、全員が声をあげて笑う。隣に座る僕にちらりと視線を送ってから、秋山眞人がふと思いだしたようにつぶやいた。

「……そういえば今日はね、実は清田も一緒に来るはずだったんですよ」

丸眼鏡の奥の眼を見開いたプロデューサーが、一拍を置いてから「ええ⁉」と大仰な声をあげる。ざわついていた控え室の雰囲気が、秋山のこの一言ですっかり静まり返っていた。

「本当ですか？」

「ええ。本人と直接話はしていませんが……」

「しかし……清田さんにはずっと断られ続けているんですよ」

「出演はしないけど僕の付添い人としてなら来たいと言っていたらしいんです。でも何か仕事が入ったらしく、結論としてはお流れになってしまいました」

言い終えてから秋山は、そうですよね？　というように再び僕に視線を向ける。プロデューサーを含む全員が押し黙ったまま僕に注視して、仕方なく僕は、中途半端な仕種《しぐさ》で何度か頷いた。

「……いやあ、しかしもし清田さんが来ていたら、今日は否定派に間違いなくとどめを刺せたのになあ……」

キンピラゴボウを口一杯に頬張ったまま僕を見つめていた韮澤が、大きく嘆息してから、もごもごと咀嚼《そしやく》を再開した。しかし今度は誰も笑わない。年に数回の放送が定着したこの番組に、清田が出演したことはこれまで一度もない。収録直前の控え室で唐突に出てきたその名前に、皆じっと押し黙ったまま、テーブルの上の一点を見つめている。

スプーン曲げの代名詞的存在だった清田益章が、ゴールデンタイムのスペシャル番組への出演依頼のほとんどを拒絶し始めてから、既に数年が経過している。否定派に対しては常に押されぎみで旗色が悪いレギュラー肯定派のほとんどは、たぶん過去に一度や二度は、清田のスプーン曲げを至近距離で目撃した経験がある人たちだ。それだけに、「清田さえスタジオに来てくれれば形勢を一気に逆転できる」という切実な期待は、回を重ねるうちに「どうして来てくれないのか？」という屈折した疑問形と無縁ではいられなくなったのだろう。清田益章という最強のカードを使えないもどかしさと困惑とが、沈黙する肯定派全員の表情に滲《にじ》んでいた。

携帯電話に清田から、「やっぱり行けなくなっちゃったよ」と電話があったのは昨夜だった。急に地方の仕事が入ってしまってさあと、彼にしては珍しく懸命に弁解していたが、断ってくるんじゃないかなという予感は実はあった。

その三日前、秋山眞人の付添い人という形で番組収録を見に行く予定なんだと言った僕に、何杯めかの冷酒をお代わりしながら、「俺も行こうかな。出演依頼を断って、秋やんの付き人で行くなんてかっこいいよな」と清田はつぶやき、「そりゃいいや。一緒に行こう」と僕もはしゃいでいたが、酔いが覚めたらきっと気が変わるだろうなとなぜか確信していた。別に予知ではない。目立ちたがりのくせにスタンドプレーを演じることには必要以上に慎重になる清田の性癖は、これまでにもさんざん体験している。この結末はある程度予想できた。

一時間後には収録が始まる。残念だなあと何度もつぶやいていたプロデューサーは、腕の時計にちらりと視線を送ってから、気を取り直したようにテーブルの上の台本を手にとった。

「……えーと、今日はですね、他にもロシアの超能力者がＶＴＲで紹介されます」

「どんな超能力者ですか？」

秋山の問いにプロデューサーは、目隠しをしたまま車を運転したり、字を読んだりするんですと答える。

「どんな目隠しですか？　コインを瞼《まぶた》に当てますか」

「コインですか？　そういえば当ててましたね。ＶＴＲでは、日本から持っていった五百円玉を使いました。それから粘土で顔の上半分を覆って、次に長い布で粘土を固定して……」

「最後に頭巾《ずきん》を被《かぶ》りますか」

「被ります」

「なるほど」

「何か？」

「実際に見てみないと断定はできませんが、五百円玉と粘土と頭巾という組み合わせは、古典的なマジックの可能性はありますね」

「ナポレオンズの二人も同じようなことを言ってました。そうですか。やっぱりあれはトリックですか」

「可能性があるということですが」

頷きながらプロデューサーは、もう一度腕の時計にちらりと視線を落とす。

「カメリアさん。台本にもありますが、途中で大槻さんを霊視してもらえますか」

「わかりました。守護霊を見ればよろしいんでしょうか」

「ええ。見えるものは何でも」

「ついでに金縛りでもかけちゃいましょうか」

微笑みながらのカメリアの提案に、弁当を食べ終えた韮澤が「いいねえそれ！」と大声をあげる。プロデューサーはにこにこと相好を崩している。

「是非やってください。それと皆さん、念を押しますが、たけしさんがゴングを鳴らしてから論争を始めてくださいね」

「そういえば前回は、興奮してすっとばしちゃったもんね」

韮澤の言葉に全員が爆笑する。

「一応お約束なんですよ。必ずたけしさん、そこでギャグをやりますから」

苦笑しながらのプロデューサーの言葉に、「唯一の見せ場だもんね」と誰かが笑う。

「それじゃあよろしく」とプロデューサーが控え室を後にしてから、隣のパイプ椅子に座っていた秋山眞人の秘書である森脇《もりわき》に、「今のプロデューサーは、肯定派擁護のスタンスなんですか」と僕は小声で訊《たず》ねてみる。

「そう見えましたか」

「見えました」

「うーん」としばらく天を仰いでから森脇は、「否定派の控え室でもあんな調子らしいですよ」と微《かす》かに笑う。

悪魔の手のひらを模したらしい巨大なセットと、スタッフの数の多さには圧倒された。ゴールデンタイムのスペシャル番組の環境は、僕の普段のフィールドである低予算の深夜ドキュメンタリー番組に比べれば、同じテレビメディアでありながらまるで異質のジャンルのように豪華で煌《きら》びやかだった。

辻義就《つじよしなり》アナウンサーがずらりと並んだゲストを一人ずつ紹介し、ビートたけしがゴングを鳴らし、「心霊・超能力・UFO　嵐の大喧嘩《げんか》!!　超常現象ファイナルバトル2000」とサブタイトルを冠された「TVタックル・スペシャル」の収録は、予定時間に始まった。

心霊バトルと銘打たれたパートの収録の後半、秋山眞人の隣に着席していたカメリア・マキが、いつのまにか奇妙な動きを始めていた。照明が吊《つ》るされた天井にしきりに視線を送るような動作をくりかえし、何事かをぶつぶつとつぶやきながら、遂には天井に向かって手を振り始めた。当然ながらスタジオ中の視線は彼女に集中した。秋山眞人はその隣で、我関せずといった顔つきでそっぽを向いている。否定派レギュラーの早稲田大学理工学部教授大槻義彦が、たまりかねたように大きな声をあげた。

「だいたいあんたさ、そんな訳のわからない動きをしないでくれよ！　気が散るんだから」

突然の大槻の剣幕にたじろいだカメリア・マキに、「カメリアさん、天井に何かいたんですか」と辻アナウンサーがとりなすように声をかける。

「ええ。はっきりは識別できないけど、たくさん寄ってきています。ちょうど……」

小声で早口のカメリア・マキの言葉は、さらにボルテージを上げた大槻の罵倒《ばとう》の声にかき消された。

「バカなことを言うのはやめろと言ってるんだ！」

「寄ってきてるのは霊ですか」

「ええ、たぶん……」

「聞こえないのか！」

ビートたけしの隣に着席した大竹《おおたけ》まことやヒロミが、カメリア・マキの肩書きに職業魔女だってさと大笑いしている。「大槻教授の霊視をしましょう」とカメリア・マキが唐突に立ち上がった。「そんな話は聞いていないぞ」と不愉快そうに言う大槻に、スタジオは爆笑に包まれる。誰が置き忘れたのか、サブカメラの横の椅子の上に、丸められた台本が置いてある。拾い上げ、僕はページをめくる。心霊バトルのエンディング近く、そこにはこう書かれていた。

大槻　（一言）

カメリア　（大槻のコメント受けて）本当に頭の固い人ですね。前世で何かあったんじゃないですか？……などとあって、

辻　お〜っと！　ついに魔女の肩書きを持つ霊能力者の本領が発揮されるのか？　実はカメリアさん。今回は頭の固い大槻教授にどんな霊がついているのか、霊視でみてあげようとおっしゃってるんです。

カメリア・マキの霊視。

大槻教授の席に移動。

手をとって、大槻教授の守護霊を見る。

カメリア　（大槻教授についている守護霊についてお話しください）
大槻　（霊視を受けて反論）
たけし　（よきところでゴングを鳴らす）

スタジオ収録の番組に構成台本は不可欠だ。もちろんある程度を想定して構成作家が作り上げたこの台本は、あくまでも進行のためのベースでしかないし、タレントたちはこの流れを参考にしながらも、実は思い思いに喋《しゃべ》っている。しかしテレビへの出演経験がほとんどないらしいカメリア・マキは、事前に渡された台本に、忠実すぎるくらい従順に実行した。その前のページには、「収録中にスタジオ内の霊視をするように」との指示もちゃんと明記されている。大槻だってもちろん台本には目を通しているはずだ。いきなり罵倒されるなどとは彼女も予想していなかっただろう。

微かに緊張した表情で大槻の背後に立ったカメリア・マキは、両腕を掲げて霊視を試みようとするが、大槻はその間も休むことなく彼女に毒づき続け、隣の席の松尾《まつお》貴史《たかし》は「こんなものテレビに流しちゃっていいんでしょうか」と笑いをとる。

スタジオ中は爆笑が絶えない。真剣に宙空を睨《にら》みながら霊視を続けるカメリア・マキの表情は変わらない。しかし内心は穏やかじゃないだろうなと僕は想像する。あくまでも想像だ。常人と感覚の幅が微妙に異なる人が多いことは事実だし、彼女の本当の心中は僕にはわからない。誰にもわからない。

心霊バトルのパートが終了し、五分の休憩を挟んで超能力のパートが始まった。特別ゲストとしてマジックのナポレオンズが紹介され、彼らがレポーターとして取材してきたロシアの超能力者がVTRで登場した。両瞼《まぶた》の上に五百円玉を載せ、ガムテープで固定してその上から粘土で顔の上半分を覆い、さらにその上から黒い頭巾《ずきん》を被《かぶ》せるという厳重な目隠しをして、その超能力者はモスクワ市内の公道で車を運転し、テーブルの上に置かれた紙に書かれた漢字を手のひらで読みとり、目隠しをしたまま書き写した。VTRはそこで終わる。辻アナウンサーがナポレオンズの二人に、「実際に取材して、彼はホンモノの超能力者と確信できましたか」と訊ね、ナポレオンズの二人は「いいえ。あれはトリックです」と即答した。

次の瞬間、スタジオの隅で僕は唖然《あぜん》としていた。つい一時間前の控え室で、「おそらくトリックでしょうね」と冷静に分析していた秋山眞《ほ》人が突然、「何を根拠にトリックだなんて断定するんですか?」とナポレオンズの二人に吼えたのだ。

「あなたたちね、そう断定するのならそのトリックをこの場で明かしてくださいよ!」

「実際にこのトリックを使っているマジシャンもいますからタネは言えません」

「何言ってるんだ? 僕らにはこれだけ執拗《しつよう》にタネを明かせと難癖をつけるのにそれはフェアじゃない。マジシャンなんてみんな嘘つきじゃないか」

「あーあ、秋山さんそれは職業蔑視《べっし》だよ」

シニカルな薄笑いを浮かべながら松尾貴史が口を挟む。

「蔑視？　これが蔑視なら私たち超能力者はどうなるんだ？　私たちは少なくとも嘘はついていない。マジシャンは嘘が商売じゃないですか」

「バカ言うな。マジックはエンターテイメントだよ。超能力なんて詐欺じゃないか」

「言ったな。言いましたね」

「言ったよ」

「あなた方は、私たちの能力を嘘だと決めてかかっている。これはね、職業蔑視どころじゃない。人間であること、今こうして生きていることを否定されているに等しいんだよ！」

ナポレオンズと秋山との喧嘩ごしのやりとりに、大槻に松尾、崔洋一《さいよういち》と否定派が全員加わった。ばかやろうこのやろう！　と罵声《ばせい》が飛び交い、カメラの横の茶髪のＡＤが、インカムを頭につけた女性スタッフに「ゴールデンの番組とは思えないよなあ」と小声で囁《ささや》いてくすくす笑う。ひな壇の中央に座ったビートたけしが、また始まっちゃったよと言いたげに大仰な動作で頭を抱えて笑いを誘う。

さすがに多勢に無勢で秋山が黙りこんだとき、ナポレオンズの二人が、自分たちが同じマジックをこれから実践しましょうと言いだした。それを受ける形で辻アナウンサーが、「実はこの建物の裏に実験スペースを作っています。皆さん移動してください」と宣言したところで収録はいったん中断し、茶髪のＡＤが「皆さん移動をお願いします」と声を張りあげながら先導する。

一同は建物の外の駐車場に作られた実験スペースへと向かう。通路で松尾が後ろの秋山を振り返って、「参っちゃうな秋山さん。今日のテンション僕も怖いですよ」と微笑みながら話しかけ、「いや、秋山さんあれでいいんだよ」と崔洋一が横から言い、「いやいや、あははは」と秋山が白い歯を見せる。

午前中から降ったりやんだりをくりかえしていた雨足は、いつのまにか本降りになっていた。玄関ホールで女性ADが一人ずつにビニール合羽《がっぱ》を手渡し、全員小走りに、茶髪のADが先導する駐車場へと向かう。

ビニール合羽を羽織って歩く僕に、秋山の秘書である森脇が後ろから傘を差しだした。礼を言いながら僕は、「どうしてさっき、秋山さんあんなにエキサイトしたのかな」と訊《たず》ねてみる。暫《しばら》く考えてから、森脇は小声で囁き返した。

「以前このTVタックルで、先生が激昂《げっこう》して、収録途中に退場しちゃったことがあるんですよ」

「見てました。去年の年末スペシャルでしたよね」

「別にそれは演出でもなんでもなかったんですが、その次のスペシャルの収録で渡された台本を見たら、『秋山怒って退場』ってちゃんとト書きに書いてあるんですよ」

「…………」

「ディレクターからも、あれ好評だったんで、もう一度無理ですかって頼まれたけど、俳優じゃないんだからそんなことできませんって断りました。ただ、そういう役回りを期待されていることは確かですよ」

「今のも演技なんですか？　だってあのロシアの超能力者はトリック使ってますねって、控え室で秋山さんも言ってたのに？」

森脇は傘を差しながら雨雲で蔽《おお》われた空を仰ぐ。微《かす》かに首をひねってから吐息をつく。

「……私にもよくわからないんです。演技半分、本音半分というところでしょうか」

駐車場には自動車学校の練習コースのような実験スペースが作られていて、遊園地で見かける子供用のゴーカートがスタート地点に用意されていた。その横には仮設テントが設置されていて、肯定派も否定派も全員その中に押しこめられた。テントの脇には編みタイツに薄いレオタード姿の女の子が一人、傘を差しながら冷気に震えていた。いわゆるレースクイーンだ。もちろん本物のはずがない。景品をワゴンで運んだり温泉で胸の谷間を見せながら微笑んだり芸能人水泳大会で水中騎馬戦の馬になったりする女の子だ。ゴーカートがコースを走るということで、演出として調達されたのだろう。

大竹まことがナポレオンズの一人であるボナ植木《うえき》の両瞼に五百円玉を当て、ガムテープで固定し、さらに布で目隠しをしたうえで黒い頭巾を被せる。どう見ても完璧《かんぺき》な目隠しだ。アシスタントの女性に手を引かれたボナ植木は、用意されたゴーカートに乗りこみ発進した。傍らに立たされたレースクイーンの女の子が、雨に打たれながらチェッカーズフラッグを懸命に左右に振る。

間違いなく視界は閉ざされているはずだ。しかしコースの所々に置かれた障害物を軽快にかわしながら、ゴーカートはゆっくりと進んでゆく。折り返し点も見事にターンした。テントから拍手があがったそのとき、突然正面からゴーカートは障害物にぶつかった。誰かが大仰な悲鳴をあげる。一瞬考えこむような仕種《しぐさ》をして、ボナ植木は腕を運転席から伸ばすとひょいと障害物を持ち上げた。「何だよ見えてるよ」と全員が腹を抱えて笑い転げる。

雨足はますます強くなってきた。コースの脇で傘を差しながらしゃがみこんだ僕のすぐ目の前で、レオタード姿のレースクイーンは、雨に打たれながら寒さに震えている。濡《ぬ》れて輪郭が現れた尻《しり》の肉の間に、レオタードの片側が食いこんでいる。周囲に気づかれないように、空いている左手で彼女は、股間《こかん》の生地を必死に引っぱりだそうとしている。しゃがみこんだまま僕は空を見上げる。鉛色の空から水滴が落ちてきて顔を濡らす。再び前方に視線を戻す。レオタードは依然として片側が食いこんだままだ。レースクイーンは、立ち尽くしながら寒さに震えていた。きれいにブローしてあった髪の毛から雨の滴がしたたり落ちている。薄い尻が震えながら身悶《みもだ》えして、あたしはここで今何をしているの？　と僕に訴えていた。あたしはなぜここにいるの？　あたしは何の意味があるの？　あたしは何者なの？

「同じだよ」と目の前の尻に僕は囁く。周囲でどっと哄笑《こうしょう》があがる。「成功です大成功です！」と絶叫し続ける実況担当のアナウンサーの声が、まるで見知らぬ遠くの世界から聞こえてくるようだ。

……僕も同じだ。僕もここに今、自分がいる理由がわからない。

ゴーカートはゴールに近づく。股間に食いこんだままのレオタードをもう一度引っぱりだそうとしていたレースクイーンは、はっと気づいたようにゴールの脇に駆け寄ると、チェッカーズフラッグを左右に振った。雨にぐっしょりと濡れたチェッカーズフラッグから水飛沫《しぶき》が周囲に撥《は》ねる。ゴールの後ろにいた誰かのマネージャーが、顔をしかめながら濡れた背広を気にしている。

三台のカメラが、懸命に旗を振る彼女には目もくれず、ゴールしたゴーカートから降りるボナ植木を追う。アシスタントの女の子に手を引かれてゴーカートから降りるボナ植木に、「見えてるんだろ。自分で歩け!」と大竹まことが野次を飛ばす。全員が爆笑する。肯定派も否定派も、スタッフも、タレントのマネージャーたちも背広姿のテレビ朝日の関係者も、全員が声をあげて笑う。笑っていないのはレースクイーンと僕だけだ。二台のカメラがテントの中で歓声をあげる否定派と、苦笑いを浮かべる肯定派を捉《とら》えている。

雨に打たれながらレースクイーンはその場に立ち尽くしていた。彼女に近づくカメラは一台もない。誰もが彼女の存在を忘れていた。誰も近づかない。誰も気づかない。雨の中に取り残された彼女が一瞬振り向いた。視線が合った。薄い唇が真一文字に結ばれていた。

「超能力とは言ってないですよ」


「それではご紹介します。綾小路《あやこうじ》鶴太郎《つるたろう》さんです！」

辻アナウンサーの紹介にスタジオがどっと沸いた。昂揚《こうよう》ではない。失笑に近い。悪魔の手のひらを模した大掛かりなセットに座るタレントや文化人たちも、その周囲のひな壇に座る一般の観覧者たちも、皆「鶴太郎」という名前にげらげらと笑い声をあげている。

黒ずくめの衣装に身を包んだ当の綾小路は、スタジオの上手からドライアイスのスモークに包まれて現れた。芸名の由来である片岡鶴太郎《かたおかつるたろう》に似ていると評判の表情を、緊張でやや硬くしながら、しかし口の端には微かな笑いが浮かんでいる。

まったくの素人じゃないなと僕は直感する。人前に立つことに馴《な》れているという風情があった。でも台本には、テレビ初登場と記述されている。スタジオの隅からフロアのメインカメラの横に、中腰の姿勢のまま、僕はそっと移動した。腰にガムテープをぶら下げたスタッフの一人が、ちらりと胡散《うさん》臭そうに視線を寄越すが、動きを制止してくる気配はない。台本にはこう書かれている。

辻　では、何はともあれ目の前で見せていただきましょう。
使用するスプーンは非常に硬いステンレス18—10のスプーンです。

まずこのスプーンがどれくらい硬いか、それぞれ皆さん手にとってご確認ください。

#立会人、肯定派、否定派、スプーンを持って硬さを確認。

辻　ナポレオンズのお二人、このスプーンに何か仕掛けはありますでしょうか？

ナポレオンズ（答える）

辻　では綾小路さん、スプーン曲げをお願いします。

綾小路（実験開始）

進行は概《おおむ》ねこの台本どおりに展開した。立会人のビートたけし、阿川佐和子《あがわさわこ》、大竹まこと、ヒロミの四名、否定派の大槻義彦、松尾貴史、崔洋一の三名は、それぞれスプーンを手に「確かにこれは硬いよ」と声をあげる。ナポレオンズの二人が、「スプーンには何の仕掛けもありません」と頷《うなず》きながら断言する。肯定派の韮澤潤一郎、そして秋山眞人は、綾小路の背後に立って、そんな様子をじっと眺めている。

手に戻ってきたその硬いスプーンを、綾小路は落ち着いた仕種でカメラの前に掲げる。場馴れしている。やはり素人とは思えない。でも、スプーン曲げのプロというのも奇妙な話だ。

まさしく次の瞬間、スプーンは手の中でぐにゃりと飴《あめ》細工のように曲がっていた。力を加えるような不審な動作は一切ない。一瞬の出来事だった。一拍の間を置いてから、スタジオがどよめき始める。ガムテープを腰に下げたスタッフが、口を半開きにしたまま僕の隣で、「マジかよ」とつぶやいた。

曲がったスプーンは綾小路の手の中でさらに捩《ねじ》られる。とにかくすべての動作は一瞬だ。まるで紐《ひも》を結ぶかのように、スプーンの柄は綾小路の手の中で丸まってゆく。否定派の面々は次々に曲げられてゆくスプーンを前にしばらくは声もない。韮澤が「これはもう絶対ホンモノです。否定しようがないでしょう！」と喜色満面で言う。

収録は手際よく進行してゆく。科学技術庁での実験によると、この18―10スプーンを曲げるためには、一五六キロの力が必要とされるとの計測結果が知らされる。これは普通の人間では不可能ですと技師がコメントする。「計測の仕方が違うよね」とスタジオのモニターでVTRを見ていた松尾が指摘する。

「支点から三センチの部分に力を加えているけどあれは間違いですよ」

「しかしねえ、科学技術庁のこの計測では曲げきるまでの所要時間が三秒かかったけど、綾小路さんは一秒もかかっていませんよ。〇・一秒ですよ」

韮澤がムキになって松尾に反論する。スプーンだけではない。ビートたけしが持ったフォークの先端も、綾小路が先端を一撫《な》でするると、花弁のように曲がっていた。隣の席のヒロミが「すげえ」と嘆息する。

曲がる一瞬、腕の筋肉に力が入っているように見えると発言した阿川佐和子に、「もし力ならどうしても鋭角に曲がります。こんなふうには曲がりません」と、綾小路は今度は大きな放物線の形に曲げた。ナポレオンズの二人はしきりに首をひねっている。これまで世に出たほとんどのスプーン曲げはトリックだと喝破してきた二人のプロのマジシャンが、明らかに当惑している。辻アナウンサーの質問を受けて、二人は「確かにトリックではないようです」とあっさり認めていた。

僕はメインカメラの横を離れてモニター脇の椅子に腰を下ろした。目の前の光景に奇妙な違和感があった。理由はわかっている。鮮やかすぎるのだ。

清田益章は一本のスプーンを曲げるのに平均で三分ほどの時間を要する。調子が良いときにはもっと早いけど、この波のコントロールは彼にもできない。スプーンを手に数分擦《こす》ってみてから、今日は駄目だよとあきらめることも実は頻繁にある。しかし綾小路の手つきには、躊躇《ためら》いや消耗は一切ない。まるで機械のように正確に、ステンレス18―10のスプーンを次々と曲げてゆく。曲げるだけではない。彼は曲げたスプーンをまた伸ばすのだ。それも元の形そのままに。曲げてまた伸ばしたスプーンを綾小路は新品のスプーンに重ねる。隙間はまったくない。超能力は心の働きだともし仮定するのなら、誤差が出て当たり前なのだ。一度の狂いもなく曲面を修正するなど心の働きとは考えづらい。しかしその現実がまさしく目の前で起こっている。

騒然となったスタジオで、秋山眞人だけが、ずっと無言のままでいることに僕は気がついた。無邪気にはしゃいでは否定派を挑発する韮澤とは対照的に、綾小路の背後に佇《たたず》んだ秋山は、先刻から一言も発さずに、綾小路の指先をじっと無言で見つめている。

「力で曲げたのなら手に跡がつきます」

何本めかのスプーンを曲げながら綾小路は言う。

「よく見て欲しいのだけど私は腕を前に伸ばしたまま曲げています。この状態では力は入りません。大槻さん。こちらに来てもらえますか」

台本どおり大槻を呼びこんだ綾小路は、腰を下ろした大槻の背後から腕を回して、その鼻先でスプーンをひねった。大槻は無言だ。「認めなさいよ大槻さん」上機嫌の韮澤が嬉《うれ》しそうに言う。

「よしわかった」

大槻が不意に言った。背広のポケットから南京錠をとりだした。

「何だって曲がるんだよな。だったらこれを曲げてくれ」

いきなり目の前に差しだされた南京錠に綾小路は沈黙した。台本にはもちろんそんな記述はない。事前にスタッフから綾小路について聞いていた大槻が、あらかじめ用意していたものであることは明らかだ。南京錠のU字形の鉄棒の部分は直径は一センチ近い。言うまでもないが人間の力では絶対に曲がらない。万力などの器具を使ってもたぶん無理だろう。

「……これですか？」

「そうだよ。これができるのならホンモノかもしれないと認めるよ」

綾小路の一瞬の当惑を大槻は見逃さなかった。勝ち誇ったように畳みかける。

「いや大槻さん、心の準備があるんだよ。こんなのいきなり出されちゃ超能力は無理だよ」

綾小路の横に立つ韮澤が、必死に弁護する。

「準備がなぜ超能力に必要なんだよ」

「準備といっても心の準備ですよ。超能力は心の働きなんだから」

二人がコミカルにやりあい、松尾や大竹が、「まあ、とにかく芸としては確かに大したもんですよ」とすっかり余裕を取り戻して言う。目の前に置かれた南京錠を見つめるだけで手を伸ばそうとしない綾小路の表情には、まぎれもない当惑と敗北が滲《にじ》んでいた。確かにスプーンは曲げた。しかしこの鉄棒を曲げることができないのならその理由はひとつ、何らかのトリックがあるからだ。そんな雰囲気がスタジオ中に充満している。綾小路がふと、自分の頭の上でやりあう大槻と韮澤に視線を向けた。

「……いや。私は超能力とは一言も言ってないですよ」

「ええ、違うの！」

一瞬の静寂の後に韮澤が発した素頓狂《すっとんきょう》な声で、スタジオは爆笑となった。キャストや観客だけではない。スタッフたちも、大声をあげて笑っている。

「じゃあ、やっぱり何かのトリックってことだろ」

「いや、大槻さん待ちなさいよ。そうは言ってないでしょ」

「だって本人が超能力じゃないって言ってるだろ」

「超能力とは言っていないと言ったんでしょ。そうですよね。ちょっぴり超能力が入ってますよね」

韮澤のこの一言にスタジオ中がまた爆笑となった。大竹まことやヒロミが、おいおい超能力は調味料かよと腹を抱えながら野次を飛ばす。綾小路は口許《くちもと》に微笑を浮かべたまま無言のままだ。

秋山眞人は喋《しゃべ》らない。じっと何かを考えているかのように立ち尽くしている。

「まあ、とにかく芸としては大したもんですよ。それは認めます」

松尾がいつものシニカルな笑顔を取り戻して言う。否定派の面々が笑いながら頷いて同意を示す。綾小路は無言のままだ。「芸」や「一瞬の力」という言葉が否定派から発せられるたびに、そうとりますかと言わんげに苦笑はするが、発言はしない。「本人はね、もうバカバカしくて反論する気になれないんですよ」と韮澤が弱々しく弁護して、またスタジオ中の笑いを誘う。

「果たして超能力か否か？　結論は出ませんが、ここでこのコーナーは終わりです。綾小路さん、どうもありがとうございます！」

サブから指示が出たのだろう。少し慌てたような辻アナウンサーの声がスタジオ中に響いて、超能力バトルの収録は終了した。

出番を終えた綾小路を、スタジオの隅で人垣が取り巻いた。皆口々に「いやあ凄《すご》いものを見ました」とか「本当は超能力ですよね」などと言いながら名刺を差しだす。僕もその一人だ。名刺を渡しながら、「二つお聞きしたいんです。否定派たちがやっぱり力でしょうというニュアンスで発言したときに反論しませんでしたよね。それと超能力だとは最後まで断定しなかった。この二つについてお聞きしたいんです」早口でそう言うと、綾小路はまじまじと僕の顔を見詰めてから、「面白いところに興味を持ちますね」とつぶやいた。

「最初からテレビ出演は今回だけというつもりです」

控え室に僕を案内した綾小路は、開口一番そう言った。

「私は今、長野市でショーパブを経営しています。自分自身も舞台に立つ。その意味では別にテレビにこだわる気は今までもなかったし、これからもない。スタジオで反論しなかった理由は、反論しても同じだろうと思ったからです。私は両腕を真直ぐ前に伸ばしてスプーンを曲げる。やってみればわかるけど、これでは力なんて入りませんよ。それはもう言葉で説明するまでもなく見ていれば明らかなことじゃないですか。ところが実際に目の前にしてもあんな反論が出てくる。もうこれ以上私の口から言うことはないですよ。仮に言ったところで、また難癖がつくでしょう。同じことのくりかえしです。それにもし、私が彼らを納得させてしまったら、彼ら自身も、番組のスタッフもきっと困るでしょう。皆これで生活しているわけだから。それは本意じゃないしね」

「南京錠を曲げなかったのは?」

「イメージです。私のやりかたはいつも曲がったスプーンを強くイメージしてできる。いきなり南京錠を突きつけられても曲がったイメージがうまく浮かばない」

「超能力と認めなかったのは?」

「定義の問題。論争には加わりたくなかった」

「僕たち一般の人間が顕現できず、なおかつ既存の科学や物理法則では説明できない現象を起こす力を超能力と定義した場合、綾小路さんの力は超能力ですか?」

「……超能力ですね」

控え室での綾小路は、それまでとは別人のように饒舌《じょうぜつ》だった。今年早々に末期ガンの患者をヒーリングで完治した際に自分自身が肝臓ガンになり、四月に長野市内の病院で肝臓の五分の四を切除して退院したこと。その肝臓が一ヵ月後にはほとんど再生していて医師が驚嘆したこと。手術の際に、娘の家に行ってオムライスをねだった夢を見たこと(娘もまさしく同じ夢を見ていたそうだ)などの話を織り交ぜながら、収録の際とは打って変わって滑らかな口調で綾小路は話し続けた。例えば自分と誰かとの会話の内容を再現するときも、一人二役や三役を達者に演じる。明らかに喋り馴《な》れている。おそらく要請があればステージに上がるという自分のショーパブでも、何度もくりかえしている話なのだろう。

スプーン曲げに開眼したのは十二年前。それまではサービス業のサラリーマンで、心霊現象や超能力などまったく信じていなかったという。できっこないよと何かの弾みで手にしたスプーンが見事に曲がり、なるほど人にはこういう力が具《そな》わっているのかと考え直して現在に至るという。

「……ちょっと待ってください。曲がったイメージを持てないから南京錠は曲げられないと、さっき言いましたよね」

「曲げられないではない。曲がるかもしれないけど時間もかかるかもしれないし……」

「でも、いちばん最初は、曲がりっこないと思ってスプーンを手にしたけど曲がったんでしょう？」

「曲がりっこないとは思っていたけど、曲がることへの期待はあった。……これは微妙な表現だけど」

納得できず黙りこんだ僕に綾小路は、このあいだは店に来た客の依頼で、サラダなどを取り分ける特大のサーバースプーンを一瞬で曲げて驚愕《きょうがく》させたという話を語り始めていた。

今日はこれから長野に帰るんですか？　話の継ぎ目にそう訊《たず》ねると、綾小路はこう答えた。

「明日帰ります。今日は収録が終わったら殿《トノ》の家に行く予定です」

「トノ？」

「たけしさんです。呼ばれているんです」

ああなるほどと頷《うなず》きながら、知る必要のない裏舞台を垣間見てしまったような感覚がわきあがってきて、僕はそういうことかと、何ともいえない虚脱感に襲われていた。

収録が続いているスタジオに戻る。出番を終えてモニターの脇に所在なげに立っていた秋山眞人と視線が合った。

「秋山さん、彼はホンモノですか」

歩み寄りながら声をかける。にっこりと笑った秋山は答えない。

「違うんですか？　トリックなんですか？」

「うーん。おそらく」

「でも、あんなやりかた初めて見ましたよ」

「確かに。スプーン曲げだけでも四十種類くらいのトリックがあります。あらかじめスプーンに細工をしたり、胸元に金属板を隠していて一瞬の動作でそこに押し付けたり。僕も一通り知っていますけど、そのどれでもないことは確かです。ナポレオンズも言っていたけど、たぶんマジックという範疇《はんちゅう》ではないようです」

「じゃあ……」

「マジックじゃないけどトリックでしょう。一瞬の力です。その意味では確かに完成された芸です。僕も今は推測でしか言えないけど、残念ながら超能力とは違います。でも、いずれにしても久しぶりに出た逸材です。これが放送されれば話題にはなりますね。僕はそれはそれでいいことだと思います」

「たとえトリックだとしてもですか」

「ユリ・ゲラーが初めてテレビでスプーン曲げを見せたとき、僕や清田など、潜在的な能力を持っていた子供たちが大勢触発されました。同じように刺激を受ければ次の世代がきっと出てきます。これはきっと意味のあることです」

「でも、仮に話題になったとしても結局ホンモノじゃないのなら、いずれメッキは剝《は》げますよ。そうしたらまた世間の評価は、超能力は所詮《しよせん》こんなものだというネガティブなものになると思いませんか」

「ホンモノでもニセモノでも、大衆の意識は常にネガティブです。その意味では同じです。むしろ彼のデビューが何らかの意味で、触媒のような働きをしてくれればと僕は考えています」

デジャ・ビュだ。と話しながら僕は思う。この会話は以前にもした。初めて秋山に会ったときだ。彼らとの会話はいつもデジャ・ビュだ。

理由はわかっている。僕自身が、彼らとの会話にいつも心の底から納得できていないから、同じ質問をいつのまにかくりかえしているのだろう。

「いやあ参っちゃったよ。いったいあいつはどっちなんだよ」

大声に振り返ると、たった今出番を終えた韮澤だった。ほぼ一時間にわたり孤軍奮闘で綾小路を弁護し続けた韮澤は、すっかり消耗しきった表情で秋山に近づいてきた。

「どうしてあんな曖昧《あいまい》な言いかたしかしないのかなあ。ねえ秋山さん。これであいつがトリックなら、俺は日本中から笑いものだよ。まったくいい面の皮だよ」

秋山は答えない。にこにこと微笑んでいる。フロアディレクターが、小走りに秋山を呼びに来た。綾小路のスプーン曲げについて、まとめのコメントをしてもらえないかとの依頼だった。台本にはない。サブも混乱しているらしい。了解しましたと秋山は再びセットの中に戻る。フロアディレクターがキューを出す。

「大槻さん。とにかくきちんと計測しましょうよ。彼の出現はいい機会ですよ。そろそろ次の段階に進みましょうよ」

ライトを浴びた秋山は大槻に、科学的なアプローチを提案する形で一分ほどのコメントをまとめた。綾小路がホンモノなのかニセモノなのか、その判定を自分が口にすることは巧みに回避した。

収録終盤のUFO肯定派と否定派との論戦は盛り上がりに欠けたまま終わり、辻アナウンサーがビートたけしに、「では最後に今回の超常現象バトルの最終判定を、大会名誉委員長のたけしさんにお願いします」と呼びかける。「最終判定って言ったって、どうせ年末にまたやるんだろ」とビートたけしが投げやりに言って、スタジオ中が爆笑する。ちなみに台本の最後にはこう書かれている。

たけし　心霊、超能力、UFO、多くの問題が残っているけど、それらは20世紀に生きた俺たちの責任として解明する必要がある。でも、20世紀、科学は確かに進歩したけど、まだまだこれだけの未踏の地が残っていることも嬉《うれ》しいことだよね。

辻　またしても、決定的な結論を導き出せないまま、今夜のファイナルバトルは終《しゅう》焉《えん》を迎えてしまいました。もしも許されるならば、再び、今世紀最後の日までにこれら超常現象バトルに完全決着をつけたいと考えております。今世紀中にお会いすることができるでしょうか？

（拍手）

〜エンド

スタジオを出て控え室へと戻る通路で、秋山眞人は「大槻先生、ちょっとご紹介したい人がいるんですが」と先を歩く大槻に呼びかけた。立ち止まって振り向いた大槻に、僕は慌てて名刺を差しだした。

「普段はテレビでドキュメンタリーを作っています。たまに映画も作ったり、本も書いたりしています」

「二年前に超能力者たちのドキュメンタリーを作りました。今はルポルタージュの形でまとめる作業をしています。それで一度、大槻様にもお話をお聞きしたいと思いまして」

「ああそう」

名刺を一瞥《いちべつ》した大槻は、「サイプロに連絡してくれ」と一言を残すとくるりと踵《きびす》を返した。立ち止まっていた時間はおそらく三〇秒もない。名刺はもらえなかった。出す気配も見せなかった。彼が所属する芸能プロダクションであるサイプロを経由するのなら話はもっと簡単だった。マネージャーに電話をかけて取材を依頼すればすむ話だ。しかし、できればその手続きは回避したかった。テレビタレントではない一人の研究者としての大槻義彦と、今後の関係性を構築してゆくために、秋山に紹介の労を頼んだのだ。そのために今日一日があった。この七年間、この機会をずっと窺《うかが》ってきた。それがまさか三〇秒で終わるとは、夢にも思っていなかった。

「うーん。あっさりでしたね」

遠ざかる大槻の後ろ姿を呆然《ぼうぜん》と見送る僕の耳許《みみもと》で、秋山眞人が申し訳なさそうにつぶやいた。

この収録から十日後の二〇〇〇年十月二日。シドニーオリンピックの閉会式が終わった翌日に、この番組はゴールデンタイムの特番として放送された。科学的なアプローチを始めましょうよとの秋山のコメントはカットされていた。そしてそれから一週間後、僕は大槻義彦が所属するサイプロダクションに電話をかけた。

Chapter 2

挫折からのはじまり

「見方を変えれば精神異常です」

記録的な冷夏だった一九九三年の夏、僕は秋山眞人に初めて会った。指定された事務所は、東武東上線のとある駅から徒歩で五分ほどの、商店街の外れにある雑居ビルの一室だった。オールバックの髪型に髭面《ひげづら》、不動産の営業マンのようなダブルのスーツに身を包んだ秋山眞人は、満面の笑みを浮かべながらドアベルを押した僕を迎え入れた。

当時の秋山は、UFOや宇宙人をテーマにしたテレビのスペシャル番組などには必ずといっていいほど出演していた。視聴者から寄せられたというUFOだか光の反射だかよくわからないピンボケ写真を眺めながら、「ああ、これはアダムスキー型ですね」などと怪しげな解説をするコメンテーターの役回りのときもあったし、時には自らUFOを呼ぶと称して、どこかのビルの屋上から夜空を睨《にら》んでいたシーンも記憶にある。そのときにUFOが現れたのかどうかは記憶が判然としない。番組の最後に中空に星のような小さな光が現れて、「星とは違うようです！　動きが明らかに違います！　違うような気がします！」

などとスタジオの司会者が絶叫するのを聞きながら、「バカじゃないか。星だろう、どう見たって」などと欠伸《あくび》をしていたような気がする。

番組中コメントを求められたとき秋山は、UFOや超能力を否定する人たちに対してはかなりエキセントリックに激昂《げっこう》するのが常だった。それもあって、実際に名刺を交換しながらの彼の低姿勢で常識的な受け答えには、少々意表を衝《つ》かれたという感覚が率直な第一印象だった。

「ええ、よく言われますよ。テレビの雰囲気とだいぶ違うって。演技しているとまでは言いませんが、テレビって例えば半日かけてスタジオの収録をして、それを三〇分に編集しちゃうわけですからね。どういうわけか僕が使われるシーンは、怒鳴ったりしている個所ばかりなんですよ。まあ、そういう役回りを期待されているってことなんでしょうけど」

つい先日まで、TBSの超能力特番のロケで中国に行っていたという秋山は、部屋の隅の応接セットに腰を下ろし、にこにことそう言った。

「不本意ではないのですか」

「こちらも利用させてもらってますから。番組がきっかけになって一般の方が超能力に対して興味を持ってもらえるのなら意味はあります」

「でも、ネガティブな持ちかたをされてしまうというリスクはあると思いますけど」

「リスクはあります。でも少なくとも、まったく関心がないよりはポジティブですよ」

そう言ってから思いだしたように、テーブルの上に置いてあった番組企画書を手にした秋山は、ぱらぱらとページをめくってから白い歯を見せる。

「マスコミの方からはいろいろお話はきます。だけどドキュメンタリーという手法で、僕たち能力者の日常を捉《とら》えるというプランは初めてもらいました。いいですねえ。これは面白い試みですよ」

企画書はあらかじめ郵送していた。企画の趣旨は、超能力そのものではなく、「エスパーであること」を職業に選択した彼ら、三十代半ばの男たちの日常の悲喜劇を描くことにあると僕は書いていた。事前に見せることで、当の本人からは激しく反発される可能性もあると覚悟していたが、秋山は予想以上に好意的だった。

「中国ロケはどうでした」

「面白かったですよ。いろいろ収穫はありました。ただ、これはロシアにも言えるのだけど、とにかく外貨獲得が今は国家としても個人としても最大の課題ですからね。その意味で玉石混交です。白髪三千丈の国ですから。マガイモノも確かに多いです」

マガイモノという言葉をあっさりと口にした秋山に、それまで頷《うなず》いていた僕は、一瞬だが絶句した。現時点において彼がマガイモノではないという担保は僕には何もない。本音を言えば、その可能性は低くはないと思っている。

今回のドキュメンタリーにおいて、彼らが必ずしもホンモノである必要はない。むしろエスパーという代名詞で世間や自分を欺きながら生きているのなら、その影の部分には何よりも興味があった。しかしそれをこの場であからさまに表明することにはさすがに躊躇《ためら》いがあった。

「正直に言うと超能力が実際にあるかどうか僕にはわかりません」

「これまで、間近でご覧になったことはありますか」

「ないです」

「ならばそれは健全です。見たこともないのに信じるのは不健全です」

「……この企画の話に戻しますけど、秋山さんも撮影対象の一人です」

「ええ、ありがとうございます」

「ただ、言いづらい話ですが、想定しているのは深夜のドキュメンタリーという低予算の枠なので、ゴールデンの番組に比べたら……」

「ギャラですね？　了解しました」

口ごもった僕を気遣うように秋山は明るく言った。

「ゴールデンの番組に出演したときに取り返します。気にしないでください。僕もこの時間帯の番組がどのくらいの予算枠なのかという見当はだいたいつきますから。……で、企画書には複数の能力者を対象にするとありますが？」

「現段階で接触しているのは秋山さんだけです。もう一人はダウジングの堤裕司さん、それとスプーン曲げの清田さんを考えているのですけど」

「清ちゃんは今どうかなあ。マスコミの取材はほとんど断っているようですねえ」

「もし清田さんが無理ならば、関口淳さんも候補ですけど」

「関口君はもっと無理でしょうね。刑事事件を起こしたことは森さん、ご存知ですか」

「ええ、新聞沙汰《ざた》になりましたね」

ユリ・ゲラーが初来日した第一次超能力ブームの頃、超能力少年として早くからメディアに注目されていたのは、清田益章よりも関口淳のほうだった。背中越しにスプーンや針金を投げ上げて、床に落ちたときにはぐにゃりと曲がっているという彼のデモンストレーションのほうが、ひたすらスプーンを擦《こす》り続けるだけの清田よりは、映像的にもインパクトが強かったのだろう。


その関口のスプーン曲げが実はトリックだったと、一九七四年五月二十四日号の「週刊朝日」が、証拠の分解写真とともに記事を大きく掲載し、インチキ少年として関口はマスコミから姿を消した。そのときの経緯を父親である関口甫《せきぐちはじめ》は、十八年後の一九九二年、「週刊新潮」の取材に答えてこう述懐している。

「あの取材のときは、四時間半にわたるテストのような格好で淳の能力が試されたんです。全部パスしていたんですが、最後の最後にくたびれ果てた淳が手を使ってしまい、その部分が拡大されて報じられた。そのため、淳の能力はインチキだという捉え方をされたのは残念だったと思います」

マスコミから追われた関口はその後、喫茶店経営や不動産業などを営むが、二十一歳のときに大麻取締法違反で逮捕、さらに執行猶予期間中に窃盗と無免許運転で再逮捕され、一年六ヵ月の実刑を言い渡されて服役する。

「今の関口君の連絡先は僕にもわかりません」

「どうして彼はあんな事件を起こしたのでしょう」

「……超能力者には正直言うと多いんですよ。どうしても普通の社会生活から逸脱してしまいますから」

「逸脱の理由は？」

重ねての僕の質問に、秋山眞人は何だかインタビューのようですねと微笑む。すみません。続きはカメラが回り始めてからにしましょうかと言う僕に、いやいや、いい機会だからお話しします。テーマの参考にしてくださいと秋山は答える。

「要するに、普通の人には見えないものが見えたり聞こえたりしますからね。これは見方を変えれば精神異常です。おまけに僕たちスプーン曲げ第一世代についていえば、周囲の大人たちやメディアから、それこそ断続的におだてられたり誹謗《ひぼう》されたり奉られたり足許《あしもと》すくわれたりという日常がくりかえされたわけです。超能力があったとしても中身はただの小学生です。そんなプレッシャーやバイアスの中で生活していれば、だんだん自分をコントロールできなくなって当然ですよね」

「ということは秋山さんも？」

「僕は金で転びましたから」

にこにこと微笑みながら秋山はあっさりとそう言った。唐突に出てきた「金」という語感に戸惑いながら僕は訊《たず》ね返す。

「金、ですか」

「金です。要するに能力を温存することよりも生活を優先しましたから」

「能力と生活は両立しないのですか」

「一般論としては難しいです。芸術に喩《たと》えるのはちょっと恐縮だけど、一流の芸術家だって生活力はない人が多いでしょう？　日々の暮らしや節税やご近所付き合いのことばかりを考えていたら能力はどうしても弱まります。でもまあ、僕の場合はそうして仕事に結びつけることで、何とか現実と折り合いをつけています」

「……ということは、関口さん以外にも、社会と折り合えなくなった超能力者はいるということでしょうか」

「もちろんです。たくさんいますよ」

一九九五年、「VIEWS」誌のインタビューで関口淳は、「週刊朝日」の取材のときにトリックを使ったことは確かに事実ですとあっさり認めている。四時間も続いた撮影でへとへとになって、最後には既に折れ曲がっていたスプーンを拾って投げたのだという。なぜ疲れきった時点で拒否しなかったのか？　と聞かれて、関口はこう答えている。

「もともと、ヤラセはすごく多かったんですよ。マスコミの人って、けっこうヤラセをさせるんですよね。打ち合わせのときなどに、簡単にスプーンを曲げてみせるでしょう。そうすると、『これは本物だ』となり、本番の写真撮影やテレビのビデオ撮りのときに、何時間かけてもうまくいかなかったりすると、『もういいよ。君が本物だということは知っているから』と言って、ヤラセですませてしまおう、ということになるんです。子供ですから、僕は漠然と『そういうものなのかな』と思ってました。『週刊朝日』のときも、他のおじさんたちと同様に、それで許してくれるんじゃないか、いい写真が撮れたって喜んでくれるんじゃないかって、思ってたんです」

　この説明を稚拙で見苦しい言訳だと断定することはできるだろうか？　関口の超能力の真偽についての判定はできないが、この告白に嘘を嘘で糊塗《こと》しようとする作為は僕には感じられない。なぜなら、彼が語るマスコミの対応には、同業の一人として確かにリアリティがあると思うからだ。

「週刊金曜日」一九九六年一月二十六日号で中山千夏《なかやまちなつ》が、当時自らがアシスタントを務めていた「お昼のワイドショー」に十一歳の関口淳がゲスト出演したとき、トリックをやったほうが楽になれるよと暗黙のうちに彼を追いこんでしまった番組全般の雰囲気と、それに加担した自分自身の役割を率直に吐露している。もちろん彼が全面的に免責されるわけではないが、少なくともそんな雰囲気が、当時のメディアに蔓延《まんえん》していたことは事実だと思う。

「とりあえずは清田ですが……正直に言うと彼がドキュメンタリーの被写体となることを承諾するかどうかは僕には何とも言えません。とにかくいい意味でも悪い意味でも振幅の激しい男ですから。まあ、これは念力系の性癖なんですけどね。最近では、ほとんどのメディアからの取材や出演依頼は断り続けているようですし」

「とにかく連絡をとってみます」

「そうですね。念力系の能力者としては、やっぱり清田は間違いなく現在もトップレベルですから。もし今彼が精神的にいい状態なら、やはりいちばんのお勧めですけどね」

指定された青山のカフェバー。鋲《びょう》を打った革ジャンの肩まで伸ばした髪を茶色に染めて、左の耳朶《みみたぶ》にはピアス、蛇革のブーツにバンダナを頭に巻いて、まるで一九七〇年代のロッカーというコスチュームで現れた清田益章は、一人の背広姿の小柄な男性を伴っていた。席につきながら彼は、初めまして私が清田のマネージャーですといきなり名刺を差しだした。マネージャーの存在など予想もしていなかった僕は、少々困惑しながらもとにかく名刺を交換した。さっさと一人だけ腰を下ろした清田は、しばらく無言のまま値踏みをする

ように僕を上目遣いに睨《にら》みつけてから、

「基本的にさあ、俺はテレビにはもう出ないつもりなんですよ」

と口火を切った。

「ドキュメンタリーってのは初めての依頼だから、まあちょっと興味は湧いたけどさ、でもやっぱり乗り気じゃないんだということは最初に……えーと誰だっけ？　森さんか。森さんには知って欲しいんですよ」

「乗り気じゃない理由は何ですか」

「マスコミの方は玩具《おもちゃ》にしますから」

答えたのは清田ではなく、隣に座ったマネージャーのHだった。清田は黙って頷《うなず》いている。

「玩具ですか？」

「超能力者はマスコミにとっては消耗品ですからね。飽きるまでさんざん嬲《なぶ》られて、飽きられたらあっさりと捨てられることはわかっています」

「確かにそういう人もいるかもしれません。でもマスコミにとっても清田さんにとっても接点はビジネスですから、商品の需要と供給という意味合いでは仕方ない部分もあると思いますけど」

「森さんも同じかな？　ビール頼んでいいですか？」

僕とHとの会話を黙って聞いていた清田が、唇の片端を笑みで吊り上げながら、二つの疑問符を同時に口にした。

「あ、どうぞ。好きなもの頼んでください。……同じって？」

「だからさ、森さんもその商品とか何とかいうマスコミの人と同じなのかな？」

「……基本的には同じです」

「じゃ、今回は難しいですね」

「ちょっと待てよ」

難しいと断言するHを制止するように一言つぶやいてから、清田は運ばれてきたグラスにビールを注ぐ。僕とHは押し黙って、細かな泡の浮かんだグラスを一息に傾ける清田を眺めている。

「今までさ、最初からこんな言いかたしたマスコミの人っていたか？　いねえだろ？」

「……そうですね」

同意を強要されたHは、半ば呆然《ぼうぜん》としながらもとにかく頷く。グラスをもう一度傾けた清田は、再び僕に視線を向ける。

「ドキュメンタリーやる人って今まであまり接点はないんだけどさ。みんな森さんみたいな感じなのかな」

「……他の人のことはよくわからないです」

「俺さ、実は今回は断るつもりでいたんだよ。ただ、スプーン曲げじゃなくて俺の日常に興味があるなんて言ってきたテレビの人は初めてだからさ、会うだけでも会ってみるかって思ったんだよな」

「……そうですね。考えてみる価値はあるでしょうね」

少し慌てた様子で頷きながらHが口を挟む。たぶんここに来る前に、最終的には断ろうという話し合いが二人のあいだではまとまっていたのだろう。清田の突然の豹変《ひょうへん》に狼狽《うろた》えながらも、必死にギアを入れ替えて軌道を修正しようとしている気配は濃厚だった。

「ギャラは？　ドキュメンタリーってギャラはないんだっけ？」

「そんなことはないです。やっぱり場合によっては拘束するのだからそれに見合うだけの金銭はできるだけ支払います。ただ、ゴールデンタイムや特番のように予算が潤沢ではないので、今は何とも言えません。企画自体まだ局には通ってないですから」

「通ってないんですか？」

Hが素頓狂《すっとんきょう》な声を出す。よくそんな段階で僕らを呼びだしましたねという非難が語尾に滲《にじ》んでいた。清田がじろりと横目で睨《にら》む。

「ドキュメンタリーだからさ、やっぱり最終的な企画書を書くためには事前に被写体に会わなくちゃいけないんだよ。そうだよな、森さん？」

「はい」

「やってみてもいいかな」

「はい？」

「考えてみますよ。基本的にテレビはほとんど断っているんだけどさ、今回は例外として考えるよ。ビールもう一本いいですか？　あと、チキンバスケットも」

三人めのエスパー、日本のダウジングの第一人者である堤裕司には、彼の自宅近くの東《ひがし》久留米《くるめ》の喫茶店で会った。冷夏とはいえ久しぶりに寒暖計が30度を超えたこの日、堤裕司はムーミン谷に住みついたスナフキンが被《かぶ》るような黒い帽子にマント姿という、時おりテレビの特番などで見かけるそのままの姿で現れた。口許《くちもと》には照れたような曖昧《あいまい》な笑みを浮かべている。

「初めまして。森といいます」

「初めまして。堤です」

消え入るような声だった。雰囲気としては、ハロウィンで無理やり仮装させられたひきこもりの中学生だ。ぼそぼそと小さな声で、ウエイトレスにアイスコーヒーをオーダーし、「ドキュメンタリーの依頼は初めてなので、ちょっと戸惑っているんです」と、電話口で何度も言っていたことを堤はもう一度くりかえした。

インターネットで「ダウジング」を検索すれば、振り子を使う透視術と紹介されている。間違いではないが不充分だ。ダウジングに使う道具は振り子だけではない。Y字形の木の枝や、二本の針金をL字形に曲げて短い先端を手にするL字形ロッドと呼称される道具もある。前史時代、これらの道具を使って水脈や鉱脈などを探索することで、ダウジングは始まったと言われている。

そのダウジングの日本における第一人者という肩書きで、この頃の堤は頻繁にテレビや雑誌に登場していた。その意味で出演交渉は、三人の中でいちばん楽だろうと僕は予想していた。しかし鞄《かばん》の中から僕の企画書をとりだした堤は、しばらく口ごもってからこう言った。

「根本的な勘違いをされているんです」

「僕がですか？」

「……この企画書に森さんは、三人の超能力者と書かれていますけど、ダウジングは超能力じゃないんです」

「超能力じゃないとしたら何ですか」

「技術です」

つい先日、たまたま目にしたテレビ番組を僕は思いだしていた。日本列島のどこかに隠れているお笑いタレントを、堤は広げた何種類もの縮尺の日本地図の上で振り子を凝視しながら探索していた。紆余《うよ》曲折はあったけど、最後には確かにタレントが潜む日本海側の小都市を堤は言い当てた。放送されない仕掛けやトリックがあったのかどうかはともかくとして、技術でできることじゃないだろうと内心は思ったが、今日のところはダウジングの定義について議論するつもりはない。必要なのは被写体となることへの承諾なのだ。しかし堤は、続けざまにもうひとつの躊躇《ためら》いも口にした。マイナス要素としては、こちらのほうが遥《はる》かに切実だった。

「……私はダウザー協会の会長というポジションでもあるので、基本的に宣伝になるのならマスコミにはできるだけ協力したいと考えてはいます。でも、正直なところ今は、テレビメディアの方とは一線を引いたほうがいいかなと考えているんです」

「なぜですか」

「……いろいろありまして」

「言ってください」

「一口に言えば、いろいろ嫌な思いをすることが多いんです」

「例えば？」

「番組の演出というか、それはやっぱり必要なことなんでしょうけど、でも騙《だま》された経験が多いので」

「具体的に言ってもらえますか」

「……このあいだもある番組から、ダウジングの検証というテーマで出演依頼を受けたんです。ただ、ダウジングはいろいろ的中させるための条件みたいなものがあって、それは事前の打ち合わせのときにお願いしてあったんです。でも、収録の当日現場に行ったら……」

「全然約束は守られていなかったということですね」

「そうですね。それともうひとつあって……」

堤は黙りこむ。僕は次の言葉を待つ。急《せ》かしたり強要したりすることで、こちらの意図する方向にコントロールできるタイプの男ではないという直感があった。

「……大槻さんと共演するんですよね？」

超能力否定派のシンボルとでもいうべき大槻義彦と三人のエスパーとの対決を、確かにこの段階では重要な構成要素のひとつとして、僕は企画書に添付した構成案に書きこんでいた。とりたてて深い意味はない。視聴率や話題性を最優先するテレビ屋としては、条件反射に近い発想だ。

「……共演というか、要はスペシャル番組ではなかなか白黒がつかない論争を、例えば大槻さんの研究室に三人が乗りこむ形で実現させ、それもドキュメンタリーの要素としてとりこみたいとは考えています。でもまだプランの段階です。大槻さんに連絡もしていませんし」

「人の悪口を初対面の方に言うべきじゃないのでしょうけど……私、大槻さんとは共演したくないんですよ。率直に言えば同じ場所にいたくないんです。いろいろありまして」

「いろいろというと？」

答えることを堤は一瞬口ごもった。視線を外し、窓の外をしばらく眺めてから微《かす》かに溜《た》め息《いき》をついた。

「大槻さんと共演できない理由を聞かせてください」

「……文字どおりです。嫌なんです」

「でもそれは」

「逃げていると思われるでしょうね。そう思われてもいいです。彼が否定派の立場だからとかそんな理由じゃないです。私は個人的に彼が嫌いなんです。感情の問題なんです。同じ場にいたくないんです」

言いきってから黙りこんだ堤を見つめながら、少なくとも自己保身や喧伝《けんでん》のために嘘をつくタイプではないと僕は考える。初対面ではあるが、職業柄その程度の観察力はあるつもりだ。

「とにかく、逃げていると言われてもかまいません。彼とは同じ場にいたくないんです」

黙りこんだ僕に堤裕司はもう一度くりかえした。ほとんど口をつけようとしないアイスコーヒーはいつのまにか氷がすっかり溶けて、薄い茶褐色の液体になっている。

「……ダウジングに技術の側面があるということはともかくとして、今回は超能力の真贋《しんがん》を競うことはメインのテーマじゃないです。その意味では大槻さんの存在は不可欠ではありません。でも、テレビとして放送する以上は、やはり視聴者のニーズにある程度は応《こた》える部分も必要です。テレビに対しての不信感はよくわかります。この企画は今のところ番組枠も放送局も決まっていません。僕が個人で動いています。ドキュメンタリーという枠自体が、今のテレビでは少なくなっています。企画だけで終わる可能性ももちろんあります。でももし、どこかの放送局でやろうという話になったとき、協力してください」

「協力はしたいです。でも、大槻さんは出ないという約束はできませんよね？」

「……約束はできません。現時点では白紙です」

微かに頷《うなず》いてから、堤裕司はやっとアイスコーヒーのストローに口をつける。数秒の沈黙があった。

「……わかりました」

「はい？」

「できる範囲で協力します」

「大槻さんについては、起用しないという約束はできませんが？」

「ドキュメンタリーならバラエティのようなテレビ的演出はないですよね。本当にきちんとした環境でカメラの前で彼と対決させてくれるのなら、逆にいい機会かもしれないですね。……まあ、できれば二度と顔を見たくないというのは本音ですけど」

一転して僕の依頼を承諾した背景には、ドキュメンタリーなら事実を脚色しませんよね？　との前提が明らかに滲《にじ》んでいた。もちろんバラエティのような華やかな演出は必要ないが、ドキュメンタリーにも作為と演出は当然介在する。しかしこの段階で、ドキュメンタリー論を彼に講釈して承諾に水を差すのもばかげている。

ダウジングは技術か否か？

ドキュメンタリーは事実か否か？

ふたつの疑問符を、僕はこの場ではとりあえず封印した。堤の言質をとるためだ。姑息《こそく》は承知だ。この続きはカメラが回り始めてからでも可能だ。

腕の時計に視線を送り、いかにも次の約束の時間が迫っているといった雰囲気を粧《よそお》いながら、僕はレシートを手に立ち上がった。長居は無用だ。とりあえずはこれで三人の了解はとれたのだ。


「あの人は今、みたいな視点だったら成立するかもしれませんね」

フジテレビの深夜ドキュメンタリー番組「NONFIX」の編成担当は、企画書を読み終えた後、考えこみながらそう言った。

「あの人は今、ですか？」

「もちろん彼らにそう伝える必要はありません。でも視聴者から見れば、やっぱり過去の人ですからね」

「メディアに注目されるという意味ではそうでしょうね。でも彼らは未《いま》だに現役ですよ」

「それは森さんの目線です。もう一度言いますけど、大多数の視聴者から見れば、彼らは過去の人たちですから」

にこりともせずに続けて二度断定されて、僕は次の言葉を失った。この日初めて会った編成担当の年の頃は二十代後半。その年齢には不相応なくらい、言葉や仕種《しぐさ》のひとつひとつが、ゆったりとした自信と余裕に溢《あふ》れている。言ってることは正論だ。少なくとも今は、三人に対して失礼だとかそんな情緒レベルの打ち合わせの場ではない。

論理ではそう納得しながらも何となく素直に頷けない理由は、彼のこの自信たっぷりの振舞いに、反発に近い違和感を自分が抱いているからだ。近所中から羨《うらや》まれる優等生で大学も第一志望にストレート、大学時代はスキーやテニスを適度にこなしながら成績表のAはそつなく稼ぎ、就職は人気企業のテレビ局。たぶんそんな半生を送ったなら、これほどに自信に溢れた男ができあがる。

……言うまでもなくこれは、テレビ局社員というエリートコースを歩む男たちに僕が一方的に持つ姑息な偏見以外のなにものでもない。実は母子家庭で幼い頃は新聞配達で家計を支えた男なのかもしれない。先天性勃起《ぼっき》不全で人知れず悩みを抱えているのかもしれない。そうは思いながらも、彼の視点に同意することがどうしてもできず、僕は少しばかりムキになっていた。

「……確かに清田さんはテレビではずいぶんご無沙汰《ぶさた》ですけど、でも他の二人については今でもテレビでよく見ますよ。何よりも、単にメディアが注目しなくなったからという理由だけで彼らが過去の人になったという認識は、少し思い上がりが過ぎるのじゃないでしょうか」

「もう一度だけ言います。重要なことは視聴者の目線です。私や森さんの主観ではありません。この企画はその視点に立たないと成立しません」

局の担当とのこの程度の齟齬《そご》や温度差にこだわっていたら、番組企画は通せない。僕は反論を途中でやめた。そもそもオールマイティな企画ではない。胡散《うさん》臭さが常に付きまとう超能力者の日常ドキュメントなど、放送できる枠は限定されている。深夜帯の放送で特定のスポンサー枠でもない「NONFIX」の許容範囲で、やっとぎりぎり成立する企画なのだ。とりあえず彼はこの企画に興味を示しかけている。今の段階では話を合わせておくほうが得策だ。

構成案のリライトを命じられたフジテレビからの帰り道、営団地下鉄の座席に疲れきって腰を下ろしながら、あいつはやっぱりこれまでの人生で絶対に挫折《ざせつ》など経験していないと、僕は何度も悔しまぎれにつぶやいていた。

その日の夕刻、清田のマネージャーであるHから電話があった。外資系の化粧品会社が日本に進出する際のパブリシティのキャラクターとして清田を指名してきて、その顔合わせを今夜やる予定になったという。要するに撮影のお誘いだ。こうしてテレビにも注目されているんですよとのブラフの意味もあるのだろう。

企画が正式に通っていないこの段階で、ENG（業務用のカメラクルー）の発注はできない。しかしHの誘いには、来ておいたほうがいいですよと言外に匂わせるものがあったし、撮影要素としては興味をそそられたことも確かだった。8ミリビデオの小型カメラをバッグに詰めこんで、僕は指定された南青山の事務所に向かった。

瀟洒《しょうしゃ》なビルのエントランスには花輪が幾つも飾られていた。真新しいデスクやオフィス備品が散乱する室内で、高価そうなダブルのスーツを着込んだ数名の男たちが、応接セットから同時に立ち上がった。

「カメラも来たしさ、そろそろ始めようか」

彼らの対面の椅子に座っていた清田もゆらりと立ち上がる。どうやらかなり酒が入っているらしく、足許《あしもと》がふらついているし呂律《ろれつ》も怪しい。部屋の中央に置かれた会議用の長テーブルの上に、包装紙にくるまれたままの何本かのスプーンが置かれている。表参道のショップから、先刻買ってきたばかりのスプーンだという。

「硬そうなのばかり選んできました」

眼鏡の若い社員が、傍らの上司らしき社員に得意げに耳打ちする。

「あんまり硬いのは困るんですよね」

数本のスプーンを手にして、吟味するように机の端にコツコツと打ちつけていた清田が、若い社員に視線を送ってからぼそりと言った。

「硬いと駄目なんですか」

年配の社員が意外そうに言う。力で曲げていないのなら硬さなど関係ないでしょう?

それとも力で曲げているんですか？　というニュアンスが、語尾に露骨に滲《にじ》んでいた。

「硬い軟らかいは念力には関係がないと思っていたのだけど？」

「要はイメージですから」

選びだした一本のスプーンを社員の一人に手渡しながら、やや不機嫌な調子で清田が言う。

「硬そうだな。大丈夫かなあって一瞬でも思っちゃうと駄目なんですよ。できなくなるってことじゃなくて、三分で曲がるところが五分かかってしまうとか、まあそういうレベルですけど」

目の前にかざしたり柄の部分に力を加えたりなどの社員たちのチェックの後に、スプーンは再び清田の手に戻る。僕はカメラを持ったまま皆の前に進み出た。清田の手先からは三〇センチもない至近距離だ。清田がじろりとレンズを睨《にら》む。

「森さんさあ、その位置から撮るの？」

「近すぎる？」

「いや、近いのはかまわねえよ。ただテレビカメラってばたばた動き回るからさ、できればその位置からあまり動かずに撮って欲しいんだよな。後ろに回りこんだりは仕方ないけどさ」

左手にスプーンの柄の端を持ち、右手の親指と人差し指でスプーンの首のあたりをつまむように擦《こす》りながら、清田はしきりに「飲みすぎたかなあ」とつぶやく。周囲を円陣になって取り囲む全員が無言でその手許《てもと》を眺め続ける。三分近くが経過した頃、しきりに首をひねりながら、清田は静かに右手をスプーンから離す。

「飲みすぎちゃったみたいで、あまり調子はよくないんですけど……」

そうは言いつつも、視線は左手に持ったスプーンから離れない。周囲にいた全員が少しずつ椅子の上から身を乗りだしている。僕もファインダーを覗《のぞ》きながら小さく一歩踏みこんだ。

誰かが「ほお」と咽喉《のど》の奥で声をあげる。垂直に立てられたスプーンは、肉眼でもはっきりと識別できる動きで少しずつ曲がり始めている。右手を左手の手首に添え、スプーンを支える左手を清田は何度か横に振った。そのたびにスプーンの頭はぐにゃりぐにゃりと左右に傾《かし》げ、数回めの揺さぶりの直後、スプーンは柄の部分からぽっきりと折れ、乾いた音をたてて床に落ちた。

床に落ちた柄の部分をHが拾い上げ、年輩の社員に手渡した。スプーンを手にダブルのスーツ姿の男たちは、「ほお」とか「ああ」とかしきりに声をあげている。彼らだけではない。カメラが手許になければ、僕も同じ反応をしていたと思う。

もちろんテレビでは何度か見ている。五分くらいを三〇秒に縮めた早送りの映像ではあっても、スプーン曲げの瞬間を目撃するのはこれが初めてではない。しかし今さらだが、テレビのフレームという存在がとにかくリアリティを奪取するものなのだとつくづく実感していた。

社員たちが清田にスプーンを手渡してから折れるまで、カメラは三〇センチの至近距離で回り続けた。柄を擦る以外の余計な動きは一切ない。紛れもない、これは現実だ。値札が貼られたままの真新しいスプーンは、僕の目の前でまるで飴《あめ》細工のようにぐにゃりと曲がり、そしてぽっきりとふたつに折れた。

たったひとつのトリックの可能性は、この場にいる全員が共謀して僕を騙《だま》しているということだ。ならば話は違う。スプーンにあらかじめ細工をしておけばいい。しかし言うまでもないがそれはありえない。番組としては正式に決まっていないこの段階で、それだけの大仕掛けを施すだけのメリットは存在しない。

「……いやあ間近で初めて見ました」

年配の社員が掠《かす》れた声でつぶやいた。全員がやや紅潮した表情で無言で頷《うなず》く。極度の集中から解放された清田は、「飲みすぎていたからもっと時間がかかるかなと思っていたんだけど、意外に早かったですね」といつのまにか新しい缶ビールを手にしている。

たぶん彼らと清田との契約は、この瞬間に成立したのだろう。定期収入のない現在の清田にとっては、是非まとめたい契約であることは想像がつく。多少は彼らの機嫌をとるような口調になるのも仕方がない。

超能力がまさしくビジネスへと一転した瞬間を撮影したわけだが、その意味での昂揚《こうよう》や達成感はなぜか希薄だった。僕に対しては最初からほとんど敬語らしい敬語を使わなかった清田が、彼らの前ではぬけぬけと使っていることに、カメラを回しながら実は一抹の嫌悪を感じていた。

傍らのHに僕は、「実は今日、フジテレビで放送することが正式に決まりました」と小声で言う。言ってから、述語としては「正式に決まりました」ではなく、「ほぼ決まりました」と言うべきだったたと一瞬思う。たったひとつの副詞の使い方に、大人気ない意地と虚勢が滲んでいた。しかし僕の言葉に大きく頷いたHは、「番組が正式に決まったそうです」と大声で皆に告げる。

振り向いた年配の社員が、「そうですか。いやあ、うちにとっては、ただでテレビで宣伝してもらえるのだからありがたい話です」と相好を崩しながら言う。部下の一人がブリーフケースから慌てて何種類ものパンフレットをとりだして、カメラのレンズの前に突きつける。仕方なく僕はファインダーに片目を当てる。スイッチは押していない。そんな映像を撮ったって使うはずがないことはわかりきっている。しかしこの場で「それは撮りません」と拒絶して、険悪な雰囲気になるのもバカバカしい。年配の社員が名刺を差しだす。肩書きには極東支配人と刷られている。

「深夜のドキュメントですから、あまり宣伝効果を期待されても……」

「いやあ、あなた、それはテレビの影響力を過小評価してますよ。深夜だろうが早朝だろうが、やっぱりテレビは大きいですよ」

そう言ってから支配人はカメラに視線を送り、今気づいたように微《かす》かに眉《まゆ》をひそめながら、「それにしても、テレビにしてはカメラがずいぶん……」と言いかける。

「ええ、最近は技術も進歩していますから、このカメラでも充分撮れるんです」

「深夜のドキュメントだからさ、予算があんまりないんですよ」

早口で弁解する僕と支配人との間に、清田が横からいきなり割りこんできた。

「番組の担当に俺が念を送ったんですよ」

「本当ですか」

一人の社員が真顔で訊《たず》ね返す。

「いや。それは冗談です」

全員が笑う。カメラを回しながら、僕も唇の両端を無理に吊《つ》り上げた。しかし何故か、気持ちは体温を失いながら萎《な》えるばかりだ。そろそろ終電の時刻が近づいている。


「カメラの前では曲げないよ」


「大槻さんとの対決はやはり必要です」

二回めの打ち合わせ、書き直した構成案を読み終えた編成担当は、開口一番そう言った。有無を言わせぬ口調だった。

当初は構成要素として書きこんでいた大槻義彦との対決シーンを僕は削除していた。堤裕司が難色を示したことはもちろんその理由のひとつだけど、それだけではない。実際に三人に会い、スプーン曲げも一度目撃するという体験を経過するうちに、そんなテレビ的演出はこの作品に、必要不可欠な要素ではないと漠然と思い始めていた。しかしその根拠を、今彼に説明はできない。あくまでも直感のレベルだ。

「ドキュメンタリーとはいえ、やはり商品ですから。彼ら三人の生活をただ漫然と撮っても成立しません。それは森さんだって納得してもらえますよね」

「……対決というのは具体的にどんな状況ですか」

僕は彼の質問をはぐらかした。議論したくなかったからだ。少なくとも今この場で、局の編成担当である彼とドキュメンタリー論を戦わせてもメリットはまったくない。彼のキャラクターは前回で把握したつもりだった。下請けの制作会社やフリーランスの人間に反《はん》駁《ばく》などされたら、その瞬間にヒステリックに激昂《げっこう》するタイプだ。口調は慇懃《いんぎん》だが、これは彼にしてみれば提案ではなく指示なのだ。

「だから、最初の企画書にあったように、三人で大槻さんの研究室にでも乗りこんでいって目の前で超能力を見せるんですよ」

「その場で彼らが必ず成功するという保証はないです」

「そんな保証はいりません。成功するという保証はないです。成功するにせよ失敗するにせよそれは現実です。森さん、それがドキュメンタリーでしょう？」

思わず口走った舌足らずの懸念に対しての嘲《あざけ》りが語尾に滲んでいた。カメラの前の現実をありのままに撮ることがドキュメンタリーの本質なのだと臆面《おくめん》もなく確信している。バカじゃないか。被写体は人なのだ。イヌワシの子育てやセイタカアワダチソウの受粉を撮っているわけじゃない。レンズの前の「営み」という現実に対して、そこまでアバウトで受動的なスタンスでは、ドキュメンタリーの演出など絶対できない。

テーブル蹴《け》り倒してやろうかと思いながら、「彼らの大槻さんに対しての嫌悪は強いです。大槻さんだって応じてくれるかどうかはわかりません」と僕はおどおどと話題を戻す。

「大槻さんが応じない理由はないでしょう？　いずれにしても実際に交渉してから考えましょうよ」

「企画が正式に通らないうちは交渉しづらいです」

「わかりました。二ヵ月後のオンエアと考えてください。ただし大槻さんとの対決は必須《ひっす》です」

無表情にそう言ってからふと思いだしたように、「ところで森さんはホンモノだと信じてるんですか？」と彼はいきなり聞いてきた。

「はい」

「だからさ、彼らの超能力ですよ。ホンモノだと信じているんですか」

答えようとして言葉が咽喉《のど》の奥でからんだ。この問いの答えはふたつしかない。「信じる」か「信じない」かだ。しかしそのどちらの言葉も、今この場で口にすることには大きな抵抗が働いた。

「……まだわかりません。ただ、スプーン曲げですけど、実際に目の前で見ています」

返事はなかった。沈黙がしばらく続く。フジテレビ社屋内にある喫茶室は、いつもこの時間帯は満席だ。報道にバラエティ、ドラマにタイアップに視聴率、様々なジャンルの打ち合わせが、混雑した店内のひとつひとつのテーブルで流れ作業のように進められている。

「演出する側は常にニュートラルにいるべきです。この企画では特にその視点が重要です。もし超能力が実在するという前提に森さんが立ってしまったらこの企画は破綻《はたん》します。それは大丈夫ですよね」

「………」

「大丈夫ですよね？」

「ええ。もちろん」

テーブルの上の伝票を手に彼は立ち上がった。僕も慌てて後に続く。別のテーブルにいた背広姿の同僚が、彼を親しげに呼び止める。レジの脇で、なかなか同僚との話が終わらない彼を待ちながら、「もちろん」と反射的に答えた自分にどうしようもない苛立《いらだ》ちがこみあげてきた。

不偏不党・公正中立を最優先のテーゼとするテレビジャーナリズムの世界では、演出する側はニュートラルな位置を当然のように要求される。しかしこのときの僕は、このセオリーに無条件に同意することに一瞬の戸惑いがあった。「信じる」か「信じない」かという二者択一を自分に迫ったとき、客観性や中立性などの慣用句が、突然一気に色褪《あ》せながら遊離してゆくような感覚に囚《とら》われていた。

同僚との話をやっと終えてレジでサインをする彼に、「それではここで失礼します」と僕は頭を下げた。とにかく今日の打ち合わせで、放送は二ヵ月後と正式に決まったのだ。

真先に連絡をした堤裕司は、大槻との対決プランが具体的になったことに、予想どおり強い抵抗を示した。

「顔も見たくないという個人的な感情ももちろんあります。でも何よりも、三人ひとまとめで大槻さんの研究室に行って、それぞれの実験をするという設定は乱暴すぎますよ。特にダウジングは綿密な条件設定が必要です。そんな状況でまともな実験ができるとは思えません」

そう主張しながらも、堤は僕の窮状も理解してくれた。この対決が実現できなければ企画自体が消滅する可能性があると僕は訴えた。一度は承諾しているという負い目もあったのだろう。最終的に堤は、僕の強引さに押しきられる形で沈黙した。

「実験方法はこれから考えましょう」

受話器を置く直前の僕の言葉に、

「まあ……そうですね。考えるしかないですね」

堤は意気消沈した声でつぶやいた。

受話器を置き、今度は秋山眞人の事務所の電話番号をダイヤルする。秋山が了解したら今度は清田にも連絡して、最終的には大槻のスケジュールも聞かなくてはならない。……何やってんだろう？　とふと思う。三人の超能力者の日常を、過剰なテレビ的演出や興味本位を排除して、あくまでも等身大に撮るという趣旨で始まったこの企画なのに、何で僕は今、冷たい汗を背中にかきながら、こんな猫なで声を出し続けなくてはならない状況に陥ってしまったのだろう？

対決については二つ返事で承諾した秋山は、意外な懸念を口にした。

「ただ、大槻さんが了解しますかねえ」

「彼は問題ないでしょう？　常々挑戦してこいって言ってるわけだし」

「確かにこの三人が一堂に揃うことはテレビでは初めてですから、その意味では喜んで協力して欲しいですけどねえ……」

受話器を置き、もしかしたら秋山はギャラのことを気にしてくれたのかなとふと思う。確かに大槻はゴールデンタイムのスペシャル番組の常連で、最近では焼肉のたれのＣＭにまで登場する売れっ子タレントだ。彼にとっては適正なギャラでも、深夜の低予算ドキュメントにとっては全体の予算枠が破綻するほどの金額を要求してくる可能性は充分にある。とにかくギャラについては全員の了解を得てから考えるしかない。

最後の交渉は清田だった。電話ではなく会って話すことにした。理由はない。そうしたほうがよいとの直感があった。胸騒ぎに近い直感だ。そしてその危惧《きぐ》は的中した。

原宿の瀟洒《しょうしゃ》なマンションの一室が、新しい清田のオフィスだ。まだ夕刻だというのに、マネージャーのHは清田の指示で冷蔵庫から缶ビールを出してきた。三人で一本ずつを飲みほしてから、実は局からいろいろ要求があって……と始めた僕の説明を、清田は途中で遮った。

「要するにさ、大槻先生の前でスプーン曲げろって話なんだろ?」

「まあ、そういうことだね」

「ほらな。絶対こういう話になるんだよ」

にやにやと笑いながら清田はHに同意を求める。Hは無言で曖昧《あいまい》に笑いながら頷《うなず》き返す。

「前々から大槻先生には、俺を実験材料にしてくれてかまわないから、ちゃんと測定してくれって言ってるんだよ。大槻さんの望む場所で望む実験方法で、とにかく徹底的にやりましょうって。何ヵ月かかってもかまわないよ。ギャラもいらないよ。脳波でも何でも好きなように測定してもらっていいですよって何度も言ってるんだよ。そのうえでやっぱりこれはトリックだって確証が持てるのならメディアにそう言ってもらってかまわないからってさ。だけど俺がそう提案するたびに、あの人はテレビカメラがないと意味がないとか、また今度ねとか、いつもちゃんとした返事くれないんだよな。本当にきちんと実験ができるのならいい機会だよな」

「オーケー。じゃあ大槻さんに交渉するよ」

「だけどさ、森さん。そのときカメラはなしだぜ」

あっさりと加えたその言葉の意味が即座には把握できず、僕はしばらくぼんやりと清田の表情を見つめ返していた。

「何だって？」

「このあいだのテレビ見てくれたかな？」

意味がわからず黙りこんだ僕に、Hが説明を始めた。僕は見逃していたが、つい先日放送されたテレ朝の深夜番組「プレステージ」で、清田はカメラの前ではもう二度とスプーンは曲げないと宣言したのだという。

「最初に出演依頼があったとき、最近は調子が悪いからスプーン曲げはやりませんよって言ったんだよ。それでもいいって言うから当日テレビ局に行ったら、スプーンや念写の道具がスタジオに用意されていて司会者が、『私は信じていないから目の前で曲げてみろ』って言うんだよな。生放送だぜ。要するに挑発してやらせようとしたわけだよな。頭にきたから、俺はもうテレビカメラの前では絶対に曲げないって言いきっちゃったんだよ……まあ、半分は弾みだけどさ、やっぱり全国放送で断言しちゃったしさ」

僕は黙りこんでいた。混乱していた。何を言えばいいのかわからない。確実に言えることは、自分が今置かれた状況がどうしようもなく最悪なものだということだ。

「……連絡しなかったのは悪いと思うけどさ、でもわかって欲しいんだけど、テレビでスプーン曲げ始めてからもう二十年たつんだけどさ、世の中ってまったく、何ひとつ変わらねえんだよな」

再び喋《しゃべ》り始めた清田を僕は片手をあげて制した。バッグから8ミリビデオのカメラをとりだしながら、「この状況を撮りたいんだ。いいよね?」と念を押す。「いやそれは」とHが慌てて腰を浮かしかけるが、「いいよ」と清田は即答した。

「……二十年だぜ。このあいだいろんなことがあったよ。だけどさ、世の中は全然変わらねえんだよ。変わらないどころじゃないな。曲げれば曲げるほどテレビってのは嘘に見えるんだよ。プレステージのときもさ、曲げないって宣言した後に、アシスタントの女の子のイヤリングが本番中に外れて落ちたんだよ。そしたら司会者が、『あ! 今超能力使いましたね!』って言うから俺はもうバカバカしくなって、『ねじが緩んでいたんじゃねえの?』って言っちゃったんだよ。スタジオはすっかり白けていたけど仕方ねえよな。メディアってのは所詮《しょせん》そのレベルだからさ、悪いけど俺、もう本当にうんざりしてるんだよ。まあ半分は勢いだったけど、とにかく結果的にこうしてテレビではもう曲げないって宣言しちゃったしさ、その直後に森さんだけを例外にはできねえよな」

「……だけど、このあいだのスプーン曲げは撮影してるよ」

カメラを構えた姿勢のまま、そうつぶやいた僕に、清田はにやりと笑顔を向ける。

「いいよあれは。宣言する前だしさ。あれで納得してもらえないかな」

「納得？」

「局の担当がさ」

僕は無言でカメラを置いた。清田なりに僕の立場を気遣っていることはわかるが、局に対して気をまわすその表情に、一瞬だが狡猾《こうかつ》な部分が見え隠れしたようで、たまらなく不快だった。

「……とにかく、カメラを回せないのなら大槻さんと対決したって意味がない」

「やりかたはあるんじゃないかな」

「やりかた？」

「曲げるその瞬間にテロップやナレーションでごまかすとかさ、曲げた直後の大槻先生の顔をアップで撮るとかさ」

「………」

「プロの森さんには余計な提案かもしれないけどさ」

缶ビールの残りを一息で飲みほして、僕は二本めのプルトップを引いた。清田はじっと僕を見つめている。子供が大人の機嫌を窺《うかが》うときのような表情だった。

見え隠れする狡猾や傲慢《ごうまん》な要素は、二十数年前に始まったメディアとの共生関係で、十一歳の少年がやむなく獲得した処世術のひとつなのだろう。冗談めかした口調ではあるが、清田なりに悩みぬいて辿《たど》りついた結論なのだ。

見方を変えれば、スプーン曲げという自らの代名詞を放棄することを決意する清田の心情の揺れが、ともかくもリアルタイムで撮影できたのだ。これほどのターニングポイントは狙ったって撮れるものではない。大槻との対決なんてどうでもいい。間違いない。これは絶対、面白い作品になる。

そのとき事務所の電話が鳴った。受話器をとって耳に押し当てたHが、片頬に微《かす》かな緊張を浮かべながら、慌てたように清田の名前を小声で呼んだ。受話器を渡された清田は、不機嫌そうに「もしもし?」とつぶやいた。

「ああ先生ですか。気にしてませんよそんなこと。いや本当です。馴《な》れっこですから苛《いじ》められるのは。いえいえ。すいませんねえ気遣ってもらって。俺のほうは毎日暇ですよ。できれば原宿がありがたいかな。事務所が近いんですよ」

受話器を置いた清田は、傍らでカメラを回し続ける僕に視線をちらりと送ってから、「何だっけこういうの? シンクロナイズド何とかって言うんだよな」とHに訊《たず》ねる。

「シンクロニシティ。共時性です」

「それだよそれ。森さん。今の電話、誰からだと思う?」

「………」

「大槻先生だよ。近々会いたいってさ」

「それは契約違反ってやつですね」

「それは契約違反ってやつですね」

説明の中途で僕の言葉を遮って、編成担当である彼はそう言った。通常、編成との打ち合わせは局内にある会議室で行われる場合がほとんどだ。会議室が混雑している場合は、局内の喫茶スペースで行われる。しかしこの日の彼は、自分のデスクから腰を上げようとはしないし、傍らで突ったったままの僕に椅子を勧めることもしない。職員室に呼ばれた生徒のように、僕は椅子に座った彼の横に立ったまま、ぼそぼそとこれまでの経過を説明し続けていた。

「契約違反？」

「みたいなもんだって言ってるんです。スプーンを曲げない清田に被写体としての価値はないでしょう？」

「もう一度言いますけど、8ミリビデオでは既に撮っています」

「どうせ照明もちゃんと当たってないんでしょう？　業務用のテープで撮らないと放送は無理ですね。いちばん重要なシーンですよ」

手許《てもと》の書類に視線を落とし続けながら彼は言った。そういえばこの日、「忙しいところすいません。ちょっと緊急なんですが」と机に近づいた僕にちらりと一瞥《いちべつ》を送ってから、彼は一度も視線を合わせようとすらしてこない。沈黙に耐えかねて、僕はもう一度同じ言葉をくりかえした。

「……カメラの前で、もうスプーン曲げはやりたくないと宣言する清田は、充分にドキュメンタリーの被写体として価値があると思いますけど」

彼は無言だった。なるほどと思いかけたということでは当然ない。本来なら清田を説得しきれなかった時点で、申し訳ありませんでした次回別の企画を持ってきますと言うべきなのに、こいつは何を言いだすんだという侮蔑《ぶべつ》が、半開きの口許に覗《のぞ》いていた。

「清田はスプーンを曲げるだけの自分の存在価値に葛藤《かっとう》しているんですよ。確かに当初の構成とは少し変わりますが、でも、今の彼を被写体にすることで、ドキュメンタリーとしては充分成立します」

「Kさん、電話が入ってるんですけど……」

斜め向かいの机に座った女性の編成部員が遠慮がちに声をかける。僕には一言もなく目の前の受話器を取った彼は、一転した朗らかな調子で電話に熱中し始める。僕は立ち尽くしたまま彼の電話が終わるのを待つ。ふと顔を上げると、電話を回した女性の気の毒そうな表情が、視界を一瞬横切った。電話はいつまでも終わらない。どうやらこの企画の命運が今、ほとんど絶たれかけていることを、立ち尽くしたまま僕はやっと自覚する。

その日の夜、僕は清田に電話をかけて事の顚末《てんまつ》を伝えた。企画が消滅しかけているという窮状を訴えれば、もしかしたら心変わりしてくれるかもしれないとの期待はもちろんあった。最後の手段はそれしかない。しかし受話器の向こうにいる清田の反応は、まるでこの結末を予想していたかのように終始一貫して冷淡だった。不機嫌そうな冷めた声で、「まあ、そういうことなら今回は仕方ねえだろうな」と吐き捨てた。一昨夜の繊細さは微塵《じん》もない。ふてぶてしく尊大で、さっさと電話を終わらせたいという露骨な意図が声に滲《にじ》んでいた。

撮られる側の彼が、番組のために生き方を妥協する必要はもちろんない。責められるべきは、彼の内面の葛藤をドキュメントすることの魅力を局側に説得しきれなかった僕のほうだ。理屈ではそう思っていた。しかし最後の最後に、面倒そうに清田がつぶやいたこの一言に、咽喉《のど》元で抑えていた感情が、花火のように突然目の奥で炸裂《さくれつ》した。

「じゃあそういうことで。また何か新しい企画でもあったら連絡くださいよ」

返事をしたかどうかは覚えていない。僕は受話器を叩《たた》きつけていた。激情の余韻が急激に冷えつつある意識の隅で、終わったんだと考えた。たぶん清田との関係もこの瞬間に終わった。三人が二人になってしまっては企画自体が変質する。フジテレビ以外のテレビ局に、この企画を新たに提案するという選択肢もこれで消えた。すべて終わった。清田との関係はたぶんもう修復できない。三人のエスパーのドキュメントという企画は、この日を最後に消滅した。

Chapter 3
あきらめきれない歳月

「いきなりこんな話をされたら、普通は引きますよね」

一九九四年初夏。日差しが広い窓いっぱいに差しこむ表参道に面した喫茶店。僕は秋山眞人を待っていた。感情を剝《む》きだしにした清田益章との最後の電話から、ほぼ一年が経過していた。

約束の時間に(彼にしては珍しく)一五分ほど遅刻して姿を現した秋山は、テーブルに近づきながら、「いやあ森さんお待たせしました。申し訳ありません」と几帳面《きちょうめん》に頭を下げて席についた。ウエイトレスにアイスコーヒーを頼んでから、額の汗をハンカチで拭《ぬぐ》うその気忙《きぜわ》しそうな手つきを、僕はじっと眺めている。時間に遅れたことですっかり恐縮しているが、そもそも秋山は僕に何の義理もない。企画が潰《つぶ》れた一年前の段階で、「さんざん打ち合わせの時間を強要しながらこの結末は何だ」と立腹することもできたと思うが、その後もこうして何の進展もない僕との雑談の依頼に、快く応じ続けてくれることが不思議だった。

「本当に申し訳ありません。ちょっと……来る途中にばったり会っちゃったんですよ」

「誰にですか」

「宇宙人です」

運ばれてきたアイスコーヒーのストローに秋山は唇を近づける。褐色の液体がグラスの中であっというまに消えてゆく。

「……知ってる宇宙人ですか」

「いや、初めて会う人です」

「どんな外見ですか」

「外見は僕たちと変わりません。今日会ったのはヒューマノイド型なんです。一流企業のサラリーマンという感じでした」

「外見は変わらなくて初めて会うのに、どうして宇宙人ってわかるんですか」

「僕にはわかります。独特のものがありますから」

「……それで、その宇宙人とどんな話をしたんですか」

「たわいない話ですよ。何だおまえ俺がわかるのかって、そんな感じで立ち話をしたんですけどね」

「宇宙人にはよく会うんですか」

「ええ。今日みたいにばったり出くわすことはめったにないですけど」

「普段はどんな宇宙人と会うのですか」

「今日と同じです。普通に背広を着てサラリーマンの格好したのがほとんどです。このあいだは新宿で待ち合わせました」

「喫茶店かなんかで？」

「センチュリー・ハイアットです」

「えーと、……アポイントはどうやって」

「テレパシーの一種だと思います。何月何日の何時にというふうに指示がイメージとして来て、指定の場所に行けば、向こうから声をかけてくるパターンがほとんどです」

「秋山さんですかって？」

「新宿で会った人は初めてじゃないんです」

「何度も会っている人なんですか」

「担当が決まってるんです。今まで僕の担当は七人ぐらい代わりました」

グラスはいつのまにかほとんど氷だけになっていた。ストローから口を離し、よほど咽《の》喉《ど》が渇いていたのか、今度は水を一口飲んでから秋山は、黙りこんだ僕の顔を正面から見据えて、そしてにっこりと笑う。

「まあ、いきなりこんな話をされたら、普通は引きますよね。森さんだからお話ししましたけど」

一九六〇年、伊豆下田の蓮台寺《れんだいじ》で、名古屋大学の総長も務めマルクス研究家としても名高い秋山一男《あきやまかずお》の長男として、秋山眞人は誕生した。中学二年で藤枝市への転校を経験し、鞄《かばん》の中身をカッターで切り裂かれたり給食の時間にクラス中に無視されたりと熾烈《しれつ》な苛《いじ》めにあった。そんなときにたまたまテレビでUFO番組を見て、自分も宇宙人にテレパシーを送ってみようかと思いついたという。

「要するに今思えば逃避でしょうね。とにかく学校にも近所にも友達はまったくいませんでしたから、子供の一途《いちず》さで三十日間、テレビで覚えたとおり毎夜自分の部屋の窓から宇宙人を呼び続けたんです。一ヵ月めにいきなり来た。窓から見える山の後ろから、そろばんの玉のような形をした、オレンジ色に輝く巨大な物体が出てきたんです」

「距離はどのくらいですか」

「かなりあります。でも視直径で一メートル近くに見えましたからとにかく巨大です。よく見ると縁の部分がゆっくりと回転しているのがわかるんです。その中心部で光が脈動しているのも見えて、要するに蛍光灯のお化けみたいな感じなんですね。唖然《あぜん》として見ていたら、突然その真中の光が大きくなって、部屋の中の僕に照射されたんです。何て言えばいいかな。カメラのフラッシュに強烈な風圧が加わったという感触ですね。その瞬間僕は意識を失ったみたいで、翌朝ベッドの脇で目が覚めたんです。家族に話したらあまり人前でそんな話をしてはいけないよという反応をされて、でも、これをきっかけに始まったわけです」

「……何がですか」

「見えたり聞こえたり。最初は誰かの情報でしたね。感情とか記憶とか、とにかく他人のいろんなプライベートな情報がどんどん頭の中に流入してくる。幽霊みたいな訳のわからないものもやたら見ちゃう。ドアノブを摑《つか》むとポロッととれる。ピークのときは学校で授業中に、教室の中にいる知らない人の数のほうがクラスメートより多かったこともありました」

「それはつまり……」

「まあ、俗に言う霊体でしょうね。空間に残った記憶や感情の残滓《ざんし》です。とにかくその頃はもう発狂寸前でした。人ごみの中には行けないんです。何百何千という意識が、バケツをひっくり返したように頭の中に流れこんでくるんです」

高校を卒業した秋山は進学を選択せず静岡県警に就職する。しかし一年足らずで退職し、今度は地元の郵便局に就職する。とりあえずは公務員という安定路線を選択しながら、週末だけでは足りず有給も目一杯使いながら、巷《ちまた》で評判の霊能者や祈禱《きとう》師、さらには宗教団体などを訪ね歩いたという。

「だけど一人として僕のこの現状に適切なアドバイスができない。特に既成の宗教団体なんかひどいもんで、狐が憑《つ》いてるとか悪霊の仕業だとか、もうどこへ行ってもそのレベルなんです。当時は土日の休みを利用してほとんど毎週東京に出てきたんですけど、初めて東京駅に着いたとき、あのレンガの壁に人の顔が葡萄《ぶどう》の房のようにびっしりと付着しているんですよ。さすがにあの光景はショッキングでしたね。都会は田舎とは比べものにならないくらい大量の人の情報が滞留しているんですよ。とにかくこのままでは発狂してしまうという危機感はありましたから、しばらくは必死でいろいろ訪ね歩いたのだけど、何も収穫はありませんでした」

既存の霊能力者や宗教組織に頼ることをあきらめた秋山は、超能力に関する文献を求めて神田の古本屋街を歩き回った。東大の福来友吉《ふくらいともきち》博士（御船千鶴子《みふねちづこ》という超能力者を発掘した学者として有名。しかし彼女の千里眼を証明するべく実施した公開実験がトリックだったとマスコミに報道され、結局は東大教授の職を追われた。御船千鶴子もこの後自殺した。彼女については、「リング」の貞子の母親のモデルといえば話は早い）などが記述した超能力の本を何冊か見つけ、様々な試行錯誤を経て、ある程度は感覚をコントロールする方法を独学で身につけた。

「不思議なことに本当に役立った本は全部、戦前に刊行された出版物なんですよ。まあ福来博士の事件は例外としても、当時は少なくとも今よりはこういった現象におおらかで、ある意味で共存できていた時代なのかもしれませんね」

最終的には書籍や文献に救いを見つけたが、様々な組織や人を訪ね歩いた秋山の体験は無駄にはならなかった。同じような悩みを抱えていたり研究をしている人たちと出会い、「自由精神開拓団」と命名したネットワークを秋山はこの時期、自ら音頭をとって結成する。彼の言葉を借りれば、超能力者に霊能者に宗教家にその予備軍と、実にエキセントリックで雑多な集まりだったという。

一九七〇年代後半のこの時期は、若者たちが中心となった全世界的な反体制運動が中途で挫折《ざせつ》し、アメリカ西海岸を起点に、個人の精神世界や意識の覚醒《かくせい》などに至上の価値を見出すニューエイジ思想が世界中に拡散していった時代でもあった。こうして個人的・内面的な葛藤《かっとう》に世界的な潮流が重複し、現在では「超能力業界のフィクサー」と呼称される秋山のスタンスは、この時期に既にその萌芽《ほうが》を見せていた。

二十六歳。秋山眞人は七年間勤めた郵便局を退職し、上京して能力開発の教材販売を主業務とする会社と契約する。教材の編集やビデオの制作が秋山の担当だったが、他の企業からの依頼に応じてのコンサルティングなども重要な業務だった。八九年には本田《ほんだ》技研の朝霞《あさか》研究所から、超能力開発委員会を作るための顧問に就任して欲しいとの依頼があったという。

「朝霞はホンダの最大のシンクタンクですからね。で、三ヵ月かけて、超能力のトレーニングをして、僕が選抜した社員で車の開発チームを作ったんです」

「そのプロジェクトは本田宗一郎《ほんだそういちろう》の発案ですか?」

「もちろんそうです。選抜の最後には、ビーカーの中に吊《つ》るした五円玉を念力で動かせる社員が残りました。彼はその後、バイクのエンジンか何かで画期的なアイデアを考えて実用化されたと聞いています」

重要な政策決定の際には、占星術師に相談していたことが引退後に発覚したレーガン大統領を引用するまでもなく、政財界と超能力や占いなどとの親和性は確かにある。業界で最も有名なのは、何と言ってもエスパー研究室という名称のシンクタンクを創設したソニーだが、他にもホンダや松下、京セラや富士通など、超能力の研究に取り組んでいると噂される企業は数多い。メディアでは超能力研究者などと自称するトリックスターを表層的には演じながら、秋山眞人はホンダやソニーなどのこうした水面下の動きと、ずっと蜜月《みつげつ》の時代を共有していた。ただ、一九九五年に研究所の存在を発表したソニーを例外として、他の企業はこうした研究やプロジェクトの存在を、公には現在も認めていない。


「話が前後しちゃうのだけど、一つ質問というか疑問があります」

「はい」

「最初のきっかけになったという巨大ＵＦＯなんですが、数秒とはいえ街の上空に浮かんでいたのなら、他にも目撃した人がいないはずはないと思うんです」

「確かに。僕もそう思ったんですよ。でもそのときには、他に目撃者がいたという話は僕の周囲ではなかったです」

「とすると、幻覚という可能性もあるんじゃないですか」

「あるでしょうね」

「認めるんですか」

「可能性としてはありえます。ただこれ以降、僕がいた藤枝市の周辺では、大きなＵＦＯ

が目撃されたっていう話がちょくちょく出てくるんですよ。当時の『静岡新聞』に記事も出ています。もちろんあの巨大UFOが幻覚だったという可能性は認めます。ただ、その直後から僕自身も様々な体験をするようになったし、藤枝市でもUFOが頻繁に目撃されるようになったという現実もありますからね」

「……その頃の秋山さんは、清田さんなどと接点はあったのですか」

「僕がメディアに出始めの頃は清ちゃんはもう大スターでしたからね。当時の中山《かやま》総務庁長官の目の前でスプーンを捩《ねじ》ったとか、そんなことも話題になってました」

「中山長官って中山太郎さんですよね」

「ええ、自民党の科学技術族のドンですね。確か交通安全対策費とかそういう名目で超能力の研究費を捻出《ねんしゅつ》しようとしたのだけど、夕刊フジがすっぱぬいてご破算になったという経緯がありましたね」

企業や科学技術庁だけではない。一九八五年十一月十二日の朝日新聞朝刊は、「21世紀の通信、超能力で⁉」という見出しで、郵政省がテレパシーなどを通信に応用するプロジェクト「未来通信メディアに関する研究会」を、翌日の十三日に発足させることを報《しら》せている。曰《いわ》く「音声や電波と異なり、相手先に届くまでの時間がゼロともいわれ、宇宙の遥か彼方とも瞬時に通信ができるとされる」と記述されているが、超能力に対しては三大紙の中でもいちばん忌避感の強い朝日ならではの姿勢が、最後の小見出し「大まじめで研究会?」に、控えめながらも凝縮されている。

「清田は先輩ですね、そういう意味では?」

「そういう意味では先輩ですね。公にならないだけで、行政とのパイプは彼も太いですよ」

「初めて会ったのは?」

「確か『オールナイト・フジ』の楽屋だったと思います。〈とんねるずのゴングショー〉。そういうお笑い系のコーナーで、僕のあとが清田だったのかな」

「秋山さんは何をやったのですか」

「えーと、針金のやじろべえを念力で動かすというパフォーマンスです」

「清田はスプーン曲げですか」

「ええ。彼は真打ちです」

「楽屋で、何か会話しましたか」

「いや。当時の清田は鼻息荒かったですからね。たぶんこのときのことも彼は覚えていないんじゃないかな」

そう言ってから秋山は、森さん清田のことばかり聞きますね。気になるのならたまには電話してみたら如何《いかが》ですか? とにっこりと笑う。そうですねそのうちに、などと曖昧《あいまい》に笑いながら、僕はこの話題を打ち切った。

この期間、清田とは一切断絶していたが、秋山眞人と堤裕司の二人とは時おり連絡を取り合っていた。清田益章の名前を企画書から削り、秋山と堤の二人のドキュメント企画にしてテレビ局を端から回ろうかと考えたこともある。しかしやっぱりこれでは意味がないと、プリントアウトした企画書を一読してから破り捨てた。思いこみに近いレベルかもしれないが、僕にとってはやはり三人だった。性格も能力も環境もばらばらなこの三人が、一人も欠けることなく僕には必要だった。

……とはいえ、清田に和解の電話をかける気にはなれなかった。すべてが中途半端だった。すべてが中途半端な状態のまま、日々は過ぎていった。

喫茶店を出て、秋山と僕は、山手線外回りの車両に一緒に乗りこんだ。昼下がりの車内に客の姿はまばらだった。代々木駅で数人が降りた。ふと顔を上げると、秋山は車両の左半分の空間をじっと眺めている。

「左半分に全然人が居つかないでしょう?」

確かに、車両のほぼ真中を分断して、右側にはちらほらと人がいるが、左半分にはいつのまにかまったく人がいない。無人の空間になっていた。

「そういえばそうですね」

「みんな何となく向こう側には行きづらいんですよね」

「何かあるんですか」

「ええ。座っているんですよ」

「はい？」

「ずらっと長椅子に並んで座っています」

「……霊ですか？」

「霊というか、まあエネルギーですよ。生体の記憶」

「意識はあるんですか？」

「多少あります。感情の残滓《ざんし》みたいなもんです。意識というか反射に近いです。音や温度に反応するロボットがあるでしょう？　あれに近いですよ」

電車が減速を始める。新宿駅だ。地下鉄に乗り換える僕は手短に別れの挨拶《あいさつ》をして、ホームに降りてから振り返った。十名ほどの乗客が、僕が降りた同じ扉から乗りこんでいたが、確かに席が空いている車両の左半分には近づかない。ぞろぞろと右半分に移動する。偶然かもしれないし、あるいは集団心理学などで説明のつく現象なのかもしれない。秋山眞人は扉の内側に立ったまま、左半分の車両をじっと見つめ続けている。

いずれにせよ、彼が「見える」というものを「見えない」と僕は断定できない。「見る」という主観的な行為を断定できるのは本人しかいない。他者である僕が使える語彙《ごい》としては、「見えない」ではなく「見えるわけがない」なのだ。たとえどんな最先端科学技術を応用したとしても、最高水準の物理学者や神経生理学者が何人集まっても、「私は見える」

という主張に対して、「彼は見えない」という否定は他者には絶対にできない。

……だとしたら僕は、この先何に依拠して、彼ら超能力者たちとの付き合いを続ければいいのだろう？　何に期待して、提案するたびにテレビ局の担当者が困惑しながら冷笑するこのドキュメンタリー企画に、今もこうして固執しているのだろう？

電車はゆっくりと動きだす。車両の右半分から、数人の大学生らしいグループが左半分へと移動を始めるのが窓越しに見えた。秋山眞人は同じ姿勢のまま動かない。彼らが席に座るのか座らないのか、座ったとしたら何かが起きるのか起きないのか、見届けたくて僕はホームを小走りに駆け始める。同時に若いサラリーマンに肩がぶつかった。慌てて謝る僕の視界の端から端を、電車はみるみる加速しながら遠ざかっていった。


「私は楽しいこと好きですから」


それからほぼ一月後、渋谷《しぶや》のシティホテルのロビー。いつものようにスナフキンの帽子に黒マント姿の堤裕司は、蓬髪《ほうはつ》、髭面《ひげづら》に作務衣《さむえ》を纏った、といういかにも怪しげな男を筆頭に、豹柄《ひょうがら》のボディスーツの若い女、二の腕にタトゥーを極彩色に入れた男など、周囲の紳士淑女たちが思わず席から腰を上げてしまうような面々を引き連れて姿を現した。

「……ちょうど集まりがあったもんで連れてきたんですけど」

いつものやや含羞《はにか》んだ調子で堤は言う。

「集まり？」

「森さん、以前、ゴーストハンターズのメンバーに会いたいって言ってましたよね」

この少し前、ハリウッド映画「ゴーストバスターズ」の日本版を組織した男として、堤裕司は「ゴーストハンターズ」と名づけたグループのメンバーとともに写真週刊誌に掲載されていた。日本中から依頼や問い合わせが殺到して大忙しらしいという描写が、例によっての揶揄《やゆ》とこれ見よがしの嘆息が混在するニュアンスを滲《にじ》ませながら、記事の締めくくりに使われていた。

「みんなメンバーなんですか」

「全部じゃないです。そもそもゴーストハンターズだって、ちゃんと決まったメンバーがいるわけじゃないですから」

「でも写真誌で見たときには揃いのユニフォーム着てましたよね」

「あれはお遊びですから」

「お遊び？」

「何人かで冗談半分にやってたら、取材したいって話が幾つかあったんで、じゃあいっそのこと作ってしまえってユニフォーム揃えたんですよ」

「でも、記事には日本各地でお化けを退治しているって書かれてましたよね」

「何回か依頼があって調査したことは事実ですけど、ずいぶん誇張して書いてましたね」

作務衣を着た髭面が、僕と堤の間に割って入りながら名刺を差しだした。

「初めまして。お噂はかねがね」

「噂ですか？」

「テレビ局から一度ボツにされたのに、その後も執念深く、堤さんたちのドキュメンタリーを企画している人なんですよね？」

率直な髭面の言葉に思わず苦笑が浮かびかけた僕の耳許《みみもと》で、堤が少し慌てた口調で囁《ささや》いた。

「彼はね、心霊写真の大家なんですよ」

「大家って、この場合、何がどう大家なんですか」

僕の堤への質問に、その大家本人が横から答える。

「要するに私の場合は、念ずれば心霊写真が撮れるんですよ。必ずってわけじゃないけど、だいたい撮れますよ」

「ものすごい写真あるものね」

豹柄の女が口を挟《はさ》む。とにかく美人だ。おまけに何かの冗談じゃないかと思いたくなるくらいに凄《すご》いプロポーションだ。写真誌に載っていた女性だと思いだした。

「どんな写真ですか？」

「いやあ森さん。見ないほうがいいですよ。あれは怖い。本当に洒落《しゃれ》にならないくらいに怖い」

心霊写真の大家の屈託のない大声に、ロビーの他の客たちがちらちらと視線を向けてくる。他のメンバーと僕との会話が始まると、堤裕司は自分の役目は終わったとでもいうようにいつもの寡黙さを取り戻していた。僕は取材ノートをとりだして、心霊写真の大家に撮影のコツを聞いてメモしていた。

①カメラ自体に霊が憑《つ》いている場合もあるのでなるべく新品を使う。

②霊に対しての敬虔《けいけん》な気持ちを絶対に忘れてはいけない。

③シャッターをきる前に、霊に語りかけると写る場合が多い。

④も⑤もあった。でもメモをとりながら、実はばかばかしくなってきて途中でやめた。周囲の客の何人かは、まだ物珍しそうにちらちらと視線を送ってくる。豹柄の女性がバッグから一枚の写真をとりだす。若い女性が三人、大きな立ち木の横でにこにことポーズをとっている。全員の両肩には、背後から腕を回したように六個の手首が親しげに並んでいる。しかし三人の背中越しには誰もいない。小さな赤ん坊でも背中に背負わない限りはこんな写真を撮ることは不可能だろう。しかし手首の大きさは明らかに大人の大きさだ。いわゆる二重露出などの技術上の問題ではない。心霊写真ではないとしたら可能性はひとつだけ。東急ハンズで買ったビックリ玩具《がんぐ》を、肩に載せて写真を撮ったという可能性だ。

「きてるねえ。これはなかなかだよ。地縛《じばく》霊かな」

作務衣の大家が嬉《うれ》しそうに声をあげる。隣のテーブルでさっきから手形とか利子とか連帯保証とかの打ち合わせをしていた二人のビジネスマンが、眉間《みけん》を嫌悪でしかめながらこちらを振り向く。しかし作務衣と豹柄女は周囲をまったく気にすることなく、写真を覗《のぞ》きこんで、祟《たた》りとかお祓《はら》いとか嬉しそうに大声で話し続けている。

ビジネスマンのテーブルから視線を戻す。先刻からそわそわと落ち着かない僕の様子を、対面の席からじっと観察するように見つめていた堤裕司の視線が、一瞬だが擦れ違った。

一九六一年、堤裕司は山口県に生まれた。内気な性格が災いして苛《いじ》められっ子だった子供時代、兄と二人で夜中に家の裏庭でUFOを目撃したのが、超常現象へ興味を持ち始めたきっかけだった。契機そのものは秋山眞人と共通しているが、堤の場合はその体験後、特に新たな能力を獲得したわけではない。本人の言葉を借りれば、以後は「オカルトとマジックというふたつの不思議なジャンルに夢中になった」という。苛めっ子たちに復讐《ふくしゅう》を果たそうと呪いの書籍などを読みあさり、実際に実践もしていたらしい。

「身体的なダメージを与えたんですか？」と訊《たず》ねると、「その度胸はなかったので転校させました」と堤は真顔で答える。高校二年の春、父親が事業に失敗し、山口から神奈川へと一家四人はこっそりと引っ越した。要するに夜逃げですと堤は笑う。住民票がないのだから高校は当然ながら中退、以後堤は、東進ハイスクールという大手予備校の研究室に職を得る。

「脳力開発をテーマにした研究です。私は機械いじりが好きだったので、脳波の測定装置を作っていました。社長の趣味で作った研究室です。そこで結構気ままに研究や機械の改良に没頭していました。でもその頃はダウジングにも夢中だったので、仕事とは別に、日本ダウザー協会を設立したんです。そうしたらテレビからもお呼びがかかるようになって、三年で会社は辞めました」

振り子やロッドは超自然的な力でひとりでに動くものと思いこんでいる人が多いが、それは根本的な勘違いですと堤は力説する。振り子を動かしているのはあくまでも自分の腕の筋肉である。ダウジングは宗教や超能力などではなく技術なのだと堤がくりかえし主張する根拠はここにある。ただし筋肉の動きは作為的ではない。すべての物質が持つ波動や固有のエネルギーなどの情報を潜在意識が感知して、それが腕の筋肉に伝わり、振り子の動きに増幅されるという理論だ。

つまり地面の下の水脈や鉱脈が発散する波動を、自身の精神と肉体を媒介にして表出するわけだ。科学的なようだがやはり理論的な飛躍は否定できない。「波動」といういかにもニューエイジや精神世界を彷彿《ほうふつ》とさせる用語への抵抗も個人的にはある。しかし同時に、素粒子の実体が固有の振動であることは、量子力学的な見地からは既知の事実でもある。その意味では、科学的な側面とオカルティックな見解との混在が、ダウジングというジャンルの大きな特徴かもしれない。

例えば堤が師匠と呼ぶ佐々木《ささき》浩一《こういち》は、日本のダウザーの草分けの一人であるが、同時にコンピュータなどの液晶には欠かせないプラスティック偏光板の発明者という側面も併せ持つ人物だ。

「勝手に師匠って呼んでます」

「世間的にはダウザーというよりも技術者ですね」

「彼はもう相談役ですけど、この特許を持つサンリッツという会社は、今も世界のプラスティック偏光板のシェアの半分近くを保持しているはずですよ。念力なんかを原子レベルの動きで解説したり、とにかくオカルト的なものは皆マスターしていて非常に面白い方です。……このあいだお会いしたときは、大槻さんがそのうち身体を悪くするはずだと、その理由を科学的に説明してくれました」

西日が広い窓ガラスを斜めから照らしている。生欠伸《あくび》をかみころしていたゴーストハンターズの面々が、「それじゃお先に」とロビーから引き揚げてゆく。その後ろ姿をぼんやりと眺めながら、「彼らはともかく、堤さんがこの催しに率先してとりくんでいることが実は不思議です」と僕は言う。

「ゴーストハンターズのことですか」

「だって、おふざけなんですよね」

「おふざけです」

堤の表情は変わらない。言葉に抑揚が薄いのはいつものとおりだ。決して機嫌を悪くしているわけではない。

「私は楽しいこと好きですから」

「念力系の性《さが》でしょうね」

「今、この場で僕に超能力を見せてもらえますか」

唐突な僕の言葉に秋山眞人は一瞬絶句した。秋山にしては珍しい反応だ。昼下がりの混雑した喫茶店、「……この場でですか？」と秋山は確認した。

「はい。でも無理にとは言いません」

「いや、やってみましょう。そうですねえ。何がいいのかなあ」と秋山眞人は腕を組む。

非礼は承知している。プロの歌手に「今この場でちょっと歌ってくれよ」と注文などしたら、たぶんその場で絶縁されるだろう。現役プロレスラーにこの場でバックドロップかけてくれなどと頼む奴は絞め落とされても文句は言えない。しかし秋山は僕の言葉に嫌悪の表情は一切示さず、律義に腕を組んで考え続ける。

「無理ならいいです。ちょっと思いついただけですから」

「いや、確かにこういう場で即座にやれなきゃ駄目なんですよ。僕も常々そうは思っているんだけど……。そうだ。一円玉やってみましょうか」

顔を上げた秋山に、その一円玉なる超能力パフォーマンスを知らない僕は「はあ」と曖《あい》昧《まい》に頷《うなず》くだけだ。「森さん一円玉持ってますか？」言われるままに財布から三枚の一円玉をとりだして僕は秋山に手渡す。自分の財布からも四枚の一円玉をとりだして、左手のひらの上に重ねた七枚の一円玉の上に右手の人差し指を置き、秋山はしばらくじっと目を閉じている。やがて、その円筒状に重ねた一円玉を額の真中に押し当てて、やおら秋山は椅子の上でのけぞるように仰向けになった。隣のテーブルの若いカップルが、唖然《あぜん》としたように話を中断してこちらを眺めている。

初めて彼らに会ってから、二年が経過していた。この期間、秋山と堤は、超能力や心霊番組には時おり顔は出していたし、著作などもコンスタントに出版していた。

しかし一九九五年三月、大きな転機が訪れた。地下鉄サリン事件だ。初期の麻原が超能力を売りものにして信者を獲得していたことが喧伝《けんでん》され、超能力や心霊などを無責任にメディアが煽《あお》ってきたことがオウムの事件に結びついたと主張する識者が続出し、マスメディア全般がこのジャンルには一斉に及び腰となった。企画していた超能力番組を途中で打ち切ったとかお蔵入りにしたとかの噂が民放各局では飛び交い、超能力などという非科学的な世迷言に二度と市民権を与えてはならないと自信たっぷりに唱える人もいた。

秋山や堤に対してのメディアからのオファーは、この時期にはぷっつりと途絶えていた。当然ながら彼らを被写体にするドキュメンタリー企画など、実現する可能性はほとんどなくなっていた。

一円玉を額に置いたまま秋山は少しずつ身体を起こす。ほぼ45度くらいの角度になったとき、端の一枚が滑り落ちた。床に落ちた一円玉に視線を送りながら、秋山はなおも上体を起こし続ける。上体がほとんど垂直になりかけたとき、さらに二枚の一円玉がテーブルの上に転がり落ちた。しかし残りの四枚は額の中央に張り付いたままだ。一枚なら顔の汗や脂でくっついても不思議はない。しかし四枚となると話は違う。目の玉だけを動かして秋山がこちらを見つめる。

「森さん、今何枚残ってますか？」

「……四枚です」

「まあまあですね」

言いながら秋山は、そろそろとテーブルの上に身を乗りだすようにして、コーヒーカップに手を伸ばす。眉間《みけん》に四枚の一円玉を張り付けたまま、コーヒーを啜《すす》る髭面《ひげづら》の中年男を、僕はぼんやりと眺めている。

「別におどろおどろしい理屈じゃありません。基本的には静電気です。人の身体にはそもそも微弱な静電気は常に帯電しています。それを強めればこの程度はできるんです。まあ、超能力としては初歩の初歩ですね」

この四枚の一円玉に、秋山が僕の目を盗んで、例えば粘着質の成分を滲《にじ》ませていたという可能性は否定できない。張り付いているのは四枚、秋山が持っていた一円玉も四枚、要するに細工してあった自分の手持ちの一円玉をカモフラージュするために、僕に一円玉を提出させたという見方もできる。

ウエイトレスがテーブルに近づいてきた。灰皿を取り替えようとして、額に四枚の一円玉を張り付けたままコーヒーを啜っている秋山に彼女はやっと気づき、さすがに動揺したような表情を一瞬浮かべるが、気を取り直したようにテーブルの上を手早く片づける。視線は意識的に避けているが、動作は明らかにぎこちない。僕は新しいタバコに火をつける。彼女の目に、秋山の連れである僕はどんな人物に映っているのだろうかと考えながら。


この少し前まで秋山は、フジテレビの人気番組「笑っていいとも!」にレギュラー出演をしていた。一緒に歩いていて通行人に声をかけられることも何度かあった。しかしそのほとんどは、珍しい動物でも見つけたときのような露骨な反応だった。「お笑い芸人みたいな扱いですね」と一度思いきって聞いたとき、「悩んではいます。でも、超能力を認知してもらうためには、こんな時期も必要なんだと思うようにしています」と秋山は即座に答えた。弁解や言訳といったニュアンスはない。秋山眞人という男はいつもこうだ。言い澱《よど》むということがほとんどない。

表参道の街路樹の下、店を出ると通りを挟んだ反対側の舗道で、原色の女たちが秋山を指差して笑っている。

「誰だっけ?」

「あれよほら、超能力者でしょ!」

「まじィ？」

哄笑《こうしょう》が背中越しに遠くなる。原宿駅のプラットホーム。電車を待つ秋山が、ふと思いだしたようにつぶやいた。

「最近、清ちゃんには会ってますか」

「堤さんには先月も会いました。でも清田にはあれから連絡はとっていません」

「もう二年になりますね」

「はい」

「……彼、あの後すぐに、離婚したようですね」

「そうなんですか」

「あの頃、清ちゃん、いろいろ悩んでいる時期でしたからね。一度連絡をとってみたらどうですか？　今は新しい女性と子供の三人で暮らし始めていて、だいぶ落ち着いたようですよ」

「子供？」

「その女性の子供です。男の子で小学生くらいらしいです」

山手線外回りの電車が入ってきた。外見も内面もそのままガキ大将のような清田が、義理の父親として小学生の子供と一緒に暮らしている様子を僕は思い描く。

「……ちょっとイメージできないですね」

「念力系の性《さが》でしょうね」

「はい？」

昼下がりだというのに電車の中はかなりの混雑だった。僕と秋山は扉のすぐ脇で話を続けていた。疲れきった表情の初老のサラリーマンが秋山の顔を覗《のぞ》きこんだ。カセットウォークマンのヘッドフォンをつけた大学生らしい二人連れが、ちらちらとこちらに視線を送ってくる。しかし秋山の声のトーンは変わらない。

「……念力系はそうやって自分を窮地に追い込むような性癖がありますね。言い換えれば生きかたが生得的に不器用なんです。安定しちゃうと能力が減衰しますから」

「清田は自ら苦労を選択しているということですか」

「そう言うと彼は怒るかな。僕が逆の意味でのいい例です。二十代の頃は念力もだいぶ使えたけど、今はそうとう落ちています」

「仕事に打ちこんだためですか」

「それもあります。家庭も円満です。これも大きいでしょうね」

二年前、まだ出会って間もない頃、家庭環境を訊《たず》ねた僕に秋山は、「家内と二人です。もう結婚生活も長いんですが、子供は作らないかもしれません」と答えたことがある。作らない理由は？　と訊ねる僕に、秋山は一瞬考える素振りをしてから、「この能力は遺伝形質だと思うんですよ」と微笑んだ。しかし昨年、秋山夫妻は女児を授かっていた。

「そういえば秋山さん、以前は子供は作らないと言ってましたよね」

「その理由だった不安は今も変わりません。僕自身とにかく、二十代前半は本当に自殺寸前まで思い悩みましたから。でも、もし娘が能力を引き継いだとしても、この子が大きくなる頃には環境が変わっているような気がするんですよ」

「環境？」

「世間の人たちの、こういった現象や能力への認識です」

そうかなあと首を傾げて黙りこんだ僕に秋山は、そのために僕はこうして顔を晒《さら》したりしているわけですからと笑う。でもオウムの事件はまさしく逆境ですよね？　と訊ねると、理由はわからないけど統計上はだいたい二十年ごとに周期があるんです、と秋山は答える。

「二十年？」

「今から二十年前はユリ・ゲラーの初来日で日本中が大騒ぎでした。ネガティブであれポジティブであれ、大衆がこうした現象に興味を抱く時期はくりかえされるようですね。焦る必要はないですよ」

電車が池袋に着いた。以前の会社から独立して現在は自分の事務所を池袋に持つ秋山は、最後に「そろそろ清田に連絡してみたらどうですか」と再び言って電車を降りる。その後ろ姿を見送りながら、彼の助言にそうですねと頷《うなず》けなかった理由を、僕はしばらく考え続けていた。

一九九七年。彼らとの交流が始まってから四年が経過していた。メディアにおけるオウムの後遺症はまだまだ色濃い。しかしこの時期、僕は当初の企画書を少しずつ書き直しては、各局のドキュメンタリー番組の担当が代わるたびに持参する動きを再開し始めていた。成算があったわけではもちろんない。超能力に対しての逆境は相変わらずだ。しかしむしろこの時期だからこそ、この企画に興味を示してくれる局員がもしいるのなら、確かな共犯関係を築けるような気がしたのだ。企画書の字面を追うだけの表層的な共有関係では、いずれ破綻《はたん》することは体験済みだ。

「超能力者たちの日常」という視点に興味を示されることは何度かあった。必ず聞かれることは、「で、そもそも演出する立場のあなたは、超能力を信じているんですか」という質問だ。そのたびに僕は返事に詰まった。四年前フジテレビの編成担当に対してもそうだったように、「信じる」あるいは「信じない」というどちらの語彙《ごい》も、即座に発音することにどうしても拭《ぬぐ》えない抵抗があった。「何度も目撃しています」と答えるのが精一杯だ。そしてそのたびに皆、ぎこちなく微《かす》かに笑う。同意ではもちろんないが嘲笑《ちょうしょう》とも少し違う。複雑な笑いだ。その後に、「でもまさか、森さん、信じきってはいないでしょう?」と念を押す人もいたし、「僕は個人的には本当かもしれないなとは思うんですけど、でもやはり番組としては……」と語尾を濁す人もいた。

しかし結局のところ、どちらでも結論は同じなのだ。演出する側(つまり僕だ)が明確に断言できないのなら作品にはできないでしょうという結論になる。でももし、すべてホンモノですと僕が断言したとしても、あるいは全部トリックですよと明言しても、やっぱり結論は同じだろう。企画書を前に堂々巡りはするが、結局のところ白黒が不明確なままでもエンドマークを出せるバラエティではなく、超能力者という曖昧《あいまい》な存在をドキュメンタリーというノンフィクションの手法に代入することに、番組責任者の立場としてはどうしても何らかの制御が働いてしまうようだ。

この制御の基準は際どい。際どくて微妙だ。微妙だがこれ以上ないほどに強靭《きょうじん》だ。要するにテレビメディアとしては、声高なタブーではないが、とにかく扱いづらい素材なのだ。

地下鉄サリン事件から二年が経過したこの年、皮肉なことに、超能力ドキュメントの最大の障壁となったオウム真理教をテーマにして、僕は自主制作ドキュメンタリー映画にとりくんでいた。一九九七年十月、その作品「Ａ」の編集作業を終えた直後だった。経済的理由もあって早急にテレビの仕事を再開しなければならない状況にあった僕は、フジテレビＮＯＮＦＩＸの新しい担当の鈴木《すずき》専哉《せんや》に、四年越しの企画書を手渡していた。

「なるほど。実はこの目線、僕も興味があったんです」

そうつぶやいてから、鈴木はしばらく企画書を手に考えこんだ。

「局内から反発はあるかもしれないなあ。でもうちは比較的、この手の企画に敷居は低いほうだと思うのだけど……」

ぶつぶつとつぶやきながら、しばらく一人で煩悶《はんもん》を続けていた鈴木は、「超能力者の日常をドキュメンタリーで捉《とら》えたとき何が見えますかね？」と「清田さんはやっぱりスプーン曲げは拒否でしょうか？」と、「彼らはこの企画に何を期待しているんでしょう？」と立て続けに訊ねてきた。僕はどのひとつにも明確に答えることができない。ああとかうーんとか呻《うめ》くばかりだ。

二時間近くが経過していた。言葉をいくら積み重ねても、彼と僕との煩悶の濃度は変わらない。これでは打ち合わせの意味はない。この展開はこれまでにも何度もあった。いつもどおりだ。こうして最後には、「やっぱり切り口が他に見つからないかぎり、ちょっとこれは難しいですね」などと言いながら、局の担当は別の企画の話を始めるのだ。

沈黙しながらどうせ今回もそうなるだろうと思っていた僕は、鈴木専哉の次の言葉に思わず顔を上げた。

「とにかく直感でしかないんですけど、やってみる価値はある企画ですよね」

Chapter 4

四年めの撮影初日

「ずっと俺は、自分のためにスプーンを曲げてきたんだよ」

意外なことに清田は僕の名前を覚えていた。待ち合わせに決めたのは、現在の清田の地元である浅草の仏壇屋の前だった。仏壇屋にしたことに別にさしたる理由はない。「銀座線の田原町で改札を出て、階段を上がったら仏壇屋があるからさ」と清田が言ったからだ。「すぐわかるよ。下手に喫茶店なんかで待ち合わせするよりも確実だよ」

地下鉄を降りて地上への階段を駆け上がる。確かに仏壇屋は目の前にあった。四年ぶりの清田は、待ち合わせの時間に一〇分遅れて婦人用の自転車に乗って現れた。茶色に染めた髪にバンダナを巻き、耳朶《みみたぶ》にはピアスを光らせる相変わらずの一九七〇年代ロッカー風コスチュームだったが、以前より一回りほど肥満していた。そういえば秋山も堤も、そしてこの僕も、この四年間で全員が多かれ少なかれ肉付きが良くなっている。三十代後半から四十代を目前に控え、男としては、残りの時間を計算したり焦ったり引きずったり新たに始めたり、とにかくいろいろ考え始める年齢だ。

交差点の脇に自転車を停めた清田は、近づく僕に気がついて、「待たせちゃったかな御免ね」と、鍵《かぎ》を抜きながら低くつぶやいた。

「一人なの?」

「一人だよ。何で」

「マネージャーは?」

「いねえよもう。あれからテレビの話はずっと断ってんだよ。だから何のためのマネージャーなんだかわからなくなっちゃってさ、いつのまにかいなくなっちゃった」

「テレビ断ってるの?」

「このあいだも出演依頼があったけどさ、断ったばかりだよ」

「……実は僕も、もう一度、ドキュメンタリーの被写体になって欲しいと依頼するつもりなんだけど」

「いいよ」

「いいの?」

「いいよ。森さんの話ならやるよ」

「何で?」

「何でかなあ。うまく言えないけど、ちょうどそろそろテレビ解禁してもいいかなって考えてたんだ」

「どうして？」

「俺さ、四年前に森さんと会った頃って最悪の状態でさ。離婚問題とか何だかいろいろあってさ。荒《すさ》んでたんだよなとにかく」

「うん」

「いろんな依頼がマスコミからあるけどさ、要するにみんな本音は、早くスプーン曲げてくれなんだよ。俺自身に興味を持ったとかタレント性に注目したとか、いろいろ言ってくるけど、本音はスプーン曲げなんだよな。マスコミだけじゃないよ。講演やっても飲み会に呼ばれたりしたときでもさ、みんな口には出さないけど、早くスプーン曲げろよって内心それしかないことがわかるんだよな」

「……だけど、それはある意味で仕方ないと思うよ」

同意をしない僕に、清田は不満げに唇を尖《とが》らせる。一瞬の感情の動きが表情にそのまま現れてしまうこの傾向は、少なくとも四年前と変わらない。仏壇屋から歩いて三分ほどの大衆居酒屋。内心の苛立《いらだ》ちを紛らすかのように、烏賊《いか》ゲソの唐揚を頬張り、清田はビールを一気に飲みほした。

四年前には赤坂や表参道のカフェバーがいつも指定の店だった。生ハムやサーモンのマリネはあったけど、煮込みや烏賊ゲソの唐揚がテーブルに並べられたことは、たぶんこれが初めてのはずだ。空になったグラスをテーブルに置いて、清田は思い直したように静かにつぶやいた。

「……そのとおりだよ。仕方ないんだよな。ていうか当然なんだよな、皆がそう思うのは。でもさ、あの頃はとにかくそれがいやでさ、俺の一生はこのままスプーン曲げながら終わっちゃうのかよって思うと、とにかくどうしようもないくらい苛ついてさ。……俺、今年でもう三十四だぜ。だけどメディアに出るときには、今でも必ず清田君なんだよな。わかるだろ？　別に呼びかたなんてどうでもいいけどさ、普通は呼ぶ前に疑問を感じるはずなのに何も考えていないってことだろ。全部停滞しているんだよ。いろんな取材をされてきたけどさ、結局メディアってのは誰も本気でこの現象を見ようとしていないんだよ」

「今は？　割りきったということ？　メディアや世間が四年前と変わっているとは思えないけど？」

「割りきったというかさあ、要するに俺の役割ってのがきっとあるんだろうと思うようになったんだよな。今の時代はこうして俺がインチキだホンモノだって騒がれることで終わるのかもしれないけど、次の世代には変わっているかもしれないじゃん。その過渡期に俺が生まれたなら、たぶんその役目があるはずなんだよな。スプーン曲げだなんてバカバカしいよ。誰よりも本人がいちばんそう思ってるよ。だけどさ、信仰とかそんなレベルじゃなくてさ、この能力が俺に授かったことに、きっと何かの意味があるはずなんだと考えるようになったんだよ」

そこまで言ってから清田は、カウンターの奥に冷酒を注文する。

「森さんは？　まだビールかな」

「ビールでいいよ」

奥から出てきた女将《おかみ》に清田はビールをもう一本と声をかける。顔馴染《なじみ》らしく、「今日はイサキのいいのが入ってるわよ」などと女将はビールの栓を抜きながら親しげに言う。

「環境としてもいろいろ変わったんだよな、この四年で。けっこうどん底まで行ったからさ。そこまで行くとさすがにバカはバカなりに考えるんだよな。森さん、タイミングとしては前回は最悪だったけど、今回はもしかしたら最高かもしれないぜ」

「プライベートな環境も変わったよね」

「プライベート？」

「同居している人がいるんだろ」

清田の表情が微《かす》かに強張《こわば》った。踏みこみすぎたかなと一瞬後悔する。日本酒が入ったグラスを手に、清田はテーブルの上の一点に視線を据える。話したくなければいいよと僕は言う。

「……話すのはいいけどさ。別にこそこそ隠す気はねえよ。でも、森さんはきっと、おれのプライベートも撮りたいと思ってるだろ？」

「うん」

「悪いけど今の同居人の撮影には協力できないよ」

「なぜ？」

「撮りたいと思う森さんの気持ちはよくわかるよ。だけどさ、まだちゃんと籍も入れてないのにさ、テレビでお披露目なんてできねえよ。特に真希《なおき》は、……真希っての彼女の連れ子な。あいつは今九歳なんだよ。考えたら俺がマスコミに玩具《おもちゃ》にされ始めた時期と一緒なんだよな。森さんを信用していないってことじゃなくてさ、テレビってのはやっぱり影響力半端じゃないからな」

そこまで言ってから清田は、「超能力者が義理の親父だなんてテレビで紹介されたらさ、あいつ学校で苛《いじ》められるかもしれねえだろ？」と半ば冗談めかした口調でつぶやく。四年前の清田なら仮に実の子供に対しても、こんな台詞《せりふ》は逆立ちしたって出てこなかっただろうなと僕は思う。

「……二人が撮れなきゃどうしても駄目かなあ」

黙りこんだ僕が気分を害しているとでも思ったのか、訊《たず》ねる清田の語尾が微かに揺れていた。駄目だと答えれば清田は何と言うのだろう？　その興味はあったけど、じっと僕を見つめる清田に「駄目じゃないよ」と僕は答えていた。不思議な男だ。憎々しいくらいに傲岸《ごうがん》かと思えば、次の瞬間には痛々しいくらいに過剰に繊細な側面が突然現れる。それは昔と変わらない。とにかく今夜はまだそこまで煮詰める時期じゃない。話を逸《そ》らすため、

「今後は依頼があればテレビに出るの？」と僕は別の話題をふってみる。

「テレビ？　基本的には出ない」

「じゃあテレビに対してのスタンスは以前と変わってないということ？」

「選ぶってことだよ。例えばさ、一昔前の何とかスペシャルみたいなゴールデンタイムの

番組に出演して、スポットライト浴びながらスプーンを曲げて、それでトリックだいやそうじゃないみたいな言い合いがあって、結局何も変えられないような番組にはもう出ねえよ。これは断言する。でも今回の森さんの作品には協力するよ」

「なぜ？」

「少なくとも四年間も同じ企画をあきらめなかった奴は、これまで俺が知っているテレビの世界にはいなかったよ。ま、それとドキュメンタリーという手法に興味があることも事実だけどな」

「スプーン曲げもやってくれるよね」

「やるよ、もちろん」

何杯めかの冷酒を頼みながら、何なら今此処《ここ》で曲げようかと清田は笑う。カメラがないから今日はいいよ、今度の撮影までとっといてよと僕も笑う。そろそろ終電の時刻だ。しかし腰を上げる気にはなれない。心地良い酔いに僕は浸っていた。たぶん清田も同様だっただろう。

「……ずっと俺は、自分のためにスプーンを曲げてきたんだよ。ガキんときは成功するたびにみんなが喜んでくれることが嬉《うれ》しかったしさ、色気づいてきたら女にもてるぞなんて思って必死に曲げてたよ。テレビにいちばんよく顔を出していた二十代の頃はさ、俺、車何に乗ってたと思う？　ポルシェだぜ。真っ赤なポルシェ。高級マンションに一人で住んでさ、すっかりスター気どりだったもんな」

「今は車は？」

「今はチャリンコだよ。とにかくその頃の俺にとって、スプーン曲げは顔を売るための手段だったんだよな。……四年前、森さんに初めて会った頃に離婚を経験してさ、とにかく精神的にも絶不調の頃で、一時スプーンが全然曲がらなくなったことがあるんだよ」

「うん」

「これで終わりかなあと本気で思ったよ。だけどさ、誰にも会わずに飲まず食わずで部屋に一人で何日も籠《こも》っててさ、ふとスプーン曲げてみようかなと思ったんだよ。テレビカメラがあるわけじゃない。観客や口説きたい女がいるわけじゃない。子供の頃はいつもそうだったように、一人で曲げてみようかなってふと思ったんだ。そしたらさ、曲がるんだよ簡単に。そしてそれがとにかく、何ていうか気持ちいいんだよ。で、何本も曲げながら、そうか昔は曲げることがこんなに気持ちよかったんだよなあって思いだしてさ。……でさ、こんなこと言ったら誤解されるかもしれないけど、スプーンの気持ちが何だかわかるような気がしてさ。変かなあ？　変だと思うよな？」

「思わないよ。続けてよ」

「何て言うかさ、スプーンだって曲げられたり折られたりするためにこの世に生まれたはずじゃないわけでさ、悪いなあ御免よ、みたいな気分に生まれて初めてなったんだよ。それからだな。スランプはすっかり消えてしまって、それで、ユッコが俺の目の前に現れて……」

新しいジョッキがテーブルに運ばれてきた。一口飲んでから清田は顔をしかめる。僕が吸っていたタバコの煙が顔の前に漂ったからだ。タバコ嫌いは四年前と変わらない。

「今俺、ユッコって言っちまったな。森さん、今のとこカットな。あ、今日はカメラはないか、しかし俺、一人で喋《しゃべ》りすぎるかなあ？」

「そんなことないよ」

「……さっきの話だけどさ、親父ならどうかな」

「親父？　何のこと？」

「プライベートな映像だよ。やっぱり必要だろ？　北千住で寿司屋やってるよ。お袋と二人で。俺の部屋もまだあるしさ、清田の私生活って雰囲気の映像にはなるんじゃないか？言っておくけどさ、この二人にだってマスコミからたまに取材の依頼はあるんだけど、絶対断れって俺言ってるんだぜ。まあ森さんはそんな撮りかたはしないと思っているけどさ」

「僕が言うのも変だけどテレビは怖いよ」

「まあね」

「今の話はもし気が進まないのなら、無理にとは言わない」

「……だけどさ、本当はかなり欲しい素材だろ？」

「本音はね」

「そうだよなあ。俺が森さんの立場でもそう思うもんなあ」

数秒考えこんでから清田は、「撮影してもらうよ。とりあえずは森さんを信じるよ」と低くつぶやいた。

「だけどさ、ご両親の意思は？」

「俺が大丈夫だって言えば、あの二人は喜んで協力するよ」

揮発したアルコールが耳許《みみもと》で脈動している。微かな睡魔に浸りながら、この展開に僕はこっそりとほくそえんでいた。どうしても両親を撮りたいといきなり懇願していたら、きっと清田は頑《かたく》なに拒絶していただろう。

「念のために聞くけどさ、お二人には何か能力があるの？」

「ねえよ。寿司作る能力だけだよ。……これは技術か」


「サイババなんて完全にトリックですよね」


眠い目をこすりながら早朝の新幹線に乗りこみ、大阪天王寺公園に着いたときには午前十一時を二〇分ほど過ぎていた。「ガイア・アクセス97」と垂れ幕が下げられたホールの正面ゲートでは、大勢の群衆が行列をつくっている。

せいぜい学園祭レベルの催しを想像していた僕は、会場の規模の大きさと盛況ぶりに少々気圧《けお》されながら、ホール内に足を踏み入れる。巨大なドーム型の会場で、吹き抜けの天井からは「気」や「波」などと黒々と墨書された垂れ幕が下げられて、空調の風にゆったりとたなびいている。一千坪はゆうにある会場内は、百以上もの企業のブースで迷路のように埋めつくされていて、誰もが名前を知っている大企業の名前もいくつか見かける。

天然塩、アルカリイオン発生器、Qレイペンダント、磁気波動共鳴発生機、天然イオンシャンプー、気を誘導する磁力発生機、お守りグッズ、ミラクルパワーストーン……、雑多で怪しげな商品が所狭しと陳列され、通路は物珍しげに散策する人たちで、場所によっては身動きすらできないほどの混雑ぶりだ。

カメラを構えながら歩く僕に、オーラを撮影するという新方式のカメラを展示販売するブースの前で呼びこみの女性が、「ねえマスコミの人、試してみてよ」と声をかけてきた。料金は三千円。ブースの横のスペースに置かれた椅子に座って写真を撮られる。写真館の記念撮影とほとんど変わらない。基本的な原理はポラロイドと同じらしく、三分ほどで写真はできあがる。待つあいだ、スタッフらしい女の子に「この会社の人なの？」と訊ねてみる。

「私はアルバイトなんです」

「じゃあ詳しいことはわからないか」

「わかりません。御免なさい」

「そもそもこういうジャンルに興味があるの？」

「友達の紹介なんですよ。その子はどっぷり浸っているのだけど、私はよくわからないんです。でも、あんまり当たるんで吃驚《びっくり》してます」

「写ったオーラの色でいろいろ判定されるんですよ。驚きますよ、あんまり的中するんで」

「当たるって?」

「もしかしたら今、君は呼びこみのマニュアルどおりに喋ってない?」

意地の悪い質問だが彼女は動じない。にっこりと微笑みながら僕の耳許に口を寄せ、関西訛《なま》りの小声で囁《ささや》いた。

「実は私も、最初はオーラだなんて胡散《うさん》臭いわあと思ってたんですよ。でもね、本当によく当たるんですよ。これは事実」

中年の女性ができあがった写真をカメラのレンズの前に突きだした。中央には僕の取り澄ました顔がある。そしてその顔を包みこむように、淡い紫やオレンジの色が、まるでゴッホやムンクの絵のように渦巻いている。

「これで何かわかるんですか」

「内臓の調子が悪いですね」

「どうしてわかるんですか」

「この紫色です。先端がここから発生しているでしょう? 危険信号です。お酒は飲みますか」

「飲みます」

「じゃあ肝臓かしらね。性格はとにかく情熱家ですね。ものすごく大胆なのに、でも凄《すご》く気弱なところもあります。面白いわねえ。あなたむちゃくちゃ自己矛盾してはるわあ」

写真をもらい、サービス価格だという二千円を置いてブースを後にする。メソッドとしては典型的な辻《つじ》占いのパターンだ。「悩み事があるようですね」を前置きに（当たり前だ）、僕の年齢で「内臓の調子が悪い」と言われてどこも悪くないと反駁《はんばく》する人はあまりいない。「気が強い部分と弱い部分が共存してますね」などと言われて、全然見当外れですと答える人もあまりいないだろう。ほとんど話術のテクニックだ。二千円どぶに捨てたなあと思いながら通路を進む僕の視界を、「日本ダウザー協会」の看板の文字が横切った。足を止める。ブースのカウンターの中で、ほぼ同時にこちらに気づいたらしい堤裕司が照れくさそうに微笑んでいた。

「探しましたよ」

「もう少しして現れなかったら、森さんの携帯に電話してみようかと思ってたんです」

「……四年かかったけど、今日が撮影初日です」

「あ、はい、宜《よろ》しくお願いします」

手短に挨拶《あいさつ》を終え、僕はブースから少し距離を置いて三脚を立てカメラを設置する。両隣のブースには、通路をまともに歩けないほど混雑しているというのに、日本ダウザー協会のブースはなぜか客のほとんどが素通りしてゆく。陳列されている商品はダウジングの振り子各種に願望成就機、堤が書いた何冊かのダウジング紹介本、パワーストーンに（指先のオーラを撮影する）キルレアン写真、お守り関係など、他のブースとそう大差ない。

しかしなぜか客は寄りつかない。いつものスナフキンの帽子を被《かぶ》った堤は、黙りこくってじっと通路を見つめている。そもそもが他のブースでは何人もの売り子やスタッフが大声で客を引きながら忙しく立ち働いているのに、日本ダウザー協会のこのブースだけは、ぼんやりと無言で立ち尽くしている堤以外、他にスタッフはいない。

一五分ほどがこの状態のまま経過して、たまりかねた僕はカメラを三脚から取り外し、顔の横に手持ちで構えてスイッチを入れてから、ブースに少しずつ近づいてゆく。

「客足が悪いですね」

「はい？」

「客が寄りつかないみたいだけど」

「さっきまではけっこういたんですよ」

「どうして来なくなっちゃったんでしょう」

「……カメラのせいだと思うんですけど」

「はい？」

「カメラが近くで回っているから皆寄りつかないんじゃないでしょうか」

「……そうか。そりゃそうだ。どうしましょう？」

人の気配に振り返ると、作務衣を着た白髪混じりの男性と二人の若い女性が、いつのまにかブースの前に立っていた。客かと思ったがそうではなく、ダウザー協会大阪支部の支部長とメンバーたちだという。先ほどより少し距離を置いて、僕は再び三脚にカメラを設置する。人数が増えてブースは格段に華やかになった。作務衣の大阪支部長が軽快な大阪弁で客を呼びこむ。通路を歩く主婦のグループが足を止めた。「あなたテレビに出てた人でしょう」と堤に話しかけている。振り子を手に、堤は好奇心を全開にした主婦たちにダウジング理論を説明している。決して声高ではないが、しかし協会長という意識がそうさせるのか、普段の堤からは想像もつかないような饒舌《じょうぜつ》さだ。

「要するに振り子が自然に動くんでしょう?」

「そう思っている人が多いけどそうじゃないんです。動かしているのは手の筋肉なんです」

「何やのそれ? じゃあインチキってこと?」

「いや、そうじゃなくて、潜在意識が動かしているんです」

「センザイイシキ?」

「要するに無意識の部分です」

「ようわからんわあ。その潜在意識は何で正しい答えがわかるのよ」

「僕らは本当はいろんな情報をいろんなものを媒介にしながら獲得しているんです。でも、顕在化した意識が、自分の体験や知識でその判断を閉じこめてしまっているんです。ダウジングはその潜在意識を呼び起こす技術なんです」

要するにオカルトちゃうのと一人の主婦が言い、もう一人がけたたましい笑い声をあげる。堤は苦笑しながらも無理に反駁はしない。

「まあとにかく、コツさえ覚えれば誰でもできるんです」

「何でもわかるの」

「自分が本当に知りたいことならだいたいわかります。熟練すれば未来のこともわかります」

「逃げた亭主の居場所を探して欲しいわあ」

振り子を指先で弄《もてあそ》びながらの一人の主婦の言葉に全員がどっと沸いた。堤は生真面目な表情で、「もちろん。本当に望んでいるのならきっとわかります」と答える。見かねたように大阪支部長が、「あんまりウチの会長からかわんといてな」と軽妙に話に割って入る。

最終的に主婦たちは五百円の振り子を一つ買った。「当たるも八卦《はっけ》、当たらぬも八卦や」大笑いしながら去ってゆく一団の後ろ姿を見送りながら、僕は堤にこの日の売上を聞いてみる。

「昨日と今日の売上を合計して、えーと、八万ぐらいですね」

「正確には八万八千七百円」

横にいた大阪支部の女性会員がにっこりと笑いながら補足した。街でもし擦れ違っていたなら、間違いなく一瞬振り返っているだろうと確信できるほどの美貌《びぼう》の女性だ。

「だけどそれ純益とちゃうよ。売上ですよ」

大阪支部長が口髭《くちひげ》の下から白い歯を覗《のぞ》かせて笑う。純金のブレスレットとかローレックスの腕時計がいかにも似合いそうな白髪混じりのその外見は、どことなく時代劇やVシネマによく出演する男性演歌歌手を想わせる。

「じゃあ、純益は？」

「いくらかなあ。二万ぐらいかなあ」

「ブース代は別でしょう」

「そうやねん。出店料だけで一日十五万」

「大幅な赤字ですね」

「私の新幹線代くらいは何とか達成したいですけどね」

堤の言葉に皆が笑う。話の内容は湿っぽいが、メンバーの表情に悲愴《ひそう》感はまったくない。

「広報活動ですから」

その疑問を口にした僕に堤裕司が言う。

「儲《もう》かるのにこしたことはないですけど、まあダウジングという技術を世の中に広めるのが、今の私の職務ですから」


イベント終了後、ダウザー協会大阪支部の面々と堤裕司と僕を入れた総勢六人のメンバーで、打ち上げのインド料理店に向かう。作務衣姿の大阪支部長は店の前で、「津野《つの》晃玄《こうげん》斎《さい》」と記された名刺を僕に手渡してから、「会長がいつもお世話になってるようですなあ」と微笑む。「津野さん、大阪市内で気功や鍼灸《しんきゅう》の店を何軒か経営している財産家なのよ」と、女性の一人が僕に小声で耳打ちする。今回の収支も、持ち出しの分は全部彼が負担するらしい。

　生ビールのジョッキが運ばれたテーブルで、料理が運ばれるまでの余興のつもりなのか、堤がコインやトランプを使ったテーブルマジックを皆に披露する。にやにやと笑いながら眺めていた津野が、テーブルの上のスプーンを片手にカメラのレンズに向かって二、三度振る。次の瞬間には、スプーンはくにゃりと曲がっていた。

「……今のはマジックですよね⁉」

　突然の出来事に慌てた僕は、津野の診療所のスタッフでもあるという美貌の女性会員にレンズを向けながら訊《たず》ねる。曲がったスプーンをつまみあげ、彼女はうーんと首を傾げる。

「わかんないんですよ。診療中もよく曲げちゃうんですよ。手品かと聞くとにやにやしてばかりで」

「テレビに出たくないねん。そやから手品ゆうことにしとくわ。まあ、今どきスプーン曲げくらいじゃ取材は来んかなあ。一昔前、テレビにさんざん取材されておかしくなった人は、ようけいましたからねえ」

「だって今、テレビのカメラが回っているのよ」

「そやから手品とも超能力とも断定せんのよ。まあ、会長から信頼できる人やと事前に聞いていたからね。今のは森さんを信頼してのサービスや」

　大柄なインド人がカウンターの中から出てきた。店のオーナーだという。曲がったスプーンを手ににこにこと嬉《うれ》しそうだ。

「信じますか？」

レンズを向けながら僕は聞く。

「英語でこう言います。Seeing is believing. 人から聞いた話なら信じない。でも津野さんのこれは、もう何度も私は見ています」

オーナーは達者な日本語でそう言った。

「これ絶品やわあ」

カリフラワーを丸ごと揚げてカレー粉をまぶしたフライを頬張りながら、もう一人の女性会員が声をあげる。

「ジョッキ三つお代わりや。森さん、ビールでよろしいか」

「はい」

「……私マジックもやりますから、スプーン曲げのトリックはもちろん知ってます」

ボウルのサラダを皆の取り皿に分けながら、堤が小声で言う。

「トリックあるんですか」

「何種類もあります。スプーン曲げじゃないけど、テレビで見てる限りではサイババなんて完全にトリックですよね。マジックの心得がある人ならすぐわかります」

「ユリ・ゲラーはちゃいますよね」

「……テレビで見ていると、時々あれ？　って手の動きをするときが確かにあります。彼も以前はイスラエルで有名なマジシャンでしたから、独特の手の使いかたはたまにしていますね」

「要するに彼はトリックゆうこと？」

「……の場合もあります。すべてじゃないです。もちろん私の知らないトリックを使っている可能性はあります。目の前で見たことはないので何とも言えないです」

テーブルの隅に置いた僕の名刺に、にやにやと笑いながら津野が両手をかざす。指先で念を送るような仕種《しぐさ》をするとふわりと名刺が宙に浮いた。二人の女性会員は口許《くちもと》を押さえながら、嘘オ！　と咽喉《のど》の奥で声をあげる。津野が両腕を前方に伸ばしきると、腕の動きに合わせて中空を移動した名刺は、糸が切れたようにぽとりとテーブルの上に落ちた。

「両腕を伸ばすと念が切れるねん」

「今の念力なの？」

「嘘よ嘘。絶対マジックよ」

「手品よ」「いやそうじゃない超能力よ」「どっちでもええやんか」とはしゃぐ三人を、僕と堤はジョッキを手にぼんやりと眺めている。

「マジックに興味を持ち始めたのは、そもそもいつですか」

「子供の頃にはもう夢中でしたよ」

「きっかけは？」

「以前お話ししたUFOです」

それがよくわからないんですよとカメラを構えたまま僕はつぶやく。それからきょとんとした表情の堤に、「UFO見てマジックというのが、やっぱり唐突なんですよ」と僕は言う。そりゃ確かにそうやねえと津野が頷《うなず》く。でもどっちも不思議な現象じゃないですかと堤は怪訝《けげん》そうに言う。

「それ、よく指摘されるんです。でも私の中では違和感はないんです。不思議だから解明したいと思ったわけだし。その意味ではマジックもダウジングもUFOも全部同じなんです」

「でもマジックはタネがあるわけでしょう?」

「UFOだってまだ解明されていないだけで、タネがあるかもしれませんよね? 実際に目撃例のほとんどは、光の反射とか飛行機や人工衛星の見まちがいですから」

理屈はそうだけどとつぶやく僕に、堤は「この世界にはマジックに傾倒する人は多いんですよ」と言う。確かにユリ・ゲラー以外にも、マジシャンの側面を持つ著名な超能力者は数多い。しかし否定派でなくとも、超能力者とマジシャンとが親和性を持つという現実に直面すれば、やはり揚げ足をとりたくなるのは当然の人情だろう。

「それに何よりも、私は超能力者と違いますから。森さんのこの企画にも最初はかなり戸惑ったんですよ。私は清田さんや秋山さんをテレビで見ていた人間ですから。ただのファンだったんです」

「でもダウジングは?」

「ダウジングは超能力じゃない。何度も言いますけど技術です。キリスト教の宣教師ってダウザーが多かったんですよ。もちろん教義的には神しか奇跡は起こせないから人間がやっちゃいけないわけだけど、宣教師ってのは医者であり科学者でありカウンセラーでなきゃいけないわけですね、布教するときに。で、自分を通じて神の奇跡を見せる、それで信者を獲得するという技のひとつとして、ダウジングを心得ていたらしいです」

ダウジングについての古い文献は数多い。例えば旧約聖書のホセア書にはこんな記述がある。

我が民は、木に託宣を求め、
その枝に指示を受ける

同じく出エジプト記には、

ナイル川を打った杖《つえ》を持っていくが良い（中略）
あなたはその岩を打て
そこから水が出て、民は飲むことが出来る

との描写もある。もちろんダウジングは、古代の伝承や宗教儀式だけに限定されるジャンルではない。つい先日、オーストラリアのオパール鉱山で、木の枝やL字形ロッドを使って鉱脈を探す鉱夫たちの様子がテレビのクイズ番組でも紹介されていた。アフリカの砂漠地帯などでは、今も頻繁にダウジングで井戸を掘り当てているという話を、海外青年協力隊の友人から聞いたこともある。

アメリカのカリフォルニア州サンタローザは、市の水道局や電話局が、土中の古い水道管やケーブルを探す技術としてダウジングを正式に採用している都市として知られている。ベトナム戦争時、ベトコンが埋めた地雷を米軍の前線の兵士たちがダウジングで探知していた話はニューヨークタイムズに掲載された。日本でも一九七〇年代、東京都東村山市の水道課で、地面の下の古い水道管を探すのにダウジングを利用していたという話は有名だ。僕は当初、都市伝説の類《たぐ》いかと思っていたが、どうやら実際にあったことらしい（もっとも、公金をオカルトまがいに使っていると批判が集中して、今では廃止しているようだが）。

〝万物には固有の波動があり、人間の潜在意識はその波動を感知している〟という法則を前提とするダウジングの基本理念には、確かに感覚的にはある程度の説得性はある。しかしダウジングで的中できることは水脈や鉱脈の所在だけではない。人の感情や未来のことまで、基本的には答えられない質問はないと堤は断言する。過去はともかく、なぜ未来のことまでわかるのか？　と訊ねれば、「未来は決して偶然の産物ではないというのがダウジングの考えかたなんです」と堤裕司は説明した。

「要するに運命論？」

「まあ、近いですね。例えば森さんが一時間後にもこの場所にいるかどうか、それは森さんの今日のスケジュールや気分や料理の出来具合とか津野さんの予定とか、あらゆる因子が組み合わされて決定されるわけです。それらを総合的に判断するんです」

「でも例えば、今この十円玉を投げ上げて、それが床に落ちたとき裏が出るか表が出るかまでダウジングは当てるわけでしょう。それはまったくアトランダムな現象ですよね？」

「そんなことはないですよ。投げ上げる瞬間の十円玉の位置や手の動き、床の硬度とか空気の動きとか、やはりいろんな要素が複合して決定されるわけですから」

「清田さんのスプーン曲げはホンマモンだって前に堤さん言ってましたよね？」

僕と堤との会話に退屈しかけていた隣席の女性会員が、僕の次の質問を遮るかのように強引に話に割って入ってきた。

「……ホンモノと私は断定できません」

「トリックということ？」

「いや、そうじゃなくて消去法でしか言えないんです。つまり私の知る範囲でのトリックはないとしか言えません。初めて会ったのは、テレビ出演のときの楽屋です。見せてもらえますかって思いきって聞いたら、私にスプーンの片端を持たせてあっというまに90度捩《ねじ》ったんです」

「……柄を捩るなんて、そもそも素手じゃ無理でしょう？」

「誰だってそう思いますよね。その思いこみを利用した心理トリックが実はあるんです」

そう言ってから堤は実践する。まずはスプーンの先端を直角に曲げて、曲げた両端を持ったまま捩る。そのままスプーンを真直に戻せば、まさしく捩れたスプーンができあがる。実際に目にすれば拍子抜けするほどに呆気《あっけ》ない手順だ。

「……でも、清田さんの捩りはこれじゃないです。片端を私はずっと持ってましたから、このトリックはありえません」

「……ということは？」

「私の知る範囲では、あんなマジックは絶対ありえないです。でも、だからホンモノだという短絡はできませんが」

「要するにホンマモンという意味とちゃうの？」

「……その可能性はあります。でも、ニセモノではないという証明はホンモノであるという証明にはならないんです。私が知っているニセモノとは違うということです」

「ややこしいわあ」

「視聴者の皆さーん。超能力も宇宙人も幽霊もみな実在しているんですよ」

堤に向けられたビデオカメラのレンズを横から覗《のぞ》きこんだ隣席の女性会員が、ファインダーの中でにこにこと笑いながら断言する。「幽霊はどうかなあ」ともう一人の女性会員が首を傾げる。「そういえば、ごついのおりますよお」と津野が言う。

「僕の友達やけどね、スプーン十本くらい手にしてえいやっと放ったら、全部が一瞬にしてぐにゃぐにゃになってしまう人いますよ」

「何や、幽霊のことやないの？」

「水口《みずぐち》さんのこと？　確かにあの人はすごいわあ」

「このあいだマージャンやったら配牌《ハイパイ》で大三元四暗刻《スウアンコウ》単騎や。もうどないもならん」

「マージャンはいかさまでしょう？」

僕の質問に津野は大仰に顔をしかめる。

「そやかて全自動の卓でやったんよ。マージャンだけやない。このあいだは買ってきて封を切ったばかりのトランプの裏面を見て、数とマーク、全部言い当てたで」

「今の話はどうですか？　トリックでできるんですか」

レンズを向けながらの僕の質問に、片頬に微《かす》かに苦笑を浮かべながら堤が答える。

「そういうトリックもあるにはあるけど、結構大仕掛けです。目の前で見ないと何とも言えません」

「いやあ。僕は何度も見てるけどあれはトリックちゃうで」

「その人に会えますか」

「無理やねえ。マスコミ嫌いやからねえ」

「私も決してマスコミは好きじゃないんです」

レンズを向けられたままの堤の言葉に皆が笑う。

「ようけ出てるでえ。このあいだも見たで。なんやしょうもないバラエティ見とったらいきなり画面に映ってるんや。何でこんなもん出てるんや。喋《しゃべ》らんとってお願い、言うとったらほんまに喋らんかったから良かったけどな」

「あれは喋らなかったわけじゃなくてカットされたんです」

「そやかて今こうしてテレビに取材されてるやん」

回り続ける僕のカメラのレンズに視線を向けた女性会員の言葉に、堤は苦笑する。

「……森さんとは長いんですよ。もう四年も前から超能力者のドキュメンタリーを撮りたいと聞いていたし」

「いっつもそんなこと言って、テレビに出ては後悔してるやん」

「ドキュメンタリーという手法には私も興味ありますし、それにこれほど粘る人が、少なくとも刹那《せつな》的な内容の番組を作るはずはないと思いますから」

「そら甘いで」

「私も甘いと思う。本人を前にして申し訳ないけど」

ダウザー協会大阪支部の面々は、苦笑し続けるばかりの協会長を、口々に甘いと責めてた。

「森さん堪忍やで。森さんがどうこういうわけやないんやけどな、毎回会長がテレビに出るたびに僕らも悔しい思いをしてるもんやからな」

津野の言葉に、会員の視線が僕に注がれる。カメラを回し続けながら僕は答える。

「同感です。僕も堤さんは甘いと思ってますから」

「ネガティブなパワーの場合は虫が多いです」

「ゾロ目の車が来ますよ」

ワゴンタイプのロケ車の中で、真中のシートに僕と並んで座っていた秋山眞人は不意に言った。数秒の間を置いてから、僕は小声でおそるおそる聞き返す。

「ゾロ目って何ですか」

「ゾロ目です。ナンバープレートがゾロ目なんです」

「…………？」

「111とか、222とか、数の並びです」

「それはわかるんだけど、来るってのは？」

「さっきから順番に続いているんですよ。何でしょうね？　今4のゾロ目の車が擦れ違いました」

「……じゃあ、次はナンバーが5のゾロ目の車が来るということですか」

「来ます。何らかの集合無意識のメッセージなんだと思います。あるいは偶然が続いたのかもしれません。しかしその偶然に僕らの意識が反応してしまいましたから。これから5に始まって9までのゾロ目の車がきっと順番に擦れ違いますよ」

言い終えて秋山は、車窓の内側に顔を触れんばかりに近づけて反対車線を凝視している。

後部座席に座っていたカメラマンのYが、そんな秋山の様子にちらちらと不安そうな視線を送っている。

……どうしてこの人は、こんな余計なリスクを抱えようとするのだろう？

むろん声には出してない。胸のうちでそう思った。つくづく思った。カメラはまだ回っていない。パフォーマンスやデモンストレーションのつもりならまったく意味はない。ロケ車に同乗しているのは運転手と二人のクルーで、僕と秋山を除けば三人。彼らがこの瞬間、やっぱり秋山眞人はいかれた奴だと思ったことは間違いない。そりゃそうだ。ゾロ目のナンバープレートの車と順番に擦れ違う可能性なんて、考えるまでもなく天文学的な確率だ。起こるはずがない。なのに彼が自信たっぷりに口にする理由はひとつ。本当に擦れ違うと確信しているからだ。

「秋山さん」

窓ガラスに顔を押しつけている秋山眞人に僕は声をかけた。

「カメラを回します。集合無意識の話をもう一度してもらえますか」

僕の言葉にYが、足許《あしもと》に置いていたカメラを慌てて肩に担ぐ。一瞬不思議そうに僕の顔を見つめ、窓ガラスに名残惜しそうに視線を送ってから、秋山眞人は「そうですね……」と気乗り薄そうに語りだす。

「集合無意識の仮説はユングが唱えたものでオカルトでも何でもありません。つまり私たちの無意識は島のように海底で繋《つな》がっているという理論です。これを裏づけるものとして百匹の猿という有名なエピソードがあります。離れ小島に棲息《せいそく》するニホンザルの一匹がある日、海で芋を洗い始めたとします。数が少しずつ増えてやがて芋を洗う猿の数がある一定の数を超えたとき、まったく離れた場所に暮らす猿たちが芋を洗い始めます。これが有名な百匹の猿の論理です。つまりこの瞬間に潜在意識が飽和して、離れた地にある潜在意識に流入したとしか考えられない現象なんです。最初に着眼した一人は生物学者のライアル・ワトソンです」

喋り始めるといつもの饒舌《じょうぜつ》な秋山の顔だ。もちろん本来なら、狭い車の中でわざわざインタビューを始めなければならない理由などない。集合無意識の話を今すぐ聞かなければいけない理由もない。秋山の視線を路上から逸《そ》らさせることが目的だった。スタッフたちの好奇の視線に、秋山をこれ以上晒《さら》したくなかったし、何よりも僕自身、来るはずのないゾロ目の車を待つ秋山眞人を正視したくなかった。この後の明白な結末を知ることも怖かった。

ドキュメンタリストの定義が事実を客観視する人とするのなら、たぶん僕はドキュメンタリスト失格だ。それでもかまわない。こんな形で彼を晒し続けることは、どうにも耐えがたい苦痛だった。

「でもライアル・ワトソンが本当にこの現象を確認したのかどうかは、実は明確ではありません。確実なフィールドワークの結果ではなく机上の空論なのだという説もあります。それよりも僕が注目しているのはグリセリンです。かつてはかなりの低温でも決して結晶化しなかったグリセリンが、欧米のある実験室で突然結晶化を始めたその瞬間、世界中でグリセリンの結晶化が始まったのです。有名な実話です。これは最早《もはや》、モノにも集合無意識が存在しているとでも仮定しなければ説明できない現象です……」

駐車場でロケ車から降りた秋山は、その場でしばらく空を見上げている。撮影機材を降ろしながら「どうしたんですか」と声をかければ、上空を見上げた姿勢のまま秋山は「地震がきますね」と低くつぶやく。見上げれば二筋の紐《ひも》のような白雲が、青い空を視界の端から端まで一直線に横切っている。

「飛行機雲でしょう」

「違うと思います。飛行機雲はあんなふうに二筋にはならないでしょう」

とりあえずは「ああなるほど」と頷《うなず》いたが、秋山の主張が正しいかどうかは僕にはわからない。二機が並んで飛べば二筋の雲ができても不思議じゃないとも思うし、何よりもこんな紐のような雲が自然にできるとは考えづらい。

「いつ、どこにくるんですか」

僕の質問に秋山は視線を左の端から右端までゆっくりと動かす。「東のほうですね」と小さくつぶやく。「東北かな。もしかしたら北海道かもしれない」

「いつですか」

「二、三日中です」

業務用ビデオカメラを肩に担いだYが、いつのまにか僕の傍らにいた。上空を見上げる秋山に、無言でレンズを向けている。

「秋山さん」

「はい？」

「それは、予知ですか」

「雑誌で読んだんです。予知とかそんなレベルの話じゃないです」

ああ雑誌ですかそうですかと僕は頷く。予知能力ですという答えが返ってこなかったことに、安堵《あんど》と落胆が露骨に声に滲《にじ》んでいたと思う。

カメラは回り続けている。やっぱり北海道かなあ函館《はこだて》のほうかもしれないなあと独り言のようにつぶやきながら、秋山はいつまでも上空を見上げていた。


エレベータを三階で降りる。秋山と並んで先を歩く白衣姿の鯰江勇《なまずえいさむ》は、受付の脇で振り返ると、にこにこと笑いながらカメラの後ろにいる僕に手招きをする。

「見てください。この受付のカウンターに使っているのは黒い大理石でしょう？　これはね、気がすごく強いんです。本当ならこのビルの壁面全部これを使いたいのだけど、やっぱり値段も普通の大理石の倍以上するんですよ。だから部分的にしか使っていないけど、たぶんこの違いは森さんにもわかりますよ」

説明しながら鯰江は、両手をカウンターの黒大理石の上にかざす。

「こうして手を動かすとね、明らかにこの境界で違いがあることがわかります。やってみてください」

促されて躊躇《ためら》いながら僕も両手をかざす。そんな様子を秋山は微笑を浮かべながら眺めている。両腕が黒大理石の上を通過する瞬間、確かに微《かす》かだが温度の変化を感じた。感覚としては、たとえて言えば暖風の圧力に近い。しかしもちろんそんな仕掛けはどこにもない。目の下にあるのは、冷えびえとした硬質な黒大理石のカウンターだ。

「ね、感じるでしょう？」

僕のそんな様子を眺めながら、屈託のない笑顔で鯰江が言う。背後ではカメラが回っている。僕の後ろ姿もファインダー内の視界に入っているはずだ。大袈裟《おおげさ》に首を傾げながら、

「確かに感じるような気もするけど、でもそれは事前に言われたから、思いこんでしまったという可能性もありますよね」と僕は答えていた。「そうか。なるほど失敗だ。言わなければ良かったですね」と鯰江が笑う。

埼玉県与野市（現在はさいたま市）。秋山に案内されて訪れたここエスパワービルは、もともとこの地所にあった神社の宮司である鯰江勇がオーナーとなって、三年前に建設した四階建ての建造物だ。二〇トンもの富士山の溶岩で内装を覆った部屋や、八トンの木炭

を敷き詰めた部屋、ピラミッドを模した部屋など、施設内は様々な趣向が凝らされていて、いわゆるニューエイジ系の会員たちが、リラクゼーションを求めて連日多数訪れる。鯰江自身は整体師でもあり、最近はその治療を求めて、末期ガンの患者も数多く来館するという。

「実際にガンを治せるんですか」

「治療行為はしません。違法になってしまいますから」

「違法なんですか」

「手を触れればね」

「はい？」

「私の整体は手を触れないんです」

「意味がよく……」

「要するに気功です」

実際に鯰江の気功の現場を見せてもらった。確かに手は触れない。寝台に横になった患者の頭の先から足の爪先まで、触れるか触れないかの距離で鯰江の手のひらがゆっくりと移動する。驚いたことに寝台に横たわっていた初老の男性は、三分くらいで軽い寝息をたて始めた。

「みなさん寝ちゃうんですよ。よほど気持ちいいんでしょうね」

「僕は鯰江さんの気功で幽体離脱したことありますから」

秋山が真顔で言う。ああ、あのときね、やっぱりそうだったんですかと鯰江も頷く。

「気がついたら天井から、横になった自分を見ているんですよ」

「……ここは秋山さん以外にもエスパーって来るんですか」

「清田さんや堤さんもよく来ますよ。他にも、マスコミには登場していないけどそういう能力を持った人は、だいたい来れば喜んでくれますね」

最後に案内された溶岩の部屋で、秋山は照明をすべて消した。巨大なモニターに映る波の映像だけが漆黒の闇に発光している。この施設に来るときは、必ずこの部屋でこうして瞑想《めいそう》に耽《ふけ》るのだと秋山が説明する。

「ありがたいことにこの場所で閃《ひらめ》いたビジネス上のアイデアのほとんどは、これまでだいたい成功していますよ」

「ビジネスというところが秋山さんらしいですね」

「そうですねえ。本来は金儲《もう》けと超能力とは両立しないですからねえ」

二階はフロアを全部ぶちぬいて、プールを中心にサウナやジャクジーなどの付帯施設が設置されている。プールサイドの至る所には自然石が転がり樹木が茂り、熱海《あたみ》温泉にあったジャングル風呂《ぶろ》を僕は思いだしていた。中央部には石を積んだ小高い一角がある。周囲には注連縄《しめなわ》が張られていて、その真中には大人の頭ほどの水晶が置かれている。その脇に立った秋山は、まるでストーブで暖をとるかのように片手を水晶の上にかざしながら、だいぶ柔らかくなりましたねえ、とつぶやき、鮎江が嬉《うれ》しそうに大きく頷《うなず》いた。


「前とは全然違うでしょ。だいぶマイルドになりましたよね」

「そうですねえ。最初の頃は近づいただけでピリピリしましたもんね」

「注連縄がいいみたいですよ。どうもエネルギーを和らげる効果があるみたいです」

楽しそうに会話を続ける二人にレンズを向けたYは、終始無言で撮影を続けている。その横でガンマイクを捧《ささ》げ持つ音声スタッフも、ヘッドフォンを装着したまま能面のように無表情だ。今日初めて組んだこの撮影クルーの無反応さが、僕にはずっと気がかりだった。

発注を受けた技術会社のスタッフとしては、この無反応さはある意味で当たり前なのだ。被写体が超能力者だろうが巨人軍の選手だろうが吉本興業のタレントだろうが政治家だろうが、きっと彼らは淡々と撮影を続けるだけだ。タクシーの運転手と同じで陽気すぎるカメラマンには困惑する。それはわかっている。わかってはいるが、彼らの視線や心情がどうしても気になって、今日の僕がずっと撮影に集中できずにいることは明らかな事実だ。

僕には四年間の助走がある。でも彼らにはない。六時間前、技術会社で機材をロケ車に積みこみながら、「撮影の対象はエスパーです」と僕は名刺を交換したばかりの二人に、この日の撮影の趣旨を説明した。「エスパー」という言葉に二人の顔に「?」マークが浮かび、僕は慌てて、「超能力者です。まあ世間一般でそう思われている人たちのドキュメンタリーです」と早口で補足していた。

二人は黙って頷いた。質問もなければ提案もない。その瞬間の重苦しい沈黙が核になって、撮影を続けるうちに意識の中で少しずつ膨張して、僕はいつのまにか対象への集中力をすっかり失っていた。しかしもちろん、それを理由に撮影を中断はできない。

エスパワービルの撮影を終え、隣接する神社の敷地に秋山は向かう。東京近郊では有数のパワースポットのひとつがこの境内にあるという。鳥居をくぐり参道のいちばん奥、急勾配《こうばい》の石段を登りその頂上の石碑の横で、秋山は気持ち良さそうに何度も深呼吸をくりかえした。

「森さん、気づきませんか」

「何でしょう」

「立ち木です。みんな曲がっているでしょう」

言われて僕は周囲を見渡す。確かに境内の立ち木のほとんどは、幹や枝がくねくねと曲がりくねって生えている。指摘されれば確かに尋常ではない曲がりかたのような気もするが、しかし比較の対象がない現時点では、ああなるほどと曖昧《あいまい》に頷くしかない。

「パワースポットの特徴なんですよ。樹木の生長に土地のパワーが干渉してしまうんでしょうねえ。洞《ほら》も多いでしょう？　枝が曲がりくねっていたり幹に洞が多い木が生えているところは、パワースポットと考えてほぼ間違いないですよ」

「この場合のパワーは、僕らにとっては良い効果を及ぼすんですか」

「一概には言えません。ただネガティブなパワーの場合は虫が多いです」

「ええ、特に蟻が地面に多く這《は》いまわっている場所は、あまり近づかないほうがいいかもしれません」

「虫？」

「なぜ虫が？」

「虫はね、他の生きものとはどうもスピリチュアルな側面で逆の志向性があるようなんですよ。骨格からして彼らは外骨格で、普通の生きものとは反対のわけですよね」

左目でファインダーを覗《のぞ》いているYの右目と視線が合った。もういい加減にして欲しいよなあとその目が言っているように感じ、次の瞬間には僕は慌てて視線を逸《そ》らしていた。

……あくまでも僕の妄想だ。批判や否定を実際にYが口にしたわけではない。黙々と撮影を続ける彼が、実は通信販売のミラクルストーンをポケットにしのばせたオカルトおたくである可能性だってもちろんあるはずだ。

ロケ車へと引き揚げるYのがっしりとした背中を眺めながら、僕のこの心情は、別に彼に起因してはいないのだと考え直す。Yではなくもし他の誰かがカメラマンだったとしても、この神経症的な不安と困惑はやっぱり同様だっただろう。

なぜなら僕が怖れているのはYではない。Yの背後に滲《にじ》む「他者」という概念だ。要するに、三人のエスパーとの四年の月日という関係性に、カメラという形で否応なく介在してくる第三者の視線が、今の僕をこれほど不安に落ち着かなくさせるのだ。

信じるのか信じないのか？

企画当初から意識にこびりついていたこの設問を、僕はいつのまにか忘れていた。正確には忘れたふりをしていた。三人との友人関係を維持するだけなら、この設問への解答は棚上げにして、この先も穏やかに時を過ごすことも可能だっただろう。でも撮影が始まった今となっては、この設問から目を逸らすことはもうできない。この設問を曖昧なままに放置して、ドキュメンタリーという作業を持続することは不可能だ。超能力を信じるのか信じないのか？　その設問に対しての自分の姿勢を明確にしないかぎり、このドキュメンタリーは終わらない。

気づいていたはずだ。この状況は覚悟していたはずだ。でも今さらのように狼狽《うろた》えていた。お粗末な話だと我ながら思う。ロケ車が発進する。前の座席に腰を下ろしたYが、後ろの席に座った僕と秋山を振り返り、「いやあ、面白い撮影でしたね」とにっこりと微笑んだ。

Chapter 5

エスパーが生まれた北千住

「どうしていつもスプーンなの？」

暖簾《のれん》をくぐる。ランチタイムを過ぎた店内には客の姿はない。初老の板前がカウンターの中から、包丁を手にしたまま顔も上げず、「いらっしゃい！」と声をかける。

「客じゃねえよ。森さんだよ」と引き戸を開けた清田が低く言って、板前はきょとんとした表情で顔を上げてから、「ああ、どうもどうも。倅《せがれ》がお世話になりまして」と人懐っこい笑顔を僕に向ける。二十数年後の清田益章を想定して、気難しい老人との対面を内心覚悟していたが、どうやら杞憂《きゆう》だったようだ。物音を聞きつけた小柄な初老の女性が、割烹《かっぽう》着《ぎ》姿で奥の座敷から慌てて現れた。老夫婦は僕の後ろで回るカメラに戸惑いながらも、並んで何度も頭を下げる。

店内の壁には、スプーンを手にカメラを睨《にら》みつける清田の顔がコラージュされた「週刊ヤングジャンプ」の表紙が、丁寧にビニールラップに包まれて貼られている。「この表紙には超能力がある！」とキャッチコピーが大きく躍っていて、コミック誌とはいえ、大手出版社が発行する出版物の表紙としては、ずいぶん大胆なコピーだなと僕はちょっとした感慨に耽《ふけ》る。そういえば営団地下鉄のイメージキャラクターとして、特大の駅貼りポスターに清田が起用されたこともあった。そのときのコピーは確か、「見ろのフォース」だった。

否定派と肯定派との論争は昔もあったはずだが、かつてのようなこの無邪気さにも近いおおらかさは今はない。断言してよいと思う。未来に対してのポジティブな展望を秋山も清田も時おり口にするが、僕の予測はまったく逆だ。オウムをはじめとする宗教がらみの事件の多発などを背景に、精神世界への傾斜が社会のひとつの標的とされる時代は、きっと今後もしばらくは続く。

ここ北千住で寿司屋を経営する清田喜徳《よしのり》とせつ子の夫婦に、待望の長男が授かったのは一九六二年。出産のその日、産院の病室で疲れきっていたせつ子は、真夜中に妙な気配で目が覚めた。彼女の記憶では、大きな男のような白い影だったという。その影が、彼女のすぐ隣のベビーベッドで寝息をたてていた生まれたばかりの益章を包みこむように、上から覆い被《かぶ》さっていたという。

「それは産後の幻想なんだよって私は言ったんですけどね」

苦笑する喜徳に、「あれは絶対に夢なんかじゃない。ちゃんと意識があったのよ。影が消えてからもう怖くて怖くて、看護婦さん呼んだんですよ」と妻は言う。

「まあ、その話は今にして思えばというレベルです。でも確かに、物心つく頃から、ちょっと変な子だなあって私はずっと心配はしてたんですよ」

「変とはどういう？」

「こりゃあ精神科行きかなあって。とにかく私は最初、この子はとんでもない嘘つきだと思ってましたから」

「具体的にどう変なんですか」

「何かが部屋の中にいるとか、誰かが入ってきたとか、そんなことはしょっちゅう言ってましたからね」

「見えるの？」

訊《たず》ねながら僕は、カウンターで頬杖《ほおづえ》をつく清田にカメラを向ける。レンズをじろりと睨み返してから、清田は仏頂面でしぶしぶと答える。

「……見えるよ。マスコミ的には言わないけどな。それは秋山君の領分だからさ」

「部屋をぐちゃぐちゃに散らかしているとするでしょう？　片づけろって怒りますよね。そしたらものの五分もたたないうちにすっかり綺麗《きれい》になっていたりね」

「どういうこと？」

なおも質問する僕を、清田は上目遣いに数秒見上げる。

「……この部分だけもし強調して使われたら、清田はやっぱり頭がおかしかったってことになっちゃうんだよな」

「じゃあ言わなくていいよ」

唇を尖《とが》らせてから、清田は観念したように大きく溜息《ためいき》をつく。

「玩具《おもちゃ》とかさ、例えば部屋の隅にあったものが手許《てもと》まで来ちゃうんだよ」

「……玩具箱の中に勝手に入っていっちゃうの？」

「それじゃ魔法使いサリーちゃんだよ。手許までだよ。でもさ、ガキだからそれが不思議なことって俺にはわからないんだよ。そういうもんだと思ってたな」

「それがその部屋だけじゃなくて、他の部屋にある玩具もなのよ」

カウンターの上を布巾《ふきん》で拭《ふ》いていたせつ子が振り返る。

「……意味がよくわからないんですけど」とつぶやく僕に、「聞かないほうがいいんじゃないかな」と清田が言う。

「何て言えばいいかしら……要するに壁を擦り抜けてきちゃうようなんですよ」

「…………」

「ほらな。まあ信じる信じないは森さんの勝手だよ」

「……ちょっと変とか、そういうレベルじゃないと思うんだけど？」

「そうよねえ。私も今にして思えば、何でもっと不思議に思わなかったのか自分でも不思議なんですよ」

そう言って嘆息する妻を横目で眺め、夫は頷《うなず》きながら解説を加える。

「小さな頃からいろいろありましたからね、どこか感覚が馴《な》れちゃったということもあるし、あまりそういう知識もなかったし」

「自分たちの息子に超能力が具《そな》わっているかもしれないと認識したのはいつですか」

「ユリ・ゲラーですよ。初めて日本に来てスプーン曲げをテレビでやったとき、益章があれなら僕にもできるよと急に言いだして」

「で、曲がったわけですか」

「あっというまにね」

「どう思いました？」

「いやあ、これは寿司屋のオヤジなんかやってる場合じゃないと思いましたよ。理由はよくわからないけど、とにかく凄《すご》い息子を自分たちは持ったらしい。もしかしたらこれは産業革命や明治維新どころの騒ぎじゃない。世の中が大きく変わるのかもしれない。寿司屋なんかもうやめだ、って思ったんですよ。……で、それから二十五年」

「二十六年だよ」

「二十六年間、何も変わらないんですよね。相変わらずトリックだとかそうじゃないとかそのレベルの論争だけで、何も進展しない」

「時々さ、このままいったら、今の親父の年になっても俺はスプーンを曲げ続けていなくちゃならないのかなって思うんだよ」

「四年前にもそんなこと言ってたよね」

「四年前はさ、焦ってたよ本当に。そんなときに森さんに初めて会ったからさ、スプーン曲げなくたって清田は清田だって突っぱっちまったんだけどな」

普通の寿司屋ならウィスキーのボトルや芸能人の色紙が並ぶカウンターの奥の戸棚には、何体もの煤《すす》けた仏像や人形と、ぐにゃぐにゃに曲げられたスプーンやフォークなどが積み重ねられるように陳列されていた。そのひとつひとつをカウンター越しに眺めながら、僕は数年前に取材で行った広島の原爆ドームを思いだしていた。原爆投下直後の焼け野原となった広島市街の写真や親や兄弟を失った子供たちの作文と一緒に、強烈な光や熱で一瞬のうちに溶けて変形した食器やラジオや一升瓶などが、ガラスケースの中に陳列されていた。

……元の形を失った日用品は、気持ちをこのうえなく不安にした。殺伐とした気分といってもいい。ジョン・カーペンターの映画「遊星からの物体X」の、顔や四肢がぐにゃぐにゃに溶けてくっついた南極観測隊員たちのおぞましい姿も思いだした。本来の形を失った日用品は奇妙に禍々《まがまが》しく、じっと見つめ続けることを拒む濃密で不吉な「何か」を周囲に発散していた。

この不安はいったい何だろう？　清田益章はなぜこんな力を授かったのだろう？　この力を何に使えるのだろう？　形を失ったスプーンやフォークは、北千住の寿司屋の戸棚に陳列されながら、僕らに何を訴えようとしているのだろう？

昔、何度めかの来日でユリ・ゲラーがスタジオでスプーン曲げを見せたとき、番組の終盤で否定派の一人が、「仮に超能力だとしてお聞きしますが、いったいスプーンを曲げることが何の役にたつんですか？」とせせら笑ったことがある。トリックを使っているかどうかはともかくとして、この矮小化《わいしょう》と露骨な悪意には啞然《あぜん》とした。木から落ちたリンゴに、「引力があるから何になるんだよ」と嘲笑《ちょうしょう》するに等しい。研究や実用化は違う位相の話のはずだ。しかし番組の中では、スタジオ中が哄笑《こうしょう》の形で、この発言に同意を示していた。

この「悪意」を触発するものは何だろう？　どうして僕らはこれほどに正視することを避けようとするのだろう？　僕らはいったい何に怯《おび》えているのだろう？　あるいは何を憎んでいるのだろう？

僕の視線に気づいた喜徳が、人形やスプーンやフォークをひとつずつ手にしては、スミイカやメバチマグロや赤貝の切り身が保冷されているガラスケースの上に並べ始めた。そのひとつひとつをしばらく吟味するように眺めてから、三つに分かれた先端が飴《あめ》細工のようにぐにゃぐにゃと曲げられたフォークをレンズの前に突きだした。

「これはね、益章が十六歳の頃に曲げたフォークです。高校時代です。ほらね、先端がハート形に曲げられているでしょう？　誰か女の子にプレゼントするつもりだったらしいんですよ」

「昔はフォークが多かったのですか？」

「別にそういうわけじゃないんだけどさ、まあそのときは、たまには違うものもいいかなって思ったんだよ」

清田が横から口を挟む。いつものぶっきらぼうな口調だが、表情はいつになく真剣だ。回るカメラの前で無邪気に超能力の証《あかし》を誇示する父親を、どうやら息子なりに気遣っているようだ。少しトーンダウンしてくれよ、テレビは怖いんだぜとその表情が語っている。しかし喜徳は息子のサインに気づかない。今度は先端がLの字に折れ曲がった直径二センチほどの鉄の棒を、得意そうに摘《つま》みあげた。

「それも曲げたんですか」

「ええ曲げました」

「だからさ、そういう断定的な言いかたしちゃうと、また清田の親父は頭がおかしいと言われちゃうぜ。嘘じゃないなら今この場で曲げてみろって話に絶対なるんだよな」

たまりかねたようにもう一度、息子は話に割って入ってきた。僕が向けたレンズをじろりと正面から睨《にら》み返す。

「嘘じゃないんなら曲げてくれる？」

「いやだよ」

即座に拒絶する息子を、今度は父親が慌ててフォローする。

「鉄の棒とかは失敗する確率が高いようです。やっぱり曲がるイメージをスプーンほど強く持てないせいだろうと思うんですけどね」

どうしてスプーンしか曲げないのですか？　講演やセミナーなどで、清田がよく訊ねられる質問だ。僕も何度かそんな場に居合わせたことがある。そしてこの質問が出るときには、必ずといっていいほど場内に失笑が洩《も》れる。実はトリックだからスプーンしか曲げられないのでしょう？　というニュアンスが言外に滲《にじ》むからだ。むっつりと押し黙った清田にレンズを向けてから、僕は改めて聞いてみる。

「どうしていつもスプーンなの？」

「こっちが聞きたいよ。だってさあ、どこへ呼ばれても必ずスプーンが用意してあるんだからさ」

「木の棒とかは無理なのかな」

「昔は曲げたよ。でもやっぱり曲がるというイメージをスプーンほど強くは持てないんだよな」

「曲げられないものはないの？」

「あるよ。割れるものというイメージが刷りこまれているせいだと思うんだけどさ、ガラスだけはどうしても駄目だね」

「……躾《しつけ》には苦労しましたよ」

喜徳がしみじみとした口調で不意に言った。「躾？」と僕は聞き返す。超能力者と躾？

「小遣い渡してないのにジュースの販売機からジュースを持ってきちゃうんですよ。どうしたんだって聞いたら、咽喉《のど》が渇いたなと思ったら勝手に出てきたなんて言われてね、おまえのやったことは泥棒なんだよって何度も叱《しか》ったりしてました」

「だけど私にはどうしても信じられなくてね」

話に割りこんできた母親にちらりと視線を送りながら、「ユリ・ゲラーをテレビで見てさ、あれだったら俺にもできるぞってやってみせて、確かそのとき親父はたまげてたけど、お袋はなかなか信じてくれなかったよな」と清田は解説を加える。

「私はね、ずっと信用できなかったんですよ。とにかく今のうちに嘘だってことをはっきり自覚させなくちゃいけないと思って、もし本当なら今すぐお母さんの目の前で曲げてみなさいって言ったんですよ。そしたらこのカウンターの上にスプーンを置いて、益章は少し離れたところから曲げちゃったんですよ」

「手は触れずに？」

「ええ、この子は曲がれ曲がれって言いながら外に出て行っちゃったんですよ。そしたら私の目の前でカウンターの上のスプーンがひとりでに曲がりだして。その頃は職人さんも何人かいましたけど、みんなで見ていました」

「えーと、つまり清田さんがいなくなってから？」

「そう。くにゃくにゃって」

「ガキんときはいちばん強かったからな」

カウンターの上でひとりで曲がり始めるスプーン。僕はそのイメージを思い描く。要するに炙《あぶ》られたスルメだ。映像は鮮明だった。イメージだけがこの能力のコツなのだとしたら、たぶん僕にもできるはずだ。

「今でも手を触れずにできるの？」

「よっぽど調子が良ければな。まあさすがにめったにないよ」

「それをテレビカメラの前でやれば凄《すご》いことになるよ」

「カメラの前じゃ無理だろうなあ」

「……どうしてカメラは駄目なの？」

「どうしてかな？　やっぱりさ、一人でやるときがいちばん調子いいんだよな。テレビカメラってのはその後ろに何百万人の視線があるわけだろ？　こんな言いかたすると否定派からは、ほらやっぱりインチキだって言われるんだけどさ。……親父、それも見せるのかよ？　やめたほうがいいぜ。お化け屋敷になっちゃうぜ」

清田の悲鳴に近い制止を聞き流しながら、喜徳が古ぼけた日本人形を背後の棚からとりだしてカウンターの上に置いた。岸田劉生《きしだりゅうせい》の麗子像によく似た（その意味ではありふれた）日本人形だ。おかっぱ頭の左側より右の髪のほうがなぜか極端に短い。レンズをぎりぎりまでその顔に近づけて、カメラは接写をくりかえす。

「髪が伸びるんですよ」

にこにこと微笑む喜徳に、「やめといたほうがいいと思うけどなあ」とあきらめきれない息子が小声でぼやく。

「何を言ってるんだ？　事実なんだから仕方ないじゃないか」

「まあ、事実だけどさ、これを見た視聴者は、やっぱり清田の一家はみんな頭がおかしかったのかって思うぜ、絶対」

黙りこんだ父親は、棚に置いてあった何枚かの写真を、意地になったように無言でカウンターの上に並べ始める。

「あれ変だぞって思い始めてから写真を撮るようにしたんですよ。そしたらね、明らかに髪が伸びているんですよ」

人形の髪の長さは、確かに一枚ごとに少しずつ違う。僕は次の言葉が出てこない。すぐ隣で上目遣いに僕をじっと見上げていた清田が、「ほら、森さん困ってるよ」とぼそりと言う。

「何で困ることがあるんだ。事実じゃないか」

「森さんさあ。ここカットしてもらってかまわないからさ」

「何度か捨てようと思って店の前に置いておいたんですよ。他のいらないものと一緒に、欲しい人がいたらどうぞって張り紙もして。ところがこの人形だけは絶対残るんですよ」

「当たり前だって。こんな薄気味悪い人形、誰も持っていかねえよ」

ここは使わないよと前置きしてから、僕は清田に「率直に言ってこの人形に何か感じるの？」と訊《なず》ねてみる。

「率直に言えば感じるよ。髪の毛が伸びてることもたぶん事実だしさ。だけどこんなのテレビで放送したら、俺たち一家は日本中の笑いもんだろ？」

「事実でもか」

あきらめきれない様子で父親が言う。

「事実かどうかなんてテレビではあまり関係ねえんだよ。森さん、気悪くしたら御免よ。だけど俺ももう二十六年間テレビとは付き合ってるからさ、多少は偉そうなこと言えるだけの資格はあると思うんだよ。テレビで意味があるのは、事実じゃなくて、どう見えるかなんだよ。その一点しかないんだよ。……親父だってさ、俺と一緒にさんざんそれは体験したじゃないかよ」

黙ってこのやりとりを聞いていた母親が、カウンターの中からとりだした方位磁石を、おずおずと僕の前に差しだした。

「益章、これも駄目かしら」

「……ああ、それはまあいいんじゃないか。ぎりぎりだけどな」

「針がね、くるくると回るんですよ」

むっつりと押し黙っていた喜徳が、憮然《ぶぜん》としながらも少し気を取り直したように言う。

その言葉どおり、方位磁石の針はカウンターの上で突然くるくると回りだした。

「これなら画《え》に説得力があるよな」

清田がつぶやく。差しだされた方位磁石をカウンターの上に置いて僕も試してみる。確かだった。カウンターのいちばん奥、ある一点を中心にした半径五〇センチぐらいの範囲に近づけるたびに、南北を指していた針はかなりの勢いでくるくると回りだす。

「カウンターの下に金属のパイプでもあるのかなと最初は思ったんですよ。でも調べてみたらそんなもの何もないし、だいたい仮にあったとしても、こんな回転運動はしないそうなんですよ」

「どういうことなんだろう？」

つぶやいた僕に母親が、「考えたらその場所、益章が小さな頃いつもスプーンを曲げていた場所なんですよ」と説明する。

「ここだけ磁場が異常になったってことかな」

訊ねる僕に清田は、「わかんねえよ。何だろうな。いずれにしてもこの場所に、客はあまり座らせないほうがいいかもな」と笑う。

「俺がトリックを使ったことは事実だよ」

せつ子が部屋の奥から古いアルバムを持ってきた。二十六年間のスプーン曲げ人生が、様々な著名人やスポーツ選手、文化人たちと一緒に微笑む清田家の家族との記念写真の形で、三冊のアルバムにぎっしりと凝縮されていた。

ノーベル賞を受賞する直前の利根川進《とねがわすすむ》が、清田一家と一緒に笑っている写真を見つけ、「錚々《そうそう》たる人たちがいるんですねえ」と僕は思わず吐息を洩《も》らす。「利根川さんがいらっしゃったときにはなかなか曲がらなくてね、やっと曲がったときには利根川さん、もう子供のように大はしゃぎで……」とまで言いかけたせつ子は、夫と息子に後に続く言葉を制止させられた。

「別にはしゃいだわけじゃない。利根川先生は、脳にはまだまだ不思議な領域が残されているんですねって言ったんだよ」

「やっぱりさ、お忍びで来ている人も多いしさ、スプーンが曲がったと大喜びしたなんて評判がたったらまずいっていうか、そういう地位にいる人たちがほとんどだからさ」

「……だって彼らは実際に目の前で見ているんだろう？」

「その場では認めても公では認めないって人は多いよ。大槻さんなんか典型だよな」

「彼は実際に目の前で見てるの？」

「見てるよ」

「見て何て言ってるの？」

視線が一瞬宙を泳いでから、回り続けるカメラのレンズに据えられて停止した。答えかけた唇が半開きのままフリーズしている。

「……やっぱりさ、テレビで言うのはちょっと可哀相だよな。後で撮影が終わったら内緒話で言うよ」

「何で？　彼は超能力の存在を自分に認めさせたら、いつでも大学を辞職すると公言しているんだよ」

「だからさ、家族だっているんだから、あの人だって仕事なくすわけにはいかないだろう」

「世間のほとんどの人は、大槻さんが正しいと思ってるんだよ」

「思わしておけばいいよ」

「悔しくないの？」

「大槻さんがテレビであんなものは嘘だって言ってるから、世間の人はスプーン曲げを信じないということじゃないと思うよ。さっきも言ったけどテレビで見たって信用できないんだよ。でもそれは正常だろう？　実際に見ていないけど信じるなんて奴がいたら、おまえそれ変だよって俺は言いたくなると思うよ。例のフジテレビ事件もあったしさ。トリックだって言われることの責任は俺にもあるわけだしさ」


一九八四年、清田益章はフジテレビの超能力スペシャル番組に出演した。清田のスプーン曲げのトリックを暴いたとして今も語り草になっている番組だ。そのオンエアの記憶は僕にも微《かす》かにある。たまたまテレビのスイッチをひねったら、スタジオで隠しカメラの映像を突きつけられた無言の清田がいた。番組のスタッフや数人のゲストたちに囲まれて、顔色を蒼白《そうはく》にしながら、自分がトリックを使ったことは認めていた。

当然ながら波紋は大きかった。当時この手の番組にさほどの興味を持っていなかった僕は、実際にトリックがあったということよりも、一個人をここまで容赦なく叩《たた》く番組のありかたに衝撃を受けた。テレビが最も嫌うはずの後味の悪さを、ゴールデンタイムの番組がここまで露呈することに、まずは何よりも驚愕《きょうがく》した。

この番組の事情や背景については、機会を窺《うかが》って清田に確認をしなければならないと実は考えていた。過ぎたことだよと忘れられる話ではないはずだ。しかしまさか家族が同席するこの場面で、当人が口火を切るとは予想していなかった。

「トリックだって認めるの?」

「認めるよ。言訳はしない。確かにあの番組の収録のとき、俺がトリックを使ったことは事実だよ。そこに至るまではいろいろあったんだよ。でもそれは言いたくねえな。やっちまったことは事実だからさ。その責任は負うつもりだよ」

「その、いろいろを聞きたい」

「カメラが回っているのならいやだよ。どう言ったって弁解になっちゃうからさ」

この時点で、カメラを止めて話を聞くという選択肢はもちろんあった。おそらく清田はそれを望んでいたと思う。しかし僕はスイッチを切らず、カウンターの中で無言で腕組みをしたままこのやりとりを聞いていた喜徳に、回り続けるカメラのレンズを向けた。

清田益章は僕にとっての「被写体」なのだ。たとえどんなに衝撃的な話が聞けたとしても、カメラが回っていなければ意味はない。撮影は始まったばかりだ。今日は無理でも、カメラが回る前で清田が「いろいろ」について語りだす可能性は、これから幾らでも残されているはずだ。

「あの番組の後遺症は大きかったでしょうね」

僕の質問に喜徳は、ゆっくりと視線を天井に向けてから深々と大きな溜息《ためいき》をついた。

「……そこのガラス戸越しにね、ここがインチキ野郎の店だぞと誰かが大声で叫んでいたことがありますよ。そんなことはしばらく続きましたね」

そうつぶやいてから喜徳は口を閉ざす。弁解や釈明の気配は息子と同様に一切ない。静かに首を左右に振る。

「……まあでも、仕方ないでしょう。あれについてはまさしく身から出た錆《さび》ですよ。とにかくあの頃、こいつは逆上《のぼ》せあがっていましたからね」

「……ひとつお聞きします」

「はい」

「もしも今、日本中の人たちが一人残らず、やっぱり清田益章はただのイカサマ野郎だったと断言したとしたら、喜徳さんは何と言って息子さんを弁護しますか」

老いた父親にとっては決して仮想の設問ではない。顔色が変わったとしても不思議ではない。しかし下唇を嚙《か》み締めながらカメラを見つめ返した喜徳は、数秒の沈黙の後にこう言った。

「……正面きっての弁護はしません。でも、私たち夫婦は知っていますから。多勢に無勢で正面からの反論はできませんが、きっと小声で言い返しますよ。おまえたち何も知らないくせにって。少なくとも私と女房は、何が嘘で何が本当かを知っていますから」

いいコメントだ。ファインダーを覗《のぞ》きながら僕は思う。このシーンの最後はこれで決まりだ。しかし喜徳のテンションは、予想外に急激に上昇していた。

「テレビでもどこかの高名な教授が、あんなものはトリックに決まっていると偉そうに言ってます。私はもちろん専門的な教育も受けていないし知識もない。だけど息子をずっと育ててきたという体験はあります。口では言い返せませんが、腹の中では何も知らないバカ教授がと思ってます」

「口では言い返せないって、親父、今テレビカメラの前で言ってるよ」

清田の言葉に全員が笑う。僕はカメラのスイッチを止める。その様子を確認した清田が、カウンターの椅子の上でほっとしたように背筋を伸ばす。

「インタビューされた経験なんて親父はほとんどないからさ、抑えるように事前に言っておいて良かったよ」

「抑えるって何を？」

「テレポーテーションの話とかね、益章から口止めされてたんですよ」

「テレポーテーション？」

「だから言うなって言ってるのになあ。この話は絶対信用されないからさ」

「どんな話ですか」

父親は息子の顔を見つめる。まあ、カメラが回ってないならいいんじゃないかと息子は仕方なさそうに言う。失敗したよ。一言余計だったな。

「中学生の頃、新宿に一人で行ったんですよ。当時いろいろとお世話になっていた漫画家のつのだじろうさんのところに遊びに行ったんです。家を出てから二〇分くらいたった頃に、益章が新宿から電話をかけてきて財布を忘れたって言うんですよ」

「二〇分後？　だってこの家から出かけたんですよね」

「ええ。まさしくこの家から」

北千住から新宿までの交通手段として最も早いルートは、常磐線を日暮里で乗り換えて山手線で向かう経路だろう。乗り換えや駅までの所要時間を考えれば一時間は軽く超過する。タクシーだって（道路の込み具合にもよるが）やはり一時間は見込んだほうがいい。いずれにせよ二〇分は絶対に無理だ。

「それに財布がなければ切符も買えませんよね」

「だから、テレポテーションしたようなんですよね」

「一回で行ったわけじゃないよ。家から北千住の駅に行って、それから何ヵ所かポイントがあったんだよ。ちょんちょんテレポテーションってあの頃は言ってたな」

「だって電話のお金は？」

「……受話器をとってイメージすると、かかっちゃうんだよ」

「それで、こちらからつのださんのところに電話して、益章がそっちに向かったけど金を忘れたんで帰りの電車賃を貸してやってくれないかって頼んだんです。それから一五分くらいしたら、つのださんの事務所から、今着いたよって益章本人が電話をしてきたんです」

「……確かですか」

「つのだ先生に確認してもらえばいいですよ」

黙りこんだ僕の顔を覗きこむようにしながら清田は、「やっぱ、話して失敗だったかな」と薄く笑う。

「森さん忘れてくれよ。といっても無理だよな。まあ、そんなこともあるかもしれないぐらいに思ってくれればいいよ」


超常現象研究家としても有名な漫画家つのだじろうへの確認は、おそらく意味がない。彼が確かに何月何日に清田が遊びに来ましたと証言するとしても、電車を使っていないことの証明にはならない。それに何よりも、つのだじろうが嘘をつかないという確信も僕にはない。物的証拠は何もない。

一九九四年十一月三日号の「女性セブン」誌上で、つのだじろうがこの顚末《てんまつ》について自らの筆で記している。少々長いが、以下に原文のまま引用する。


それは昭和49年11月14日のことでした。ぼくが東京新宿の事務所で仕事をしているとき、机の上の電話が鳴った。益章くんのお父さんからで、「いま益章がそちらへ行きました。たしかに4時45分までは自宅にいたんですが……お金を持っていないので、もし行ったら帰りのお金を貸してやってください」という。「わかりました。ご安心ください」と答えて電話を切ると、すぐまた電話がかかった。益章くん本人からで「いま新宿駅にいるの。遊びに行っていいですか？」

冗談じゃあない！　彼の自宅北千住から新宿のうちの事務所まではどんな乗り物を使っても1時間以内で来ることはできない（当時は地下鉄すらつながっていなかった）。電話が来たのは午後5時5分。それから5分もしないうちに益章くんは事務所に来た。これも冗談じゃあない。新宿駅からは歩いて15分かかる。電話の話を信用すれば普通は1時間半かかる距離を20分ほどで来ちゃったことになる。（中略）4時45分に自宅にいたのは4人が目撃している。これを否定するためには関係者全員がグルになってウソをついたと見る以外、理屈が立たないわけです。そんなことをする必要もないし、しても百害あって一利もない。この事件以来、ぼくはテレポートも存在する!!　と考えているのです。

百害あって一利もないと断言しているが、少なくともこうしてメジャーな雑誌に記事が載るだけでも清田の超能力の実在を主張する人には百利あるわけで、この論旨は指摘するまでもなく無邪気すぎる。仮につのだとまったく同じ体験をしたとしても、とんでもない茶番だと吐き捨てることも充分可能だ。要するに肯定も否定も何の根拠もない。既知の物理法則に依拠すればバカバカしい作り話だし、自分の体験や感覚に依拠するのなら紛れもない真実だ。

……いつもこうだ。最後にはいつもこれだ。結局のところ、「信じる」か「信じない」かを選択するしか術《すべ》はない。

手にしていたカメラのファインダーを意味なく覗きこんでから、僕は思わず溜息をついていた。今から回しても意味はない。それに仮にカメラが回っていたとしても、この会話はNGだ。すべてを完膚なきまでにぶちこわす。

「……申し訳ないけど、今の話を受け入れることは僕には無理だ」

「いいんだよ聞き流してくれれば。この話をするとさ、やっぱりスプーン曲げもインチキに違いないって短絡する人が多いんだよ。森さんはそうじゃないと思うから話したんだけどさ」

「そうですか。やっぱりこの話は無理ですか」

残念そうに喜徳がつぶやく。もういいよといった表情で息子は父親に視線を送るが、腕組みをして天井を見つめる父親は気づかない。

「……私は何度も見てますよ。子供の頃ですが、後ろを歩いていたはずがいつのまにかいなくなっていて駅に先回りしていたりね。子供の足じゃ絶対に無理です。何度も体験しています。でもやっぱり無理ですか」

僕は顔を上げ、老夫婦の不安そうな顔を見つめ返す。嘘をついている表情ではない。もちろん物理的証拠は何もないが、その確信は間違いなく持てる。ドキュメンタリーを撮るという作業は、他人を怜悧《れいり》に観察しながら同時に、共有できる思いを探す過程でもある。その意味では僕は、自分の職業的な観察力と直感には、それなりの自信と信頼を持っている。彼らは嘘はついていない。少なくともそんな自覚はない。

北千住から新宿までテレポーテーションしたともし伝聞で知ったのなら、間違いなく僕は笑い話として一蹴《いっしゅう》する。信じるか信じないかとの設問に、信じるわけないだろうと即座に答えることができる。しかし今この場で、肩を並べた老夫婦の確信と不安や自信と期待に直接触れながら、信じるか信じないかという漠然とした設問ではなく、もっと具体的な選択を自分が迫られていることに僕は気づく。

彼ら三人が揃って頭がおかしいのだと決めつけるか、それともきっとすべて真実なのだと受容するか、この二つ以外に選択肢はない。もちろん彼らに狂気など感じない。でもすべてを受容することもできない。選択肢の狭間《はざま》で、僕は湿っぽい溜息をつくばかりだ。

Chapter 6 超能力者という日常

「じゃあ、あなたは自分で試したことはありますか？」

「その話なら聞いたことがあります。今のは見なかったことにするよって大槻さんは言ったらしいですよ」

大槻さんの前で清田はスプーンを曲げたらしいですね？　と聞いた僕に、小さく頷《うなず》いた堤裕司は、躊躇《ためら》いがちにそう言った。

「本当？」

「聞いた話です。私が実際にその場にいたわけじゃないから何とも言えません。でもこの話は複数の人から聞きましたよ」

「もうちょっと詳しく説明してもらえませんか」

僕の要求に堤は、「あくまでも伝聞ですよ」と何度も前置きしながら、しぶしぶといった雰囲気で語りだした。きっかけはまたもや、つのだじろうだと言う。彼が大槻と清田とを対面させることを目論《もくろ》み、銀座の店に二人を呼んだ。その席で清田は店のスプーンを曲げて折り、大槻は冒頭の言葉を口にしたという。

「折ったのは銀座ではなく二軒めの新宿の店だったかな。私も聞いた話なのでそのへんは不確かです。ところがその後に、テレ朝のプレステージという深夜の番組でつのださんと大槻さんが対談したとき、例によっての大槻さんの態度に激昂《げっこう》したつのださんが、その話を本番中に暴露しちゃったと聞きました」

「それで大槻さんは？」

「慌てたみたいですね。実はそのとき店の中に自分の研究室の生徒たちを潜りこませていたが、彼らが清田のトリックを目撃したと反論したらしいです」

扉が開いた。バッグを肩から下げた初老の男性が、目の前のカメラに驚いたように立ち尽くしていた。ああ、こんにちはと堤が声をかける。

「お伝えしてなかったけど、今日、テレビの取材なんですよ。もしまずかったら言ってください」

いや、ちょっと吃驚《びっくり》しましたが別にかまいませんと答えながら初老の男性は席につく。彼の着席を合図にしたように扉が何度か開いては閉まり、何人もの男女が集まりだした。

「続きは後にしましょう」と堤に囁《ささや》いてから、僕は部屋の隅に三脚を立ててカメラを設置した。

かねてから堤裕司が開発に協力していた「オムニセンサー」の商品化が決まり、その商品紹介を兼ねたセミナーに僕は参加していた。この日の講義は、日本ダウザー協会ではなく日本ラジオニクス協会の堤裕司が主催である。ラジオニクスという聞き馴《な》れない言葉の意味は、電気仕掛けのダウジングと考えればいちばん近い。ホワイトボードの前の演台には特大の弁当箱のようなメタリックな機械が置かれている。これがオムニセンサーと命名されたラジオニクスの本体だ。

機械からコードが延びていて、堤が指名した受講者がその先端のスイッチを握る。同時に抑揚を除いたパトカーのサイレンのようなけたたましい音が、内蔵のスピーカーから部屋中に響き渡り、慌てて堤が音量のレベルを調整する。

例えば風邪をひいて薬の選択に困っているアレルギー体質の人がいたとする。そんな状況でオムニセンサーは、大きな力を発揮する。手順としては、どれが自分の体質にいちばん効き目があるのだろう？　と自問しながら、機械の中央部に設置された受け皿に薬を順番に置く。体質に合わない薬のところでは音は高くなり、フィットする薬を置けば音は途切れる（ただしこのルールはあくまでも治験者によって異なる。ダウジングに使う振り子と同様、指先に力を入れるのは神秘的な力ではなく、あくまでも自分自身の潜在意識なのだ）。

薬を置き換えるたびに音が変わる。こうして治験者は自分の体質や今回の感染ウィルスの特徴などを、直感的且《か》つ総合的に（用語の使いかたとしては矛盾しているようだが）判断して、自分にいちばん適している薬を選ぶことができるというシステムだ。パンフレットの文面を要約すれば、オムニセンサーは基礎理論としてはダウジングと変わらないが、メカニズムを媒介におくことで、より一層の精度と増幅を実現したシステムなのだということになる。

「結局のところ、自分の身体は自分自身に今何が必要なのかをよくわかっているんです」

薬剤やタバコなどのサンプルで一通りの実験を終えた後に、ホワイトボードの前に立った堤は言う。

「ところが僕らはその情報を、予断や理屈で捻《ね》じ曲げてしまうことが多いんです。振り子は自分自身の潜在意識と会話するための通信手段に過ぎないと思ってください。オムニセンサーはその原理を電気で増幅させただけです。コツさえ掴《つか》めば誰にでもできることなんです」

プラシーボ（偽薬）や思いこみなどの意識作用が結果に夾雑《きようざつ》することはないのか？　という質問が受講者から出る。いい質問ですと堤は頷く。「実際にやってみましょう。治験者本人は目を閉じて、他人にサンプルを置き換えてもらってもう一度やってください」

二時間ほどの講義と実演が終わり、受講者たちは皆、堤の周りに集まって、オムニセンサーや様々の振り子を手にして思いおもいに雑談を始めていた。振り子には様々の種類がある。堤の愛用品は、円錐《えんすい》形の金属質の錘《おもり》を吊《つ》るした振り子だが、要はいちばん動きがはっきりわかるからというだけだ。五円玉に縫い糸を縛ったものでも充分代用できると堤は言う。怪しげなオカルト商売ならパワーストーンや水晶球などの出番となるところだろうが、こと振り子については、堤はストイックなほどにその類《たぐ》いには一切興味は示さない。

二本の振り子を左右それぞれの手に吊るし、糸の長短で生じる動きの差を真剣な表情で計測している初老の男性に、僕はカメラを回しながら声をかける。

「ダウジング、長いんですか」

「いや、私はまだ初心者です」

顔を上げた男性は、回り続けるカメラのレンズに一瞬眩《まぶ》しそうに目を細めてから、視線を再び振り子に戻して小さく答える。

「撮影がもし不本意ならそう仰《おっしゃ》ってください」

「いえ、……大丈夫です。かまいません」

「ダウジング、当たりますか」

「当たります。本当によく当たります」

言い澱《よど》む気配は微塵《みじん》もなかった。意を決したように、顔を上げた男性は真直ぐにレンズを見つめ返す。

「テレビの取材ですよね？　きっと私たちを茶化すようなそんな批判的な内容になるんでしょう？　それならそれで仕方ないのかもしれないですね。でもね、批判する前に試しにやってみたらどうでしょう？　当たるはずがないと思いこんでらっしゃるのでしょうけど、そう思いこむ前に一度試しにやってみても損はないですよ」

「でもね、そこでもし当たったらカットしてしまうんですよ」

初老の男性の隣で、オムニセンサーの説明書を読んでいたトレパン姿の若い男が、突然口を挟んできた。その口調には、明らかにカメラを持つ僕へのストレートな敵意があった。

「僕の知り合いにテレビ関係者がいるんです。言ってましたよ。公共の電波を使っているのだから超能力が存在するなんて口が裂けても言えないって」

「……そんな理由でカットはたぶんしません」

「じゃあ、あなたは自分で試したことはありますか」

「僕はないです」

「ほら、やっぱりそうだ」

「確かに僕は自分自身で試したことはありません。でも、堤さんのダウジングなら的中する瞬間は何度も体験しています」

「見るだけじゃ駄目です。自分自身が体験しないと実感できないですよ。ねえ、俺は無理なお願いをしてますか？　ダウジングなんて糸と五円玉があれば三分でできることですよ」

「……でもね、私が体験したテレビの取材のときは逆でしたよ」

振り子を指から下げたまま近づいてきた年配の女性が話に加わる。

「夕方のニュース番組の特集とか言ってましたけど、その日は調子が悪くて的中率は良くなかったんです。でも放送されたのは当たった場面ばかりで、これではダウジングは１０

0%何でもわかるというふうに誤解されてしまうなあって、却《かえ》ってそれが不安になりましたよ」

「ありのままを伝えてもらえればそれで充分なのにねえ」

「どうしてテレビって常にそうなんですか？」

閉館の時刻を報《しら》せるベルが鳴った。公立の施設なので時間超過はまずいんですと、堤が慌てて実験器具や資料を鞄《かばん》の中に詰めこみ始めた。受講者たちもそれぞれの席で帰り支度を始め、僕は何となく手持ち無沙汰《ぶさた》な自分をごまかすように、会議室の隅から彼らの様子を撮影し続けていた。こんな情景を撮ったところでたぶん使う可能性は1%もない。しかし自分はこの場では異邦人なのだという意識がまとわりついて、一人だけ何もしないで立ち尽くしていることがとにかく苦痛だった。

要するにマスメディアが求めるベクトルを極論すれば、「驚異の的中率！」という全面的な肯定か、さもなければ「トリック発見！」という全否定のどちらかなのだ。この相反する二つのキャッチコピーは、メディアにおいてはまったく矛盾しない。言い換えれば、この両端のあいだのグレイゾーンにメディアは価値を見出せない。半端でさえなければ実はどちらでも良い。逡巡《しゅんじゅん》や煩悶《はんもん》は露ほどもない。なぜならこの表層的な二律背反は、読者や視聴者の嗜好《しこう》というマーケットにしっかりと寄り添うことで、メディアが獲得してきた揺るぎないスタンスなのだから。

これを他律的すぎると批判する気は僕にはない。メディアとはそういう存在だ。購読者や視聴者のニーズに忠実に応《こた》えることで、メディアは何よりも強靭《きょうじん》な整合性を持てるのだ。市場原理としては当然の帰結なのだ。そんなことは今さら指弾するまでもないことだ。帰り仕度を始める堤や受講生たちにレンズを向けながら、僕が激しく葛藤《かっとう》していた理由はそんなことではない。

どうして僕は自分自身で試そうとしないのだろう？　ダウジングにしてもスプーン曲げにしても、トレパン男に指摘されるまでもなく実践することはたいした手間ではない。やってしまったほうが、どうしてやらないのかと煩悶するよりもずっと楽なはずだ。四年という月日を重ねながら、どうして未《いま》だに僕は、振り子やスプーンを手に持つことすらしないのだろう？

目黒駅前の居酒屋で、ビールのジョッキで乾杯をした。メンバーは僕と堤裕司、そして講義に参加していた三十代半ばと思《おぼ》しき男性とその友人の四名だ。高久《たかく》と名乗った彼が差しだした名刺には、「オムニジャパン取締役」との肩書きが表記されていた。

「オムニセンサーの開発・販売のために設立した会社です」

ジョッキを口から離した高久が、交換したばかりの名刺を左手に掲げて右手のカメラで撮影している僕に気がついて、さすがに苦笑しながら説明する。

「実は堤さんに代表になって欲しいとお願いしているんですが、なかなか承諾してくれなくて」

「私は社長の器量じゃないですから」

「オムニセンサーは定価を幾らぐらいに設定するんですか」

「当初は三十万円台に設定したいと思っています」

「三十万？……失礼だけど売れるんですか」

「これまでにも類似商品はたくさんあったんですよ。全部百万とか二百万円とか、とにかくとんでもない価格設定なんです。私は中身を知ってますから。そんなに高価なはずがないんです。だったらちゃんと良心的にビジネスにできないかなと思ったのが、そもそもの発端ですから」

訥々《とつとつ》と語る堤の説明を、身を乗りだした高久が補足する。

「波動とかヒーリングとか、この手の機械は価格設定が高いほうが売れるという傾向は確かにあるんです。でもやっぱりそれは健全じゃないって堤さんが言うのでこの価格です。たぶんラジオニクスの実用機としては世界一安いはずです。まだ試作の段階ですけど既に注文も何台か来ています」

「そうした無茶苦茶な価格設定も、このジャンルをどこか胡散《うさん》臭くしている要因だと私は思ってますから」

二杯めのジョッキが運ばれてくる。カツオの叩《たた》きとチーズ揚げと塩辛と串《くし》カツが次々に卓上に並ぶ。僕は手許《てもと》のカメラを構えながらスイッチを入れる。「こんなところも撮るんですか」と高久が少し呆《あき》れたようにつぶやく。堤はジョッキを手にしたまま、自分に向けられたレンズをじっと見つめ返している。ファインダーの中の彼に僕は訊《たず》ねる。

「ラジオニクスの原理はダウジングと変わらないと考えていいのですか」

「そうですね。ほぼ同じです」

「そうすると堤さんの考えかたでは、オカルトではなく技術ということですよね」

「はい」

「でもね、自分の潜在意識に質問するという仮説には確かにある意味の説得性はあるけど、ダウジングってたとえば失くしたものを探すこともできるわけですよね」

「実際に自分が使っていたものなら確率は高いです。モノって形があるからイメージしやすいんですよね」

「それだけじゃなくて、例えば初対面の人の年齢とか嗜好とかもわかるんですよね」

「ええ」

「今日のラジオニクスにしたって、薬の中にどんな成分があるかを知らなくても適合するものを当てることができるという説明でしたよね」

「知っていたほうがより確度は上がるかもしれませんが、でも知らなければ絶対にできないわけじゃないです」

片手でカメラを回しながら僕はジョッキを傾ける。堤はじっと僕のそんな様子を眺めている。

「……潜在意識がそこまで知っているとは、やっぱりどうしても思えないんですよ」

「聞くのは自分の潜在意識だけじゃないですよ。薬そのものに内在している情報という固有のエネルギーに聞くわけです」

「固有のエネルギー？」

「波動と言う人もいます」

「他人の年齢や嗜好がわかるのは？」

「その対象となる人の潜在意識でしょうね」

「水脈探しの場合は？」

「水に聞きます。鉱脈の場合は土や石です」

「裏にしたトランプの模様や数も当てられるんでしょう？」

「その場合はトランプに聞きます。物質だけでなく、カードの模様や数という情報も、ある種のエネルギーが発散されているとダウジング理論では考えています。例えば今夜はカレーライスを食べたいなと私が思ったとき、カレーライスを食べたいという固有のエネルギーは存在するんです。その意味でダウジングは、人の意識を当てることができるんです」

「……それは、やっぱり僕に言わせればオカルトですよ」

「そうでしょうか？　まあ、オカルトをどう定義するかにもよるんでしょうけど……」

「でも、実際に当たりますよ」

黙ってやりとりを聞いていた高久が口を挟む。カメラを向けながら僕は、知っていますと頷《うなず》く。

「確かに当たります。僕も何度も見ていますから。それは知っています」

六畳二間の堤の自宅アパートを初めて訪ねたとき、僕は彼がトイレに立っているあいだにタバコの箱をテレビの裏に隠し、戻ってきた堤に「不躾《ぶしつけ》で申し訳ないがタバコの箱を探してくれないか」と要求した。苦笑しながら振り子をポケットからとりだした堤は、振り子を揺らしながら部屋のあちこちを指差す動作をくりかえし、ほぼ三〇秒後には、テレビの裏を指差して、「そこですね」とつぶやいた。

「私、タバコは吸いませんから、いってみればこの部屋の中ではかなり異物度の高い存在ですからね。これは簡単です」

この現象に合理的な説明はどうつければいいのだろう？　こんな状況を想定して堤は部屋に隠しカメラを設置しているとでも解釈すればいいのだろうか？　探すあいだの僕の表情の変化を読んでいるのじゃないかと説明した人がいる。しかし例えばランダムにとりだしたトランプの裏の数字も堤はかなりの確率で当てることができる。その場合は僕自身も解答を知らないのだから、表情はヒントにはならない。

もちろんMr.マリックやデビッド・カッパーフィールドを引き合いに出すまでもなく、高度のトリックは素人には奇跡にしか見えない。そして堤裕司がマジシャンとしての心得を持つこともまた事実だ。その指摘に堤は、「確かに超能力を偽装したいろんなトリックはありますけど、でもダウジングのトリックって実はあまりないんですよ」と薄く微笑んだ。

「どうしてですか」

「ダウジングそのものが画《え》にならないからでしょう」

なるほどと頷く僕に、エンターテイメントにするには少し無理がありますよねと堤は静かにつぶやいた。確かに一時はブームの兆しを匂わせたダウジングだが、最近ではすっかり下火になっていて、協会のメンバーもずいぶん減ってきている。とても商売に資質があるとは思えない堤が、ダウジングの関連商品とはいえ販売という事業にこれから参画することを決意した背景には、そんな焦燥がきっと影響しているのだろう。


飲み始めてから二時間近くが経過していた。ビールのジョッキはいつのまにか白ワインのデカンタに変わっていた。「そういえば先月、UFOを呼びだすというツアーに参加して静岡まで行ってきたんです」と堤が話し始めた。

なかなか呼びだしに成功しなくて全員で肩を落としての帰り道、誰かが海の沖合いを眺めながら「変な光が飛んでいる」と騒ぎだしたんです。見ると確かにずっと沖合いで、黄色の光が真横に動いているんです。飛行機にしては速度が遅すぎるし高度も低すぎる。星なら絶対あんな動きはしないと大騒ぎになったんです。……でも、私は見た瞬間に、あれは船の灯《あかり》だと確信していました。周囲の全員が大喜びしているからあえて水を差すようなことは言いませんでしたけどね、船って意外と早いんですよ。だけど他の人たちは皆すっかり信じこんでいましたね。集団ってのは状況で簡単に左右されるんですよ。まあ、もともとこんなツアーに参加するんだから、ちょっと思いこみの強い人ばかりですけどね。後日、運輸局に確認しました。予想どおりちょうどその時刻には、貨物船が沖合いを航行していました。

生まれたばかりの長女と夫婦が暮らす六畳二間の堤のアパートは、堤が自ら作った雑多な機器や道具で足の踏み場もないありさまだった。赤外線計測ビュワー、磁場異常検出機、水晶パワー増幅器、すべて堤の手作りだ。秋葉原の電気街を散策する時間がいちばん楽しいという堤は、百円ライターや着火器などに使われている圧電装置を利用して指先のオーラを印画紙に定着させるキルレアン撮影機を考案し、実際に特許公開番号も取得しているという。玄関の脇には電気掃除機を改良したような奇怪な電気器具が埃《ほこり》を被《かぶ》っていた。

「幽霊捕獲機です。例のゴーストハンターズ時代に作りました」

原理は単純だ。ホースの先端から場の空気を吸いこみ、本体内部に設置された蒸留水を通過させる過程で、場のエネルギーを吸着させる。作業終了後に、蒸留水のpH《ペーハー》と電気伝導率を計測して、吸着、すなわちエネルギーの捕獲に成功したかどうかを確認する。

「淀《よど》んだ水は意識エネルギーを吸着しやすいんですよ。昔から井戸や沼に怪談はつきものですよね。ダウジングの始まりもそもそもは水脈探しです。だから巷《ちまた》に言い伝えられる霊現象というのも、僕は場に残された一種の意識エネルギーの現象であると考えています。

喩《たと》えて言えば水はＶＨＳの磁気テープです。そこに意識が録画されて、誰かが再生のスイッチを押せば周波数が合う人には見えたり聞こえたりするんです。まあ、お遊びではありますが、理論的にはそれなりに考えた機械なんです」

ある程度の説得性はある。そして視点を少しずらせばこれ以上ないほどにオカルトだ。この渾然《こんぜん》一体さが、ダウジングの最も大きな特徴だし、堤のキャラクターにもこの二面性は凝縮されている。

「話は戻るんだけど」

「はい？」

「見なかったことにするよって大槻さんは言ったんですよね」

「……と、私は聞きました。実際のところはその場に居合わせなかったのでわかりません」

「台詞《せりふ》としてはできすぎという気はするなあ」

「私もそう思います。大槻さんにしてはちょっと無防備すぎますよね。真偽を確かめたいのなら、当事者である清田さんと大槻さんに確認すべきでしょうね」

今回のドキュメントの撮影において、彼らと大槻との決着や対決などといったいかにもテレビ的な要素は、この段階では僕の視野には破片すらない。しかし撮影を続けながら、とにかく大槻には一度会い、じっくりと話す必要はあるだろうと考えていたことは事実だ。

取材者は常に中立の視点に立たなくてはならないとするメディアの慣用句がある。テレビ番組としての健全さを追求するのなら、大槻にシンボライズされる否定派の発言を作品の中にバランスよく配置することは、構成としては極めて順当だろう。（テレビだけではない。大なり小なり問題提起をする際に、この両論併記という手法を使うことは、リスクを嫌うマスメディアにとっては最も安全で便利な常套《じょうとう》手段だ）

しかし、そんな表層的な健全さを装う気は僕にはない。そもそもが中立の位置など神にしか判断できないし、カメラで任意のフレームを現実から切りとり、さらに編集や音楽、ナレーションといった技法を加算してゆく映像表現が、本質的には如何に主観的で作為的なものであるかも自覚している。

作為がなく中立で客観的なドキュメンタリーなど、もしも存在するのならゴミにも劣る。そんなくだらない理由で、限られた放送時間の貴重な一部を消費するつもりはない。むしろ大槻に会うとしたら、撮影という前提は除外したいと思っていた。メディアで彼がくりかえしている主張を今さら改めて聞いたところで意味はない。メディアの装身具を互いにすべて外したうえで、大槻の現在の哲学や情念を、とにかくじっくりと聞いてみたかった（もちろんこの発想は、メディア向けの発言と彼の本音とは、きっと温度差があるはずだという僕の一方的な思いこみが前提だ）。

しかし同時に、そのタイミングは今ではないという漠然とした思いもあった。僕自身が座標軸を見失ってしまっている今のこの状態では、大槻との対話が仮に実現したとしても、おそらくはご高説を拝聴するだけで終わってしまう。とにかく一度は接触しなくてはならない。でもその時機は今ではない。

十月某日、豊島区の公共施設を訪ねる。秋山眞人が定期的に主催する「気の講座」を撮影するためだ。参加者は十代から五十代までと年齢層はばらばらな男女が、総計で五十名ほど。二人一組となっての超能力開発のプログラムは、トランプの透視訓練から始まった。裏返した十枚ぐらいの札の中から、あらかじめ決めておいた一枚を選びだすというメソッドだが、選びかたに特色がある。十枚の中からいきなり一枚を選択するのではなく、目的のカード以外を、順番に一枚ずつはじいてゆくという消去法なのだ。

「いきなり一〇分の一という確率に挑戦すると強いプレッシャーが働きます。でもこのやりかたなら、最初は一〇分の九、それが当たれば一〇分の八と少しずつ難易度を上げてゆけるわけです。当てなくてはいけないという意識をかなり排除できますから、トレーニングには最適なんです」

今日初めてこの講座に参加したという年配の夫婦に、秋山がこのメソッドについて説明している。しきりに頷《うなず》くポロシャツ姿の夫の表情は真剣だ。年の頃は五十代前半、たぶん会社では部長クラスの地位にある人だろう。カメラを向けながら「お話いいでしょうか」と訊《たず》ねれば、数秒の間を置いてから彼は「ええどうぞ」とこっくりと頷く。

「このセミナーはどうやって知ったのですか」

「職場の同僚が、……今そこでトランプ当てをやっていますが、彼から誘われまして」

「以前からこういうものには興味があったのでしょうか」

「ええ、ありました。私自身、予知みたいな経験がたまにあるんですよ」

「奥さんは？」

「私も実際に何度も夫のそういう能力みたいなものを体験してますからね。信じてます」

「まあ、仕事がらみですけど、ちょっと普通の感覚では説明できないようなことがよく身の回りに起こるんです」

　具体的にどんな事例ですか？　と訊ねかけたとき、向かい合わせで黙々とカードを一枚ずつ引いていた夫の同僚が小さく歓声をあげた。目当てのカードを最後まで残すことに成功したらしい。にこにこと嬉《うれ》しそうに最後のカードをレンズの前に掲げる彼に、この講座に通い始めてから変わったことはありますか？　と聞いてみる。

「いろいろありますよ。でもまあ、何といっても大きいのは、じゃんけんで負けることはほとんどなくなったことですね」

「事実ですよ」とポロシャツの夫が頷く。「会社でもよく二人でやるんですが、誇張ではなく五回に四回は彼が勝ちますね」社名を聞いた僕にポロシャツは一瞬の躊躇《ちゅうちょ》の後に、誰もが知っている大手銀行の名前を口にした。昼休みのオフィス、ネクタイ姿の中年男が二人で、延々とじゃんけんに一喜一憂している情景を、カメラを回しながら僕は思い描いていた。

幾つかの超能力実践トレーニングの次は、全員で円陣を組み、その中心に二人の男女が手を繋《つな》いで立たされた。秋山の指示により、円陣の片側が両手を前に突きだして二人に気を送る。次にはその反対側が同様に気を送る。これをくりかえすうち、目を閉じたままの二人はよろよろと左右に動きだした。円陣からは少し距離を置いて僕はカメラを回し続ける。つい先刻までは、様々なトレーニングに一喜一憂する彼らを撮りながら、あれは思いこみだとかこれは偶然の範疇《はんちゅう》をでていないとか、頭の中で必死に整理整頓《せいとん》をくりかえしていた。

目を閉じて直立を続ければ、次第に平衡感覚を失うのは当然の現象だ。ところが気を送るという行為をこの瞬間に重複させることで、あたかもこのよろめきが送られた気によって起こったのだと僕らは錯覚してしまう。もしこの場に否定派がいるのなら、この現象をそう説明するだろう。確かにその意味では明確だ。

……でも、ばたばたと畳の上をよろけるように動き回る二人の足どりが、周囲の腕の動きにぴたりとシンクロしていることは事実だった。途中から無言で円陣に加わった秋山が気を送ると、固く目を閉じていたはずの二人は、途端にまさしく転げるように秋山の許《もと》に引き寄せられた。この反応の正確さは思いこみだけでは説明できない。二人が実は秋山の意を受けたサクラと考えるか、あるいは本人たちも無自覚なまま、薄目を開けて周囲の動きや雰囲気に同調していると考える以外に説明はつかない。

いつもこうだ。ある程度までは説明ができる。しかしすべてじゃない。説明しきれない部分がどうしても纏《まと》いつく。どうしても燻《くすぶ》り続ける。どうしても払拭《ふっしょく》できない。

休憩時、部屋の隅で数人の男たちが顔を寄せ合ってひそひそと話しこんでいる。カメラを手に近づけば、男たちは一枚のキャビネ判の写真を真中に深刻な表情だ。何ですか？と訊ねれば、写真を手にしている喫茶店経営者が、「このあいだ自宅の近くで妻が撮影したUFOの写真なんです」と囁《ささや》くように言う。レンズを目一杯に近づける。ファインダーの中に、少しピントが甘い地平線と夕暮れの空が映っている。雲のあいだに確かに光点がある。「レンズの反射とかそんな現象じゃないんですか」と聞けば、喫茶店経営者は「いえ、そうじゃないようです」と首を振る。

「どうしてUFOとわかるのですか」

「先生がそう仰《おっしゃ》ってました」

「先生？」

「秋山先生です」

ああなるほどと言いながら、僕はファインダーから左眼を外す。たぶんその仕種《しぐさ》が懐疑的に見えたのだろう。「だけどそもそもUFOというのは、未確認飛行物体のことですからね。誰も円盤だとか断定しているわけじゃないんですよ。要するに何だかわからないものが空を飛んでいることは確かなんですから」と一人が俄《にわ》かに語気を荒くした。

「正体が不明ということは確かですけど、飛行物体かどうかは判断できないと思うんです。光の反射とか何らかの自然現象の可能性もあるわけですから」

「……私、このとき妻と一緒にずっと見ていたんですけど」

喫茶店経営者が遠慮がちに言う。あえて説明をしたいわけではないが、思い違いだけは糾《ただ》しておきたいといった雰囲気だ。

「レンズの反射とかそれはないです。ずっと空で急速度で動いてましたから。駅前です。周囲にも何人も目撃者がいます。皆あれはいったい何だ？　と驚いていましたから」


集会室に隣接する控え室の扉をノックと同時に開く。秋山は姿見の前でパイプ椅子に座っていた。がっくりと肩を落とし項垂《うなだ》れているその姿は、声をかけることを思わず躊躇するほどに、いつもの秋山の雰囲気とは大きなギャップがあった。

「どこか具合が悪いんですか」

「あー、いやいや、そういうわけじゃないんですが、大勢の人の前で喋《しゃべ》るのはやっぱりものすごく消耗するんです」

「気を奪われるということですか」

「それもあるし、余計なものを受け取っちゃうこともある。寄る年波なんですかね。最近はどうも消耗が激しいですね」

「……やっぱり今でも見えたり聞こえたりするんですか」

「ええ。チューニングさえ合わせれば」

「……僕の背後に何か見えますか」

聞いてから、調子が悪いと言っている最中に聞くことじゃないなと思い直す。しかし秋山は、無言で頷いてから小首を傾げる。視線は僕の頭の上だ。そのまま二〇秒くらいが経過した頃、秋山は静かに口を開く。

「砂浜ですね。広い砂浜だなあ。海らしきものが見えるから砂漠じゃないですね。どこだろう？　向こうのほうに富士山のような山が見えます。富士山かなあ。森さんの父方のほうの記憶だと思うのだけど」

「……聞いている範囲では親父の家系は富士山とは縁がないです。鳥取です。砂浜ってもしかしたら砂丘ですか？　だったら鳥取砂丘がありますね。親父の家があったのは大山《だいせん》の麓《ふもと》です。大山って地元では伯耆《ほうき》富士って言われているんですよ。景観は富士山に確かに少し似てますけど」

一気に喋ってしまってから、沈黙しているべきだったと後悔した。一流の占い師ほど自分が喋る分量より相手に喋らせる割合のほうが多い。僕はたぶんカモの素質がある。しかしテクニックとしては、こうして相手から引きだした情報をベースに、さらに畳みかけることが常套《じょうとう》のはずだが、秋山はこのビジョンについてはこれ以上の興味は示そうとしない。小さく頷きながら、再び視線を僕の頭の上に戻す。

「スオウの……何とかって言ってる。スオウって言葉は何か思い当たりますか」

「いいえ」

「……あかまつざ……あかまつざかかな。赤松坂。地名でそんな所ありますか」

「ちょっとわかりません。誰が言ってるんですか」

数秒の間があった。視線を一点に据えたまま、「ものすごく早口なんですよ」と秋山はつぶやく。

「誰か見えるんですか」

「ええ。……さたけみまつと言ってます」

「さたけみまつ？」

「この方の名前だと思います。ただ、どういうわけかみんなものすごく早口なんですよ。テープを倍速で再生したみたいな、そんな感じなんです。おまけにイントネーションや言葉も今とはだいぶ違うから、いつも理解するのは大変なんです。でも……やっぱり、さたけみまつさんですね。うん。確かにそう言っています。丁髷《ちょんまげ》みたいなものも見えるし苗字《みょうじ》もあるのだけど、侍という感じじゃないな。村のみんなをまとめていたとか、そんな感じの方ですね。江戸初期ぐらいにいた方です」

秋山の視線の先に、僕は上体を捻《ねじ》りながら視線を送る。妙な感覚だ。見えるはずがないと思っているのに黙殺はできない。ならば僕は、見えるはずがないと思ってはいないということなのか？　意識の底では、もしかしたらと思っているのか？　鳥取のどこかの村で数百年前に生まれた佐竹三松なる男が、僕の背後で微笑んでいる可能性があると、僕は本気で思っているのか？

恐怖にはいろんな種類がある。地震や泥棒など具体的な災害に対しての恐怖と、いわゆるお化けに対しての恐怖とは明らかに質が違う。僕らはなぜ闇が怖いのだろう。太古の時代に僕らの祖先が抱いていた肉食獣への恐怖が、今も遺伝子レベルで残っているのだと説明する人がいる。感覚を遮断されることに人は本能的に恐怖を抱くからだと説明した学者もいた。……そうだろうか？　それで本当に言い足りているだろうか？　闇への恐怖はそんな具体的なものではない。お化けや霊に対して僕らが抱く感覚も具体的な恐怖ではない。学習した恐怖でもない。その意味では本能的な畏《おそ》れだ。畏怖《いふ》と言い換えてもいい。僕らの本能は、なぜこの感覚を保持させたのだろう。地球上の動物の三分の二は夜行性だ。お化けだ祟《たた》りだと恐怖するのはどう考えても人間だけだ。闇に何かが潜んでいるからなのか？　禍々《まがまが》しい不吉な存在が闇に紛れていることを、僕らは本能的に知っているからなのか？

「……彼はずっと僕の後ろにいるのですか」

「いや、守護霊とか背後霊とかよく言いますけど、常にぴったり寄り添っているわけじゃないです。何て言うのかな。森さんの後ろに小さな窓があって、そこから顔を覗《のぞ》かせているといった感じなんです。窓の向こうには他の人も見えます。今はたまたま、さたけみまつさんがいるわけです」

扉がノックされた。秘書の森脇が、「先生そろそろ」と秋山を呼びに来た。講座の後半は秋山の講演会だ。「休憩の邪魔しちゃいましたね」という僕に、秋山は「いえいえ。ある程度のお付き合いが経過すると、だいたい皆さん透視してくれって仰《おっしゃ》るんです。森さんとはもう何年もの付き合いなのに、考えたらこれが初めての依頼でしたね」とにっこりと笑う。

「だから、皆さんに言っておきたい。宇宙人も幽霊も妖精《ようせい》も妖怪も全部実在しています。僕は身長五メートルの天使を見たことがあります。雲の中を泳ぐように飛ぶ龍も見たことがあります。ラーメンの丼に描いてあるあの龍そのままです。天使は羽を生やしていました。フレスコ画なんかでよく見かけるあのままの姿です。それは僕がその絵を過去に見ているからその姿で見えるんです。龍も同様です。たぶん西洋人にはいわゆるドラゴンに見えるでしょう。そういう存在なんです。僕らのイメージが投影される存在なんです。でも実在しているんです」

この日の聴衆は、ある意味で同好の士たちが集まっている。その意味で秋山も話しやすいのだろう。いつもに比べればリラックスしているだけ、ギアはトップに入っていた。でも、ゾロ目のナンバープレートのときにも感じたが、たとえば清田に比べれば、秋山の周囲への警戒心は遥《はる》かに薄い。緻密《ちみつ》な計算のうえの振舞いなのか、あるいは開き直りの所作なのか、それともそんな警戒心がそもそも希薄なのか、僕にはその判断はつかないが。
「でも、いわゆる心霊現象は盲信すると危険です。霊界とか先祖供養とか、間違いでないけれど信じきってしまうことは非常にリスキーです。たとえば臨死体験で報告される霊界にしたって、キリスト教徒はキリスト教的な世界観に満ちた霊界を、そして仏教徒は仏教の世界観に彩られた霊界を見るわけですよね？　考えたら妙な話です。僕らは自分たちの世界観でしか事象を判断できないんです。でも、感知する能力を僕らは本来持っています。聞こえるはずがない、見えるはずがないと思いこむことで自らの意識に蓋《ふた》をしているのです。生後間もない赤ん坊がいきなり虚空を見つめてにこにこと微笑む現象があります。西洋ではそんなとき天使が降りてきていると、エンジェル・スマイルなどと表現します。僕らは幼い頃、きっといろいろ見えていたし聞こえていたはずです。僕自身十代後半のいちばん能力が激しい頃は、他人の意識ばかりじゃなくて木や草や野菜の意識まで感受できました。野菜にも意識はあるんですよ。キャベツの千切りなんかもう修羅場です」

「将門の首はないですね」

営団地下鉄線大手町駅。約束の改札口で、ずっしりと重そうなトランクを片手に、堤裕司はいつものスナフキンの帽子に漆黒のマント姿で僕を待っていた。地上への階段を上りきると同時に、冷たい木枯らしが肌を刺した。見上げれば三井物産の本社ビルはすぐ目の前だ。夕暮れが色濃い街路を、コート姿のビジネスマンたちが寒そうに肩をすくめながら歩いている。

「確かこっちの方角です」

先に歩く堤の後について物産ビルの裏に回る。ビルの谷間に一角だけ、通りに面した小さな公園らしき敷地がある。巨大な石碑が進路の右側に鎮座している。その前で堤は立ち止まって僕を振り向いた。入り口に立てられている立て札を確かめるまでもない。これが平将門《たいらのまさかど》の首塚だ。

三十坪ほどの敷地内には人の気配はない。隣接する物産ビルの窓はすべて首塚への視界を遮るかのように、ガラスの内側に書類や本が積み重ねられていて、時おりその隙間から、忙しく立ち働く商社マンやOLたちの姿が見える。石碑の後ろに石灯籠《いしどうろう》がある。首塚の上に将門の墓として置かれていたものだという。堤がトランクを地面に下ろして蓋を開ける。中にはぎっしりと、形も大きさも不揃いの様々な機器が詰めこまれている。

L字形ロッドを堤はまずとりだした。両手に持ち、敷地内をゆっくり歩く。ロッドが反応した場所では、入念に何度か往復をくりかえす。通路や石灯籠の前、その裏側にも回りこんでから、小首を傾《かし》げた姿勢のまま堤は立ち尽くしている。

「何かありますか」

カメラを構えながら近づくと、「何もないんです」と堤は笑う。

「ないというと？」

「お化けが目撃された場所とかは、たいていの場合水脈が地面の下にあるんです。でもここには何もないです」

言いながら堤は再びトランクを開けて、計算機のような機械をとりだした。帰り仕度のOLが二人、敷地内に入ってきた。怪しげな挙動の二人の男を気にしながらも、これが日課なのか真剣な表情で、将門の石碑に手を合わせている。

「その機械は何ですか」

「これは私が作ったんですけど……要するに場の異常を感知して計測する機械なんです」

言い終えると同時に堤はスイッチを入れた。液晶の画面に数字が瞬き始める。原理は単純ですと堤は言う。この機械の中には小型のコンピュータが内蔵されていて、無作為の確率計算を一瞬でやってしまうソフトが組みこまれている。場に何らかの異常があれば、例えばサイコロを無作為に振った場合の出目が、極度に偏ることがあるという。

「霊現象が報告される場所は、空間に何らかのバイアスがあって、それが人の感覚器を刺激して特定のイメージを鼓膜や網膜に与えるんじゃないかと私は推測しています。その前提で作った機械です。サイコロの確率は六分の一ですが、場に異常があれば出目の確率が偏るんです。でも十回や二十回サイコロを振ったくらいでは統計は信頼できません。ですから膨大な回数の演算をコンピュータにさせるわけです。要するに微弱なポルターガイストを検出する装置ですね」

「実績はあるんですか」

「ありますよ。ゴーストハンターズの頃は、調べてくれと依頼があった場所では、確かに異常な数値が出る場合が多かったです」

「実際に幽霊を捕獲したことは？」

「まあ、捕獲というか、要はエネルギーの吸着ですから。家にお化けが出ると悩んでいる家庭って、家族の誰かの精神的な外傷が原因という場合が多いんです。ゴーストハンターズは一種の演劇療法の側面もあります。仰々しい機械やお揃いのユニフォームは、それなりの理由と効果があるんです」

突然機械が低く唸《うな》りだした。細かな数値がプリントされた細長い紙切れが少しずつ現れる。一昔前のスーパーのレジスターを僕は思いだしていた。一瞥《いちべつ》の後に、堤はカメラのレンズの前に紙片をかざす。

「最後の数字を見てください。2・5です。4以上が異常値なんです。ほとんど、というか、まったくの正常値です」

「……ということは？」

「この場に異常はないということです」

堤は立ち上がる。僕もカメラのスイッチを切って立ち上がった。OLたちはもういない。周囲にはいつのまにか濃密な闇がたちこめている。敷地の向こうは内堀通りだ。日本の経済繁栄を日々担うビジネスマンたちが、一日の激務を終えて黙々と帰途についている。

将門の首塚といえば、都内最大の心霊スポットとして有名だ。戦後占領軍が主導してこの塚を撤去して駐車場を造ろうとしたとき、関係者が次々と変死して、挙げ句の果てには平地なのにブルドーザーがひっくり返るという常識ではありえない事態まで起き、占領軍は塚の撤去をあきらめたと伝えられている。例えばキオスクにも売っているような怪談話を網羅した文庫本でもこの首塚のエピソードは筆頭だし、現在も心霊現象をテーマにしたホームページなどでは、この首塚の周囲で深夜に落ち武者が歩いているのを見たとか、馬の一群が駆け抜けていったとかそんな書きこみは数多い。

「怖いという人々の意識が少し滞留はしています」

計測の結果に不本意な僕の表情に気づいたのか、機器類をトランクにしまいながら堤は静かに言う。

「そんな意識が残留思念となって波長の合う人にイメージを見せてしまう可能性はあると思います。でも、祟《たた》りとかそういうものではないですね。首もここにはないようだし」

「首ないんですか？」

「たぶん。ロッドは反応しません。とにかく地面の下には何もないです」

淡々と説明しながら堤はトランクの蓋を閉める。他の機器を使うまでもないようだ。手を合わせ、帰りかける堤に「ちょっと待っててください」と呼びかけて僕は石碑に向かう。振り返った堤は、「お騒がせして申し訳ありませんでした」と口の中で何度もつぶやく。

そんな僕の様子を、無表情にじっと眺めている。

初めて堤裕司に会った一九九三年、堤は大槻との共演を頑《かたく》なまでに拒絶した。その前年に大槻とともにテレビ出演したときの体験が彼のこの頑なさの大きな要因となっていることを、僕は後から知ることになる。

その顚末《てんまつ》を大槻は、この年に出版された「超能力ははたしてあるか」(講談社ブルーバックス)と「超能力・霊能力解明マニュアル」(ちくまプリマーブックス・筑摩書房)の二冊の著作に描写している。内容はほぼ同じだ。この二冊の著作の記述に対して、堤は名誉毀損《きそん》の訴訟を検討するが、実名を出さずに「日本一のダウザーを自称するT」などと文中では表記されていたため、勝訴は難しいと弁護士から言われてあきらめている。

堤が特に問題とする大槻の記述を、二冊の著作から、なるべく内容が重複しないように引用する。

一九九二年に、日本テレビの番組「関口宏《せきぐちひろし》のワンダーランド」が私に、ダウジングは効果があるのかどうかを判定できるような、科学的な実験をしてほしいと提案してきた。自称日本一のダウザーが、そのグループを率いて実験に参加するということだった。願ってもないことなので、私は、これに応ずることにした。/筑波《つくば》の火の玉実験施設《しせつ》の中に砂場をつくり、この砂場に金属性の針金一本と、水を入れたプラスチックの容器一個を図31のように埋めた。この作業は、ダウザーと、ダウジングをしてもらう素人の人たちにもいっさい見せなかったことはもちろんである。（中略）なんと、ダウザーの方も針金の位置も水パイプの位置も当てることができなかったのだ。むしろ素人のほうが良い成績だったといえる。この結果は日本一のダウザーを自称するTには不満だったらしく「この実験はまったくナンセンスだ」といいはった。／この実験は、ほぼ一日かけてやったにもかかわらず、しかも火の玉実験施設のメンバーがいろいろ便宜《べんぎ》をはかったにもかかわらず、まったくことわりもなしに、放映されなかった。（「超能力・霊能力解明マニュアル」158〜162頁）

日本テレビ系の「関口宏のワンダーランド」を制作している会社の人から、電話がかかってきたのは、一九九二年の初夏の頃であった。（中略）ダウザーの会長は怒りだした。「風も強いし、こんな実験は意味がない！」と。／オヤオヤ、何と手前勝手なことか。もともと意味がないと思う実験なら、最初から拒否すればよかったのだ。結果がおもわしくなかったから、実験そのものを拒否するとは、あきれた話ではないか。（中略）ところが、テレビ局は、あたったシーンだけを放映し、あたらないシーンはカットしたのだ。これは、一種の情報操作であり、あら手のヤラセでなくて何であろうか（私の怒りは、一年たった今でも消えていない）。（「超能力ははたしてあるか」186〜188頁）

まずは重箱の隅をつつく。「ワンダーランド」などという名称の番組は存在しない。正しくは「ワンダーゾーン」である。もちろんケアレスなミスだけど、手許《てもと》の「超能力・霊能力解明マニュアル」の奥付では一九九六年五月十五日発行で九刷である。これだけ辛辣《しんらつ》な批判の槍玉《やりだま》に挙げられながら、日本テレビや番組の制作サイドが、番組のタイトルを誤植された印刷物が商品として流通している事態を何年も見過ごしていることが、そもそも僕には腑《ふ》に落ちない。訂正を指摘する電話一本ですむ話のはずだ。もちろんこれは枝葉のレベルでしかない。しかし通常なら当たり前のはずのこんな対応すら機能しないことに、何かが麻痺《まひ》していると察知するのは考えすぎだろうか。

「あの日はバスを二台用意して、まずは一台のバスに、私を入れたダウザー協会のメンバーと素人たち、それぞれ五人ずつが入れられたんです。で、一人ずつ出ていって砂場でのダウジングの実験が終わったらもう一台のバスに入るというルールなんです。つまり実験が終わった人が実験前の人と接触しないようにしたんです。私からも条件として、砂場に埋めたときのカメラマンとかスタッフは実験中は現場から離れてもらうことにしてもらいました。つまり、埋めるときとダウジングで探すときに、その場にいるスタッフが重複しないようにしてもらったんです」

「……ずいぶん厳密ですね」

「とにかく完璧《かんぺき》な結果を出したかったんです。現場にずっといたのは大槻さんぐらいじゃないのかな。で、私がダウザーとしては最後だったんですが、砂場の前で『じゃあ、やってください』っていきなり言われて、『やってくださいって何探すのか教えてください』って言ったら、スタッフがきょとんとしているんですよ。要するにそれまでは皆、何を探すかも知らされずに探していたらしいんです」

「…………」

「何を探すのかという目的意識がダウジングには必要ですからね。何を探すかもわからずに振り子やロッドを使ったって反応するわけはないんです。要するにスタッフがダウジングについてよく理解していなかったんです。撮影クルーをダブルで用意してくれって私が要求したせいもあるかもしれないですけど」

「でも、素人はともかく、スタッフに疑問をぶつけなかった他のダウザーたちはどうかしてますね」

「まあ確かに。ただ、みんなテレビの撮影なんて初めてですからね。すっかり萎縮《いしゅく》してしまったようなんです。で、最後の出番だった私が初めて探す目標を聞いて、『針金と、水の入ったパイプです』って言われたんですけど、実験は一回なんですよ。一回で二つの異なったものを探せというのもダウジングでは無理なんです。一回ずつ集中するわけですから。だからもう、とにかく現場は混乱しきっていて……」

「ちょっと待って。大槻さんは最初から最後までずっと現場にいたわけでしょう？　だったら実験に根本的な不備があったとわかっていたんじゃないですか？」

「……彼にダウジングに対しての知識があればの話ですけどね」

「ここまで書いているんだから、その程度の知識はあるでしょう？」

「だとしたら作為的にその経緯は黙殺しているということになりますね。まあとにかく実験は終わって、最後に結果発表ですって砂場の脇に並ばされたんです。ふと足許《あしもと》を見たら、埋めた針金と同じ針金で、砂場の木枠や立て札を結んでるんですよ。要するに一メートルごとに針金がある状態なんです。『あ、こんなとこに同じ針金使ってる』って私がボソッと言ったら、隣の大槻さんが、『ああ、それはあとで統計処理しますから』って言うんです」

「統計処理？」

「よく意味がわからないですよね。とにかく彼がそう言うのだから、私はその場ではそれ以上は言わなかったんです。でも、統計処理の話はそれっきりですね……」

堤裕司との会話をできるだけ忠実に再現した。要はあまりにも実験が不備だったことと、この後の結果発表で大槻が「やはりダウジングは何も当てられない」と強引に言い張ったため、制作サイドが自発的にオンエアからはカットしたらしいというのが堤の見方だ。真相はわからない。この番組自体が超常現象の存在を前提にした趣旨だから、贔屓《ひいき》の引き倒しに近い側面はあったとしても不思議ではない。しかし両者の言い分を比較検討すれば、そのディテールも含めて、明らかに堤の描写のほうにリアリティがあると僕は思う。大槻の文章には無意味な誹謗《ひぼう》や冗漫な侮蔑《ぶべつ》があまりにも多すぎる。しかしもちろん、当事者の一方の言い分だけでは何も判断できない。いずれ大槻に会うときに、この事実関係は確認すべきだろう。

Chapter 7

等身大のエスパーたち

「オナニーみたいに快感なんだよ」

人に姿を見せられぬ
獣のようなこの体
早く人間になりたい！

電話をかけたが清田は出ない。「妖怪《ようかい》人間ベム」のテーマソングで始まる留守電のメッセージが耳許《みみもと》で響く。人為的に作られた妖怪トリオが、いつか人間にしてもらう日を夢見て、様々な悪の妖怪たちと闘うこのアニメが評判になったのは僕が小学生の頃だ。子供時代の清田もこのアニメに夢中になっていたのだろうか？　人間でもなく妖怪でもないという中途半端なアイデンティティがベムたちに与えられた宿命だった。スプーン曲げ少年として既に世間の注目を浴びていた清田は、いったいどんな思いでこのアニメを見ていたのだろう？

自分が常人とは違うという意識は当然あったと思う。でもそもそも、「違う」ということは何を表しているのだろう？　過剰なのか、それとも欠落なのか、超能力はいったいどちらなのだろう？　過剰は祝福されることなのか？　欠落は忌み嫌われることなのか？　清田益章は何者なのだろう？　なぜ彼だけがこの能力を与えられたのだろう？　同世代の他の超能力少年たちが次々と淘汰《とうた》されてゆくのに、なぜ彼だけがこうして能力を維持し続けることができたのだろう？　清田は何を後世に残すのだろう？　何を残すために、こんな能力を与えられたのだろう？

耳許で響いていた「妖怪人間ベム」のテーマが、突然ぷつりと途切れ、同時に男女の嬌《きょう》声《せい》と大音量の音楽が受話器に響いた。「もしもし？」と酔った清田の声が微《かす》かに聞こえる。

「森だけど、明日の撮影は予定どおりでいいんだよね？」

「ああ。いいよ」

「じゃあ、六時に会場に行ってるよ」

「うん。……明日さあ、森さんに紹介したい人がいるんだよな。それで……」

語尾が途絶えた。騒音に加えて電波の状態も悪い。

「何？　聞こえないよ」

「明日さあ、紹介したい人がいるんだよ」

「誰？」

「えーとさあ、今一緒に住んでる女性なんだけどさ」

「一緒に何？」

「住んでる女」

「ああ、ゆきこさん？」

「うん。明日紹介するよ」

四年前に離婚を経験した清田は現在、同年齢のゆきこと一緒に暮らしている。同じく一度の離婚歴のあるゆきこには十一歳になる息子が一人いる。この四年間で清田が大きく変わった背景には、この新しい家族の存在があると僕は思っている。その意味では何としても撮りたい要素ではあったが、これについてはいちばん最初の打ち合わせで、清田に「撮れないよ」と釘《くぎ》を刺されていた。それがどうして急に気が変わったのだろう？

「ええ？　何が変わったって？　よく聞こえねえよ」

「撮影もいいってこと？」

「まあ、まじまじと撮らなきゃいいんじゃないか」

「どうして気が変わったの」

「やっぱ最初はさ、森さんには申し訳ないけど警戒があったからさ」

「警戒？」

「俺も二十六年超能力者やってるからさ、……テレビの人はいろいろ付き合いが……騙《だま》されたことも多いんだけどさ、まあ少なくとも……オンエア見て吃驚《びっくり》というタイプはやっぱり……」

電波の状態が少しずつ悪くなる。清田の話はぶつぶつと分断される。「清田君早く来いよォ！」と誰かが呼んでいる。

「何？　今最後がよく聞こえなかった」

そう言いかけたとき、ここまで持ちこたえてきた電波が途切れたらしく、不意にぷつりと電話は切れた。


赤坂コミュニティプラザの前でカメラを構えていた僕は、赤坂見附の方角から歩いてきた男女の二人連れに気づき、ファインダーに右目を押し当ててカメラのスイッチを入れる。近づく二人の表情が青山通りを往来する車のヘッドライトに照らしだされる。ゆきこは俯《うつむ》いていた。笑いだすのを堪《こら》えているように口許《くちもと》が綻《ほころ》んでいる。肩を並べて歩く清田は、奇妙に緊張した表情で真直ぐ前方を凝視しながら歩いている。僕には一瞥《いちべつ》もくれない。玄関の脇でカメラの横を素通りし、そのままエレベータに向かおうとする清田に、僕はたまりかねて声をかけた。吃驚したように清田は立ち止まる。「今晩は」とゆきこがレンズを振り返りながら微笑み、「ほらね、やっぱり挨拶《あいさつ》すべきだったでしょ」と清田に言う。言われた清田は当惑したように僕を見つめている。

「挨拶してよかったの？」

カメラを肩から下ろし、「何で？　挨拶くらい当たり前じゃないか」と僕は答える。

「だってさ、テレビの場合、普通はこんなとき、カメラを意識しないで黙って通り過ぎてくださいって言われるぜ」

清田の言葉に、ああそういうことかと僕は納得する。確かにテレビ的手法としてはそれは普通の要求なのかもしれない。

「もし目を合わせたらNGでもう一回歩かせられるぞって清田が言うんですよ」

「……その必要があるときには僕から言いますから」

二十六年間に及ぶメディアとの共生関係は、カメラへのこんな対処の仕方も含めて、清田益章という等身大いっぱいに、複雑な陰影を隈《くま》なく施している。明るい部分は子供のように剝《む》きだしなのに、影の部分は過剰に屈折して他者の目や意識に獣のように脅《おび》えている。でも清田の言葉を借りれば、これは彼がエスパーであることの必然であり、同時に自発的に選択した帰結のひとつということになる。

「やっぱ変わってるよな」

エレベータの上りボタンを押しながら清田が言う。

「何？」

「やっぱりちょっと違うぜ、森さん、普通のテレビの人と」

「いい意味かな悪い意味かな？」

「どっちもあるよ」

クリスマスイブのこの夜、チャリティライブは盛況のうちに終わった。混雑するロビーで、本日の主役であるシャンソン歌手の石田桃子《いしだももこ》から二人は呼び止められた。しばらくの雑談の後に、「清田君。そういえば今日は弟も来てるのよ」と何本もの花束を抱えたドレス姿の石田桃子が思いだしたように言い、「ああ、純一《じゅんいち》さん来てるのかあ」と清田が答えたとき、当の石田純一がロビーの反対側から「清田君！」と声をかけてきた。親しげに会話を交わす二人のツー・ショットを僕は撮り続ける。レンズに気づいた石田が「どこの人？」と不思議そうにつぶやく。

「フジテレビなんだけどさ、俺のドキュメンタリー撮ってるんだよ」

「へえー。面白そうだね」

「純一さん、映っちゃっていいのかな」

「何で？」

「だってほら、純一さん今、夕方のニュースやってるじゃない。どこだっけ」

「ああ。テレ朝だよ」

「ニュース番組のキャスターやってる人が、俺と親しいってのはまずいんじゃないかな」

「何で？　かまわないよ。それに俺、キャスターじゃなくて司会だから」

「違うんだっけ？」

「同じか」

大笑いする石田に、一言いいですか？　と僕は近づきながらレンズを向ける。ワイドショーのレポーターにでもなった気分だ。まあ、自分でカメラを回すレポーターはいないだろうけど。

「清田さんとは古いんですか」

「ええ。以前雑誌の対談で初めて会って、それからの付き合いですけど」

「彼は……超能力者なわけですけど」

「はい」

「スプーン曲げはご覧になったことはありますか」

「何度もあります」

「信じますか？」

「信じるも何も……事実ですから」

にっこりと微笑む石田純一のバストショットをファインダーに捉《とら》えながら、「信じますか？」と訊《たず》ねた自分自身に内心は苛立《いらだ》っていた。正確には呆《あき》れていた。何のことはない。結局このレベルだ。結局この語彙《ごい》に頼ってしまう。

じゃあ清田君また今度、と片手を挙げて別れを告げた石田純一の後ろ姿を眺めながら、純一さん、本当にいいのかなあ、と清田が不安そうにもう一度つぶやく。

「何が？」

「あんなこと言ってさ」

「あんなことって？」

「だから……スプーン曲げは事実だなんて言ってさ」

「何で？　事実じゃないの？」

「そういうとこ意地が悪いよなあ」

「気になるなら事務所に確認しておこうか」

「そうしてもらえるかな。やっぱり、ニュースキャスターだからさ。迷惑かけたくないもんなあ」

言いながら清田はポケットから一枚のカードをとりだし、レンズの前に近づける。臓器移植のドナーカードだ。「やあねえ、ひけらかすものじゃないのよ」と傍らのゆきこがたしなめる。

「登録したの？」

「酒ばかり飲んでるから肝臓は使いもんにならないかもな」

「その右手なら予約したいな」

「いいけどさ。でもたぶん右手だけじゃスプーンは曲がらないぜ、やっぱ頭じゃないのかなあ。俺さ、一時すごいスランプになったことあるんだよ。ちょうど森さんに初めて会った頃だな。ほら、離婚やなんやでいろいろあってさ」

カメラの前でのスプーン曲げを拒絶することを生放送のテレビで宣言してから数ヵ月後、

離婚と同じタイミングでスプーンが突然曲がらなくなり、これですべてが終わったんだと一時期は本気で思ったという。

「……これから何の仕事ができるんだろうって考えてさ、今さら寿司屋継ぐってのも格好悪いし、だいたい元超能力者が握った寿司なんて不気味で食えないんじゃないかとか、いろいろ考えてたんだけどさ」

「実際に何度も試したの？」

「寿司を？」

「違うよ。スプーンだよ」

「試したよ。宴会の席とかセミナーとか、とにかく何度やっても駄目なんだ。それから落ちこみが始まってさ、離婚の件もあったしな、どこへも出かけねえし誰にも会わないし、とにかく飲まず食わずで一人で部屋にずっと籠《こも》ってたんだ。何日もそんな状態が続いてさ、何だか臨死体験みたいなこともあったんだけどさ、そのとき、ふと考えたんだよ。カメラが回っていたり観客を前にしたりという状態でやることがいつのまにか普通になっていたけれど、考えたらガキんときはいつも一人でスプーンを曲げていたはずだよなあって。それで試しに部屋で一人でちょこっと擦《こす》ってみたらさ、曲がるんだよ簡単に。それがさ、何ていうか、すごく気持ちいいんだよな。一人でやるなんて何年かぶりだけどさ、オナニーみたいに快感なんだよ」

「オナニー？」

「似ているんだよな感覚が。一人で曲げるのって本当にエクスタシーなんだぜ。それでさあ、うまく言葉にできないんだけど、スプーンに対して優しい気持ちになれたんだよ。何かさ、こんな言いかたはまた余計な誤解されちゃうかもしれないけどさ。曲がれこの野郎じゃなくて、悪いけど曲がってくれないかになったんだよ。でも少なくともそれ以降、スプーンは一時よりずいぶん楽に曲がるようになった気がするな」

そうか、スプーン曲げの本質はオナニーなのかと考えこむ僕に、「人前でやることに抵抗があって当たり前だろ」と清田は笑う。そのとき清田の携帯が鳴った。石田純一からだ。近くの店でコンサートの打ち上げをしているが来ないかとの誘いだった。電話を切ってから清田は言いにくそうに、「カメラなしなら森さんも連れて行けるぜ」と言う。「気にしなくていいよ。今日はこれで帰るから」と僕は答えた。遠慮したわけじゃない。なぜかとにかく疲れていた。微熱でもあるかのように寒気もする。

青山通りの舗道を何度か振り向きながら遠ざかる清田とゆきこの後ろ姿を撮影して、カメラをバッグにしまいながら、まさかエネルギーを吸収されているんじゃないだろうなと本気で考える。どうしても断りきれない事情があるとき、彼らは病人や怪我人の苦痛や症状を和らげる、いわゆるヒーリングという行為をすることがある。決して積極的じゃない理由は、医師免許なしでの治療行為で報酬を得ることが違法という理由だけじゃなく、ヒーリングした人の苦痛や症状が、自分たちに跳ね返ってくることも大きな理由らしい。彼らエスパーをカメラで撮るという行為にも、もしかしたらこれに類似した法則が適用するのじゃないだろうか。

その夜、帰宅した僕は熱を出した。何のことはない。結局のところはただの風邪だった。

「やっぱりこういう演出なんだよな」

一九九七年十二月二十九日午後八時。閉館後の池袋サンシャイン水族館に、ぞろぞろと奇妙な集団が集まってきた。総数はおよそ三百人。男女比率は約半々。年齢層は様々だ。一旦《いったん》閉館してからまた扉を開けた水族館の入り口には、黒々と墨書された立て看板が掛けられている。

「第三回エスパーサミット」

受付で会費の六千円を払い、記帳をしてから臨時のクロークに荷物を預ける。足を踏み入れれば施設内は（当たり前だけど）水族館だ。ナポレオンフィッシュやアカウミガメやオオカミ魚たちがゆったりと泳ぐ水槽があり、そして通路には、数多《あまた》の日本のエスパーたちとその関係者がひしめき合っている。ぼんやりと立ち尽くす背中越しに、「森さん来ましたね」と声をかけられた。振り向くと水割りのグラスを手にした秋山眞人が、満面の笑みを浮かべながら立っていた。

「今日はカメラは持参していないんですか？」

「佐古《さこ》さんにカメラ撮りは勘弁してくれと言われました」

「井深《いぶか》さんのこともあるし、ソニーも今は風当たり厳しいですからね。残念ですね。是非記録しておきたい催しなのに」

秋山に案内されて僕はメインホールへと足を運ぶ。今日の催しの主催者であるソニー・エスパー研究室の室長である佐古曜一郎《ようういちろう》が、にやにやと笑いながら近づいてきた。

「あれ森さん、今日はカメラは？」

「意地が悪いですねえ。いいんですか？　鞄《かばん》の中に入っていますよ」

「駄目です駄目です。来年はいいかもしれません。でも今年は駄目です」

「ソニーが超能力を研究しているという話は別に秘密じゃないんでしょう？」

「秘密にはしていません。しかし、胸を張って言うべきことでもないんです」

「その消極的な意識が、日本の超能力研究を遅らせているひとつの理由だと思いますよ」

「いやあ、世間の蔑視《べっし》はまだまだ厳しいですから」

この二年前、地下鉄サリン事件が勃発《ぼっぱつ》して二ヵ月後の「週刊新潮」に、「公開されたソニーのオカルト研究」というタイトルで、「エスパー研究室」と「生命情報研究所」という二つの社内組織の存在をソニーが初めて公表したという記事が載った、その翌年の「BART」五月十三日号誌上では、「素顔のソニー・エスパー研究室」というタイトルで、佐古と秋山との対談が掲載された。長くその存在が噂されながら社内機密だったエスパー研は、こうして唐突にマスコミの取材に応じ始めた。再現性や普遍性、追試可能といった要素を不可欠とする従来の実験物理の枠組みでは、超能力という意識が介在する現象へのアプローチにどうしても限界が生じるとの秋山の問題提起に対して、佐古は以下のように答えている。

ある・なし論争という不毛な状態が続いてきたいちばん大きな理由は、超能力者、科学者、企業、そしてメディアが、それぞれが全く異なる価値観で利権争いをしてきたからだと思うんです。でもそろそろ皆が協力し合える土俵を作る時期に来ています。それがこの研究室設立の原点です。新しい科学の方法論、言ってみれば「主観的な科学」という方法論を構築できないかと今考えています。

長く対外的には㊙扱いだった研究室の存在を公開した理由を、佐古は斎藤貴男《さいとうたかお》の取材に答えて、「なまじ隠し続けてオウムのような狂信集団と一緒くたにされてはたまらない、あくまでも真面目な研究開発であることをアピールするため」(「カルト資本主義」文藝春秋)だったと述べている。今年で三回めを迎えるエスパーサミットは、エスパー研究室が主催する超能力業界の忘年会だ。タイミングとしてはまさしく絶好の時機ではあったけれど、しかしテレビカメラでの撮影については、さすがに時期尚早ということで許可が下りなかった。その代わりに招待状をもらい、やむなく僕は、手ぶらでこの夜の取材に赴いた。

中央のスクエアに簡易ステージが設営されている。八時を五分ほど過ぎた頃、この十日ほど前に急死した井深大《まさる》ソニー最高顧問の死を悼《いた》む黙禱《もくとう》でサミットは始まった。司会進行は佐古が務めていた。盛田昭夫《もりたあきお》とともにソニーを創設した井深の肝煎《きもい》りで作ったエスパー研究室が、最大の後ろ盾を遂《つい》に失って今後は存続できるのか？　という疑問は、パーティ参加者のほとんどが気にしていたようだ。

「たぶん研究室は閉鎖だろう」

僕のすぐ前に立っていた二人連れの背広がひそひそと囁《ささや》き合っている。

「そうかなあ」

「そりゃそうだよ。だって今まで、井深さんが後ろに控えているから社内の反対派も口を出せなかったんだからさ」

どうやら二人はソニーの社員らしい。壇上ではスピーチが続いている。ソニーの役員や都市銀行の頭取クラス、大学教授や企業の役員クラスが次々と壇上に上がり、井深への追悼と、日本の超能力研究の明るい展望について力説している。

「写真週刊誌がいたらネタの宝庫だろうなあ」

ソニーの若い社員は連れに囁き続けている。壇上では自民党の議員代理が、「オウム以降、不幸なことに日本の超能力研究は停滞したという事実は否めません、だがしかし」と熱弁をふるっている。

「バカバカしすぎてボツだろ」

もう一人が答える。

「では次に、日本の超能力者を代表して秋山先生から一言ちょうだいします」との佐古の紹介を受けて、秋山眞人はにこにこと壇上に上がる。蓬髪《ほうはつ》の小柄な男性が目の前を通り過ぎる。成瀬《なるせ》雅春《まさはる》だ。空中浮揚は当たり前のようにこなすヨガの達人と、以前オカルト系の雑誌で読んだ記憶がある。秋山のスピーチが終わってしばらくの歓談の後、今度は極彩色の背広に身を包んだ二人の男がステージに登場する。軽妙なギャグを言い合いながら、二人は幾つかのマジックをテンポ良く披露し始めた。ステージから視線を逸《そ》らすと、スナフキンの帽子が視界を横切った。水割りの入ったグラスを片手に、僕は会場の隅で熱心にマジックショーを見ている堤裕司に近づいた。

「さっきまで清田さんが一緒にいたんですけど、怒っていなくなっちゃったんです」

「どうしたんですか」

「……マジックショーが気に入らなかったみたいですね」

ああそうかと頷《うなず》く僕の前を、グラスを手にした男がにこやかに会釈をしながら通り過ぎる。咄嗟《とっさ》に頭を下げながら、誰だっけ？　と考えるが、どうしても思いだすことができない。

周囲を見渡すと、確かにどこかで見た顔が何人か歓談している。しかし名前はもちろん、どこで出会った人なのかすら記憶は定かではない。目が合うたびに会釈をくりかえしながら、この四年間で自分もこの業界にずいぶん浸ってきたということなのだろうなとちょっとした感慨に耽《ふけ》る。

「今日はこの後、森さんの予定は？」

「別に決めてないけど、何かありますか」

「二次会を秋山さんの事務所でやるみたいですよ」

「堤さん行くんですか」

「そのつもりですけど」

　ゆきこと真希を後ろに従えて、憮然《ぶぜん》とした表情で清田が近づいてきた。顔が紅潮している。せっかくのパーティなのに一人でテンション上げちゃってもう最悪なんですよ。僕に気づいたゆきこが微笑みながら言う。

「だってさあ、何もエスパーサミットでマジックショー見せることはないだろ？」

「佐古さん、洒落《しゃれ》のつもりなんだろ」

「わかってるよ。だけどさあ、これはちょっと洒落にならねえと思うんだよな。堤君どう思うよ」

「私はマジックを多少は知ってますから。だからさっき彼らがステージでやったスプーン曲げのトリックも知っていますし、清田さんのスプーン曲げとはやっぱり根本的に違うことはわかっていますから」

「そりゃあさ、あなたは知ってるからそういう見方もできるけどさ、ほとんどの奴らはそんな区別はつかないだろう。マジックと同じだってフレーズも、もう何十年も言われ続けているんだからさ、今さら頭になんかこねえよ。俺が腹たてたのはそういうことじゃなくてさ、主催者側のデリカシーのなさなんだよな」

壇上ではいつのまにかマジックショーが終わっていた。司会の佐古が、しきりに清田の名を呼んでいる。

「清田君、呼んでるよ」

ゆきこに袖《そで》を引かれながら、憮然とした表情で清田が言う。

「ほらな、やっぱりこういう演出なんだよ」

「棄権する？」

「しねえよ。本当はしたいところだけどさ、そうしたら清田は逃げたって思う人は大勢いるだろう？」

壇上に向かって二、三歩足を進めかけてから、清田はふと立ち止まって振り返る。口の端には独特のシニカルな笑みが浮かんでいる。

「悪い評価ってのはさ、一旦《いったん》されると元に戻すのは大変なんだよな。俺はそれを身をもって知っているからさ」

一瞬ではあるが感情を剝《む》きだしにしてしまった自分自身への含羞《がんしゅう》が語尾に滲《にじ》んでいた。

壇上へと向かう後ろ姿を眺めながら、いつもの淡々とした口調で堤が言う。

「つくづくナイーブな人ですよね」

「ナイーブといえば確かにそうですけどねえ」

しみじみと吐息をつきながらゆきこが微笑む。確かに愛すべき男だが、この振幅の激しさを伴侶《はんりょ》として毎日共有することは、かなりの重労働に違いない。

憮然とした表情のまま壇上に上がった清田はマイクに向かい、「今日はさ、ちょっと気持ちが昂《たか》ぶっているんで、もしかしたら曲がらないかもしれません」といきなり言い放った。場内が少しざわつく。清田はゆっくりと客席を見渡す。「怒っちゃだめよ清田君！」と女性の声がする。

「別に怒ってないですよ。二人のマジックの方も一生懸命やったのだから怒る気はないです。だけどさ、やっぱりエスパーサミットって名づけているのに、その主催者がマジックショー呼んじゃ駄目だろうって俺思うんですよ」

言い終えて清田は壇上の横にちらりと視線を送る。何人かが横に並んだ主催者の席では、アルコールに頰を染めた佐古が困ったように苦笑している。

「まあ、世話になっている佐古さんの顔を潰《つぶ》すわけにもゆかないんでとにかく曲げます。えーと、そんな遠巻きじゃわからないでしょう。みんなもっと近くに寄ってください」

壇上から下りた清田は、周囲360度すべてを息がかかるほどに近づいた観客たちに囲まれながら、手渡されたスプーンを擦《こす》り始めた。スプーンが手の中で曲がり始めるまで、この夜は一分とかからなかった。右手に持ち替えたスプーンを清田は左右に揺らす。やがてその動きに耐えかねたように、スプーンの先端はぽとりと床に落下した。その瞬間、会場内に吐息や溜息《ためいき》が充満する。たぶんこのパーティ会場では、スプーン曲げを初めて見たという人は少数派だろうが、それでもやはり目の前で見れば、改めてつくづくと溜息が洩《も》れるのは僕も同様だった。

「今日は調子良かったみたいですね」

いつのまにか傍らにいた秋山眞人がそうつぶやく。

「透視や予知は、感情が波立つとあまりいい結果には結びつかないのだけど、清田君みたいなＰＫ（念力）の場合はいいほうに作用することもあるんですよね」

「何度も見ているけど、見るたびに何とも言えない気分になるんです」

僕の言葉に秋山は何度も頷く。「そりゃそうでしょう。今この瞬間、ニュートン力学を僕たちは全否定されたわけですから。衝撃を受けないはずがないんです。心の働きが物理的な力を持つという、既知の物理や科学では絶対に証明できない現象を目撃したわけですから。僕らの精神の奥深いところが感応してしまうのは当然でしょう」

哄笑《こうしょう》が響く。いつのまにか清田に代わって壇上にいるのは、タレントのエスパー伊藤だ。スプーン曲げの余韻はまだ会場に濃密に漂っているが、しかし身体をくねらせながら子供用のセーラー服をあっという間に着てみせるエスパー伊藤のコミカルな妙技に、会場はいつのまにか爆笑に包まれていた。清田の姿を目で追うが見つからない。マジックショーとエスパー伊藤に挟まれて、きっと憮然とした表情で、会場の隅でビールを飲んでいるに違いない。

「本気で夜空を見上げたことがあるのかよ?」


サンシャインからタクシーに分乗して約一五分、秋山の事務所の床に車座になって、三人のエスパーと二十名ほどの友人たちの二次会が始まった。時刻は深夜〇時に二〇分前。今夜の終電はあきらめようと僕は覚悟を決める。買い出しの酒の種類や全員の座る位置を決めるのは、いつのまにかすっかり機嫌を直していた清田だった。

「堤君、そんな端にいないでこっちに来なよ。俺と秋山君のあいだに座りなよ」

「私はここでもいいです」

「くっつきたくて言ってるんじゃねえよ。三人の位置が離れると森さんが撮りづらいんだよ。最近は君がいちばんテレビに露出しているんだからさ、もうちょっとテレビカメラに馴《な》れなくちゃ駄目だよ」

「私、露出してませんよ」

「このあいだ、ダウジングでパチンコ台決めている番組見たぜ」

「ダウジングでギャンブル当たるの?」

「当たらないです。ディレクターは外れたらカットしますからって言ってたけど、オンエアではしっかり使ってましたね。まあ予想してましたけど」

「それにしても、清田さん、よく見てるわね?」

「最近暇だからさ。秋やんも今やバラエティの帝王だもんなあ」

「それじゃあ、超能力の未来に乾杯しましょう」

風向きが自分に回ってきた秋山が、苦笑しながら話題を変えるようにグラスをかざす。

「一度聞いておきたかったんだけどさ、堤君は何でエスパーになったわけ？」

やっと隣の席に移動してきた堤のグラスにビールを注ぎながら、清田が芝居気たっぷりに訊《たず》ねる。騒がしかった全員の視線が二人に集中する。

「森さんにも何度も言ったんですけど、私は秋山さんや清田さんとは少し違うんですよ。スプーンも曲がらないし、自分をエスパーだとは思ってないんです」

「だってダウザーだろ？」

「ダウジングは技術ですから、超能力とは少し違います」

「鉱山や油田の発見だけでなく、日常生活にダウジングを取り入れている人は欧米では多いですからね。確かにそういう光景を見ていると、技術という雰囲気もありますよね」

秋山の補足に堤は頷《うなず》くが、酔った清田は執拗《しつよう》だ。

「だってさあ、俺は細かいことはわからないけど、ダウジングって振り子を使ってモノとかに聞く技術なんだろ？」

「ええ」

「この机やカーペットやビールに聞くわけだろ」

「まあ、そうとも言えますね」

「それはやっぱりオカルトだぜ」

「まあ……世間一般から見たらそうかもしれませんが」

「俺が見たってオカルトだよ」

二人の掛け合いに全員が爆笑する。こういう場での清田はとにかくエンターテイナーと形容したくなるくらいに話術が冴《さ》える。いつもは饒舌《じょうぜつ》な秋山も、この夜は専《もっぱ》ら聞き役で大笑いをするばかりだ。

「せっかくカメラが回っているんだからさ、清田、宇宙人を殴った話してやんなよ」

職業はグラフィックデザイナーといった雰囲気の、清田の友人らしい髭面《ひげづら》の男が不意に言う。しかし清田は大仰に顔をしかめて答えない。

「今の話、もっと聞きたいな」

三脚に据えたカメラの横にしゃがみこんでいた僕は、話題を変えようとした清田に慌てて声をかける。

「駄目だよ。どう使われるかわからないしさ」

「どう使えば納得する？」

「ノーカットなら話してもいいよ」

「何分くらいの話？」

「三〇秒で終わるよ」

「オーケー。三〇秒ワンカット。約束するよ」

言いながら僕は清田にカメラを向けた。数秒の沈黙の後、「悪い。やっぱりやめよう」と清田は言う。何人かが失望の声を洩らす。

「カメラがなければいくらでも話すよ。宇宙人に会って殴ったなんて話はさ、やっぱりテレビで放送されるようなものじゃねえんだよ」

「だってさ、事実なんだろ?」

一人の声に清田がやや気色ばむ。

「事実かどうかなんてテレビには関係ないんだよ。テレビの画面で宇宙人を殴った俺の話が放送された瞬間に、俺はやっぱりいかれたイカサマ野郎になるんだよ。スプーン曲げも何もかもがインチキにされてしまうんだよ」

「聞くけどさ、本当に宇宙人に会ったの?」

僕のこの質問に、清田は唇の片端を吊《つ》り上げた。彼の性格としては何よりも嫌う疑問形だ。ファインダーの中で顔を上げた清田は、レンズをしばらく睨《にら》みつける。

「会ったよ。それは事実だよ。だけど今は絶対話さねえぞ」

「宇宙人の風当たりは超能力の比じゃないですからね」

睨みあう僕と清田とのあいだに割って入るように、秋山眞人が穏やかに言う。

「それは僕も何度も経験しています。超能力で終わらせておけばよかったのに、宇宙人の話をしてしまってすべてがぶちこわしになることって確かにあるんです」

「結局さ、何が本当なのか嘘なのかなんて、言ってる本人にしかわからないんですよ」

それまで黙って皆のやりとりを聞いていた成瀬雅春が静かに言う。カメラのレンズを僕は彼に向ける。

「……成瀬さんは三人とは長い付き合いですけど」

「ええ」

「教えてください。彼らはホンモノですか」

「……判断できないです。それは本人にしかわからない」

日本のヨガ修行の第一人者として名高い成瀬雅春は、真直ぐにレンズを見つめ返す。

「成瀬さん自身も、空中浮揚できるんですよね。あと、身体を半透明にすることもできると雑誌で読みました」

「周りからはそう見えるようですね」

「今、僕のこのカメラの前でできますか」

「できません」

「空中浮揚は？」

「できません」

たて続けの僕の詰問にも、成瀬の微笑の量は一貫して変わらない。脳内物資、分裂病、誇大妄想、虚言癖、集団ヒステリー……、これらの用語を切り貼りすれば、成瀬が起こした と喧伝《けんでん》されている現象を解読することは容易《たやす》い。スプーン曲げも宇宙人もダウジングも透視もテレポーテーションも幽霊も、すべての現象を僕らの語彙《ごい》でそう規定することで、社会は秩序を保てるし規範も安定し、僕らは安心して平穏な日々を送ることができる。

……認めてはいけない。もしかしたら僕らは、意識の底でそう思いこんでいるのではないだろうか。少なくとも僕はそうだ。認めることへの後ろめたさをどうしても払拭《ふっしょく》できない。認めることへの恐怖がある。平然と否定できた過去への未練がある。でもなぜ、認めることが怖いのか、その理由は未《いま》だにわからない。

十年近くドキュメンタリーを作ってきたが、こんな体験は初めてだ。被写体を挑発し被写体に刺激され、互いに止揚を重ねてゆく過程がドキュメンタリーなのだと僕は定義している。ならば今回は失敗だ。四年前、初めて彼らと会ってから、僕は何も獲得していないし、喪失もしていない。少なくとも僕自身の座標は、ただの一ミリも動いていない。

時刻は午前二時を過ぎていた。宴はまだ続いている。僕も三〇分くらい前から飲み始めた。飲もうぜ森さん、もう充分撮ったじゃないかと清田に何度も懇願されたこともあるが、持ってきたテープをほとんど使いきってしまったこともある。

「だからさ、みんなマスコミに文句言うくらいなら出なきゃいいじゃないか」呂律《ろれつ》が怪しくなってきた清田が言う。秋山が黙って頷く。「とにかくさ、ゴールデンは駄目だよ。駄目ってのは正確じゃねえな。あれはあれでテレビ番組としては正当なんだよ。俺なんかがケチつける筋合いはないんだよ。ただささ、超能力を正しく理解してもらおうなんてこっちが期待するから、後でがっかりするわけでさ」「でもさ、秋山さんが『笑っていいとも！』

にレギュラーで出てたのは、あたしは良かったと思うわよ」「あ、俺もそう思う」「堤さんや清田が前に出た日本テレビの番組も良かったよ」「ワンダーゾーンだろ？　あれは良かったよな」「でも否定派からはさんざん叩《たた》かれてたよな」

全員のマスコミ批判が出尽くした頃、一升瓶を抱えこんだ清田が周囲を見渡しながら、ゆっくりと言う。

「俺さ、最近、バカの三位一体の法則ってやつを考えたんだよ」

「何だそれ？　清田と秋山、堤の三位一体か？」

「そうじゃねえよ。まずは作るバカな。ここで言えば森さんだよ。次に見るバカな。視聴者というか大衆だよ。そして最後は出るバカだよ。わかるだろ、俺たちだよ。このうちひとつでも欠ければこのバカバカしい構造は破綻《はたん》するんだよ。でももう三十年近く、この構造は持続したまま、ぜったい破綻しないんだよな」

「だって出るバカはどんどん新しくなるじゃないか。Mr.・マリックだってそうだろう？」

「あれはマジックだよ」

「見る側からすれば変わらないぜ」

グラフィックデザイナーのこの一言に、それまでは上機嫌に話していた清田の形相がまた変わった。

「おまえさ、本気でそんなこと言ってるのかよ」

「だってさ、やっぱり俺たちみたいな普通の視聴者には、清田のスプーン曲げもマリックのスプーン曲げも区別はつかないよ。悪いけどそれは仕方ないよ」

「そうかなあ。僕はそれはちょっと違うと思います」

異論を唱えたのは堤の友人で、最近テレビでもよく見かける若手の美青年マジシャンだ。

「やっぱり清田さんのスプーン曲げはマジックとは根本的に違いますよ」「でも素人から見れば、確かに見た目は同じだもんなあ」「素人だけじゃなくて、半端なマジシャンもそんな言いかたしますよね」

議論が一気にあちこちから噴出した。僕はカメラを手許《てもと》に引き寄せながら、秋山と堤に視線を送る。二人は隣り合わせで胡座《あぐら》をかいたまま、全員の論争をじっと静観している。テープの残量を計算しながらファインダーを目に押し当てようとして、項《うなじ》のあたりに視線を感じた。思わず顔を上げた。清田は僕を見ていた。いつからなのか、清田はじっと僕を見つめていた。


「……UFOを見たことがあるとか宇宙人に会ったことがあるとかって話をすると、みんな困ったなあって顔するんだよ。それは信じられませんってはっきり言う奴もいるよ。だけどさ、じゃあ聞くけど、おまえら本当に、UFOを見たいと思って夜空を見続けたことがあるのかよ？　俺は見ているよ。毎晩何時間も見ていた時期があるよ。否定する奴に限って夜空を真剣に見てないんだよ。それで、あるわけないですよって笑うんだよな。だけどさ、本気にならなきゃ何も見えねえぜ。スプーン曲げも同じだよ。否定する奴に限って自分は本気で試してないんだよ。鼻唄《はなうた》歌いながら試したって曲がらないぜ。当たり前の話じゃないか。だからしっかり見てくれよ。たかがスプーン曲げだけどさ、俺とマリックさんとが同じはずがないんだよ。本当に真剣に見てくれさえすれば、そのくらいの違いには誰だって絶対気づくはずだぜ」

言葉はその場の全員への語りかけだったが、視線はずっと僕に向けられていた。夜空を真剣に見つめたことも、スプーンを手に必死で念じたことも一度もない僕は、いつのまにか清田から視線を逸《そ》らしていた。誰も言葉はない。重苦しい沈黙が数秒続いてから、堤が小声で囁《ささや》いた。

「……さっき気がついたんですけど、最近の三人には共通項があるんです」

「お、堤君遅いよ。森さんカメラ回してよ。やっと堤君が発言するよ」

嬉《うれ》しそうに清田が言う。全員がほっとしたように吐息をつく。いかにも清田らしいが、自分の発言でこの場の雰囲気がすっかり重苦しくなったことに、内心は困惑していたことがよくわかる。

「……いや、そんな、みんなが注目するような話題じゃないんです」

「謙遜《けんそん》するなよ。得だよな寡黙な人は。早く言えよ」

困ったなあ、期待されるような発言じゃないんですよと何度も言いながら、堤は観念したように周囲を見渡した。全員が息をのんで堤の言葉を待つ。

「……三人とも、太り始めましたね」

秋山が爆笑し、清田は床にひっくり返った。全員が笑った。僕も笑った。そろそろ始発の時間が近づいている。

Chapter 8
さよなら神様

「今まで僕に嘘をついたことはありますか？」

ただいまと扉を開けた秋山を、ばたばたと廊下を走りながら二歳になる一人娘が迎えに来た。玄関まで走ってきてそこでやっとカメラの存在に気づき、目を見開いてその場に硬直した。「ビックリしたねえ。そうだよねえ。初めてだもんねえ」言いながら秋山は靴も脱がずに玄関で娘を抱きあげる。廊下の奥のリビングから、「お帰り」と妻の声がする。どこにでもある、まったく標準的な家庭の風景だ。ただひとつ、父親が超能力者であることだけを別にすれば。

家族の撮影については、予想どおり簡単には承諾をもらえなかった。「うーん。女房がそういうの駄目なんですよ」秋山はまずそう言った。超能力者の妻として好奇の目に晒《さら》されることに抵抗を覚えるのだろうと僕は推測した。しかしそうではなかった。

「単純に顔を撮られるのがいやだと言うんですよ。モザイクかけてくれるならいいって言うんですけど」

「モザイクは僕は嫌いなんです」

「そうですよねえ。何だか犯罪者みたくなっちゃいますもんねえ」

「顔はできるだけ正面から撮りません。それで説得してもらえませんか」

説得は難しいかなと内心は思っていた。しかし翌日、秋山から「正面からアップで撮らないならと承諾してくれました」という電話があった。


練馬区の建売りの一戸建て。建売りとはいえ場所を考えれば、同世代のサラリーマンではなかなかできない買物だろう。広々としたリビングは、（同じ環境の家ならどこもそうだと思うが）室内用の滑り台や子供の玩具《おもちゃ》で占領されていた。妻はたった今娘が床にこぼしたばかりの牛乳を大慌てで拭《ふ》きながら、「すみません。散らかってまして。秋山がいつもお世話になっています」とカメラを持ったままの僕に頭を下げた。

二人の出会いは見合いでも恋愛でもない。しいて言えば直感婚ですねと彼女は表現した。

「本屋に行ったんですよ。別に目的の本もないので店内をぶらぶらしていたら、いきなり秋山眞人の本が目の前に飛びこんできたんですよ。とにかくその本がどうしても気になって、この著者と自分は結婚するんだろうなとそのとき思って、それで連絡をとったんです」

「要するに押しかけたわけですね？」

「そうなりますね」

　恋に落ちる瞬間なんて、たぶん第三者から見れば皆オカルトだ。超能力者の妻というのはどんな気分のものですか？　と僕は訊《たず》ねる。質問の瞬間に答えが予想できる、要するに撮影のアリバイ作りのための最低な愚問のひとつだ。

「……別に超能力者だから結婚したわけじゃないですし。普通ですよ。普通の夫だし普通の父親です」

　そう言ってから彼女は、「だけど何が普通かなんて、本当のところはわからないですよね」と小声でつぶやく。私が今見ている紫色が、他人にも同じ色に見えているかどうかはわからないですよね？　もしかしたら私にとってのピンクが他人にとって紫なのかもしれない。どんな色が見えているかなんて結局第三者には絶対わからないわけでしょう？　そんなもんですよね、人の感覚なんて。

「秋山さんは家でも超能力を発揮することはあるんですか？」

「ついこのあいだ、私がとにかく調子が悪い日があったんです。そうしたら夜帰ってきて急に、今日の昼間こんな所に行かなかったかって、その日私が出かけた街の様子や会った人を全部言い当てるんですよ。今さらだけどあのときはちょっと驚きましたね」

「調子が悪い理由もわかったんですか」

「生霊《いきりょう》が憑《つ》いていたんですよ」

リビングの床に胡座《あぐら》をかいて娘と玩具で遊んでいた秋山が、こちらに視線を向けながら陽気に言う。

「生霊?」

「よくあるんですよ。生きている人のエネルギーです。何かの拍子に憑依《ひょうい》しちゃうんですよ。死んだ人の祟《たた》りとかよく言うけど、でも実際は死霊より生霊のほうが怖い場合があるんです」

「誰の生霊ですか」

「買物に行ったとき、ちょっと変な雰囲気の人に会ったんです。初老の男性なのだけど、ずっと後ろをついてきて、気持ち悪いなあと思ったから人相もしっかり覚えていました。その人の服装とか特徴も全部言い当てられましたよ」

「理由はわからないけど、女房に尋常じゃないくらいに突き詰めた感情を持った人のようなんです。ちょっと精神的に危ない人かもしれない。その人の顔が見えたんで祓《はら》いました」

「はい?」

「祓いました」

「……それで体調は?」

妻がお茶を運んできた。テーブルの上に三つ並べて置きながら、「もちろん、すっかり直りましたよ」と当たり前のようにつぶやいた。

数ヵ月前、秋山一家は娘が生まれてから初めて、親子三人で伊豆に旅行に行った。ところが旅館での夕食のとき、初めての家族旅行という体験にすっかり興奮していた娘は、手にしたスプーンを一瞬にしてぐにゃぐにゃに曲げてしまったという。記念に持ってきたというそのスプーンを撮影したいと申し出たが、秋山の記憶ではサイドボードの上に置いたはずなのに見つからない。「おかしいな。ここじゃなかったかな?」「そういえば何かにしまったような気もするわ。でもサイドボードの後ろに落ちているかもしれないわよ」と夫妻は顔を見合わせて首をひねる。演技や誇張の気配は微塵《みじん》もない。最後にはとうとう重そうなサイドボードを動かそうとし始めた二人を、僕は慌てて、「いいですよ、どうしても撮りたいわけではないですから」と制止する。

「曲がったスプーンを見たときの奥さんの心情は?」

「うーん。やばいなって思いました」

この答えに秋山は声をあげて笑う。娘も父親の膝《ひざ》の中で、両親の笑い声に嬉《うれ》しそうにはしゃいでいる。

「まあ、発現しちゃうものは仕方ないけど、でもやっぱり親としては普通に生活して欲しいという気持ちもありますからね。絶対不幸せになると決まっているわけでもないけど、でもやっぱり夫のように余計な苦労はさせたくないですし」

二階の秋山の書斎。壁一面の本棚にびっしりと超常現象関係の古書やオカルト研究の専門書が並び、床の間には大小様々の恵比寿《えびす》様と大黒様の彫像が飾られている。娘はコレクションの説明を続ける父親の側から離れない。二人のツー・ショットを撮りながら、僕は秋山に、ずっと訊ねたかった質問を試みた。

「僕たち一般大衆がこうした現象を認めようとするときに、怯《おび》え、というか負の感情をどうしても持ってしまうという気がするんです」

「集合無意識には確かにこうした現象から目を逸《そ》らそうとする傾向がありますね」

「なぜでしょうか」

「なぜかなあ。推測ですが、遠い昔の記憶で人類は、よほど大きなトラウマを抱えてしまったのかもしれませんね」

「トラウマ？」

「ムーとかアトランティスとか、たぶん前史のそんな時代です。もしかしたらあの時代の文明が滅びてしまった背景に、何らかの超能力のようなものが関係していたのかもしれませんね」

そうつぶやく秋山の髭《ひげ》を娘が引っぱった。「痛いでしゅよ」とおどける父親の表情がよほど楽しいのか、笑い声をあげながら彼女は同じ動作をくりかえす。そんな父と娘の情景を眺めながら、僕はカメラのスイッチを静かに入れた。

「……秋山さん」

「はい？」

「今まで僕に、嘘をついたことはないですか？」

数秒の静寂があった。秋山は腕の中の娘に視線を送り、それからやっと質問の意味を理解したというように、にっこりと微笑んだ。

「はい。ついてません」

娘が笑い声をあげる。父は微笑みかける。僕はスイッチを入れたままのカメラを手に、ぼんやりと二人の前に佇《たたず》んでいた。夕餉《ゆうげ》の仕度をしているのか、階下からは香ばしい匂いが漂ってくる。


「タネはないからそれは無理です」

初冬の日差しが斜めから照りつける。木立の陰で堤はバッグに詰めてきたコスチュームに着替え始めた。真赤な生地に黄色の水玉模様。一抱えもあるボタンがゆらゆらと揺れている。着替え終えた堤は腰を下ろしてメイク箱をとりだした。眼鏡を外し、手馴《な》れた仕種《しぐさ》で顔にドーランを塗り始める。みるみるうちにその顔が極彩色の染料で埋まってゆく。仕上げに三角帽を被《かぶ》り、一五分ほどの所要時間でまさしく古典的なピエロへと変身した堤は、公園の一角に小さなマジック用の折畳式テーブルを置くと、前口上もなしにいきなりカードマジックを始めていた。観客はメイク中に近づいてきた三人の小学生だ。しかし一定の距離以上は近寄らず、半開きの口許《くちもと》で遠巻きに眺めている。

「もっと側で見ていいんだよ」

続けざまに幾つかのカードマジックを披露した堤がそう呼びかけるが、小学生たちは動かない。カードを卓に置いた堤は、足許の布袋の中から大判のビジネス手帳をとりだした。

「えーと、確か今日の予定は……」

芝居がかった調子でつぶやきながら手帳を開ける。同時に炎が手帳の中から立ち昇り、子供たちは絶叫をあげながら大喜びだ。この突然のマジックに肝を潰《つぶ》したのは至近距離でカメラを回していた僕も同様で、思わず背後に回りこむと、堤は肩越しに手帳のページを開いて見せてくれた。くり抜かれた中身は要するに特大のオイルライターだ。手帳を開きながら素早く発火装置を擦ればオイルを染みこませた布が燃え上がる仕組みになっている。

「撮影は駄目でしょう?」

「いいですよ」

「いいんですか」

「商品で売られているマジックですから」

「これ買ったんですか」

「自家製です。仕組みは単純なのに買うと結構高いんですよ。タネがわかるものはできるだけ自分で作るようにしています」

炎の効果なのか、子供たちの数が少しずつ増えてきた。間を置かずに堤は次のマジックにとりかかる。胸許に掲げた特大のトランプに布を被せて、大仰な動作で息を吹きかける。布をとればスペードのキングはジョーカーに変わっていた。クローズアップ・マジックとしては初級レベルだが、子供たちは目を丸くして歓声をあげている。

初老の男性に手を引かれ、堤の一人娘の太緒《たお》ちゃんがやってきた。人垣からは少し距離を置いて男性は孫娘を抱きかかえ、ピエロの扮装《ふんそう》に身を包んだ義理の息子を、温和な表情でじっと見つめている。

カメラを手に近づいた僕は、ニコニコと頭を下げる彼に、「一人娘の夫のこんな姿を見て、義理の父親としては複雑な気分になりませんか？」と訊《たず》ねていた。無礼極まりない挑発だとの自覚はある。撮影対象者の内側の情感を、短い時間でできるだけ剝《む》きだしにするための僕なりの手法だが、しかしだからといって、人の心を一方的に傷つけて免罪されるわけではもちろんない。弁解するわけではないが、僕なりに葛藤《かっとう》は常にある。

ドキュメンタリーを撮るという行為は人の営みと変わらない。互いに傷つけたり傷つけられたりという過程が、少しずつ映像として累積し、やがてひとつの作品に昇華する。その意味で表現行為は人を傷つけることから逃れられない。傷つけるポテンシャルのない表現などありえない。ただし後ろめたさは常にある。他者を傷つけることが宿命であるからこそ、他者の痛みに対しては誰よりも鋭敏でなければならない。

「撮りたい」という自己の衝動を最優先順位に置いたのは、他の誰でもない自分なのだ。そのエゴイスティックさから決して目を逸らさず、自らの負の部分に対しては常に自覚的でなければならない。冷汗をかき動悸《どうき》を抑えながら奥歯を食いしばり続けなくてはならない。他人の営みに撮影という形で介在することは、それほどに業の深い行為《おこない》なのだ。

「……ええ。ダウザー協会の会長ということで、たまにテレビに出たり講演をしたり。まあ、まだ若いんだから、一生懸命自分の信じることをやればね、きっといつかはどうにかなるもんだと私は思ってますから」

　しかしこのときは、彼が微笑みながらこう答えてくれるまでに一瞬の間があいて、あっというまに不安に襲われた僕は、自分の発した言葉の毒に自家中毒を起こしかけていた。結局は彼の優しさに救われた。何のことはない。覚悟などほとんどできていない。僕は資質的に脆弱《ぜいじゃく》すぎる。所詮《しょせん》はこのレベルなのだ。

　にこにこと微笑を浮かべながら義父は腕の中の太緒ちゃんに、「どうだ？　お父さんかっこいいだろう」と話しかける。女々しい困惑と葛藤を抑えこみながら、無言のままの太緒ちゃんに僕はレンズを向ける。「人見知りが激しいんですよ」と義父は笑う。

堤を囲む子供の数は、いつのまにか三十人ほどに増えていた。父親や母親たちも子供たちの後ろで笑っている。ひとつひとつのマジックが終わるたびにどよめきと拍手が湧く。子供たちは皆、堤からもらった色とりどりの風船を手にしている。芝生の上に置かれた帽子の中に、数人の子供たちが親から手渡された硬貨を投げ入れる。たぶん全部を総計しても風船代にも満たないだろう。黙々とマジックをこなす堤の表情は、分厚いピエロのメイクに隠されてわからない。


「衣装はわざわざ買ったんですか」

「このあいだ娘の保育園で父兄の謝恩会があったのでそのために買ったんです。一回きりじゃもったいないし、時々こうして使っています」

「保育園でこの姿でやったんですか」

「ええ。みんな大受けでしたよ」

三〇分ほどのショーが終わり、芝生に座りこんだ堤は、自動販売機から買った缶ジュースを美味《うま》そうに飲みほした。軽い昂揚《こうよう》の余韻なのか、受け答えがいつもよりはずいぶん軽い。

「とにかく人を喜ばせることが好きなんですよね」

「普通の人なら趣味がマジックというのは珍しくないけど、でも堤さんの場合はちょっと違うでしょう?」

「……違うというと？」

「ダウジングの第一人者ですよね？　つまり、それでなくとも世間の一部からは、トリックだとかいろいろ言われる立場でしょう？」

「そうですね。そう思っている人のほうが多いかもしれませんね」

「その立場にいる人が、こんなに無邪気にマジックに夢中になることに、率直に言っちゃえば僕はすごく違和感を持ちますよ。しかも、撮っておいて何だけど、このシーンがテレビで放送されたら、何だダウジングってのは結局マジシャンがやってるのかって言う奴はきっと出てきますよ」

「……そうかもしれないですねえ」

飲みほしたジュースの空缶を律義にビニール袋の中に入れながら、堤は少し困ったように視線を上に向ける。

「確かに、タネがあるのならダウジングも百発百中になりますね」

「そのほうがマスコミはとりあげやすいでしょうね」

「そうですね。そうなればダウザー協会も、また会員数が持ち直してくれるかもしれないですね。……でもタネはないからそれは無理ですね」

「率直に言っちゃえば、マジックについては撮影NGだと堤さんが言わないことが僕には不思議なのだけど？」

「……別にそれは。何度も言うように私自身は、マジックとダウジングはまったく別モノ涙の跡を浮かべながら、困惑したように小首を傾げ続けている。
執拗《しつよう》に同じ疑問をくりかえす僕に堤裕司は答えない。片頰にドーランで描かれた大きな
「でも世間はそうはとらないですよ。とにかく堤さんはダウザー協会の会長なのだから」
だという意識ですし」

「トリックを使った理由は？」


到着したときには既に百人ほどの群衆が集まっていた。その中央で、何人ものトレパン姿の大男たちが、交代で軽快な音をたてながら二つの臼《うす》で餅《もち》をついている。総合格闘技団体リングスが、道場から五分の距離にある多摩川土手で、毎年この時期に開催するファン感謝デーの一環の餅つき大会だ。

バンダナに革ジャン、蛇革ブーツというういつものコスチュームの清田は、一際大きな男の隣に立っていた。何人ものファンがサイン帳を手に男を囲んでいる。前田日明《まえだあきら》だ。近づく僕に清田が目線で合図を送る。サインに忙しい前田の耳許《みみもと》で、僕についての説明をしてくれているようだ。行列が一段落したのを見計らって、僕はカメラを構えながら前田に話しかける。

「清田さんとの付き合いは長いんですか」

「いつからやったかなあ。もうけっこうたつよね。今も試合前には必ず来てもらって膝《ひざ》を

診てもらっているからね」

「診るって具体的には？」

「うん。こうして」

言いながら前田は右の手のひらを目の高さに掲げる。要するにヒーリングの手つきだ。

「実際効果ありますか」

「ああ。そりゃもう、全然違うよ」

「前田さん。あんまりそういうこと言わないほうがいいよ」

「何で？　何か都合悪いんか」

「いろいろ言う人いるからさ。どっかの教授とか」

「一回張り倒してやろうか」

「清田さんと知り合ったきっかけは何ですか」

「何やったかなあ？　確か何かのパーティだったよな。あの、サラダをとりわけるでかいスプーンあるでしょう？　あれを目の前であっさりと曲げられてね。いやもう、見る前はイカサマちゃうかとか思ってたけど、実際に目の前で見たら何も言えないよ。こりゃかなわん、申し訳ありません参りましたって感じだよね」

振舞われた汁粉を二人で食べた後、僕と清田は柔らかい冬の日差しが照りつける土手をぶらぶらと散策する。格闘技マニアの清田は、リングス以外にもパンクラスや新日本プロレスなど複数の団体に友人は多い。秋山眞人も柔道や合気道は黒帯だし実妹は空手の師範代だ。堤裕司も中学高校時代は柔道部のキャプテンだった。三人が三人とも格闘技にこれほどの興味を示すのは、どんな理由と必然があるのだろう？

「偶然だよ。悪いけど」

僕の質問に少し考えてから、清田はあっさりとそう答える。

「何かの因果関係があるようだと言えばそれらしいんだろうけどさ、何でもかんでもそうやって結びつけるのも否定するのも、レベルとしては同じだろう？　まあ、三人とも苛《いじ》められっ子だったという共通項はあるかもな。だけどそれだって超能力とは関係ないんじゃないかな」

土手の上の細い通路で乳母車を押す若い夫婦と擦れ違った。振り返った父親が、躊躇《ためら》いがちに声をかけてきた。

「あのー、すいません。写真いいですか？」

どうやらレスラーたちを撮りに来たらしい父親の求めに応じて、清田は三人と一緒にカメラに収まる。シャッターは僕が押した。礼を言う父親にカメラを返しながら、彼が誰だか知ってるんですか？　と訊《たず》ねれば、少し狼狽《うろた》えながら「ええ。あの、スプーン曲げる、エスパーの方ですよね」との答えが返ってきた。

「まだマシなほうだよ」

遠ざかる一家の後ろ姿を眺めながら清田が言う。

「ひどいときには遠くから指差して、あのほらスプーン曲げる奴！　だもんな。エスパーってのもちょっと困るけどさ」

「エスパーって呼ばれるのはいやなの？」

「何かさあアニメみたいじゃん。昔あったよな。光速エスパーとか何とか」

「どう呼ばれたら嬉《うれ》しいのかな？」

「一時はサイキック・アーチストとか名刺に刷ってたけどなあ」

「それは恥ずかしい」

「うん。だからすぐやめた」

頷《うなず》きながら清田は、ポケットから最近作り直したばかりだという名刺をとりだす。肩書きには「超能力者」とだけ刷りこまれている。

「まあ、こんなもんだろう」

いつのまにか太陽は雲に隠れていた。肌を刺すような寒風が容赦なく吹きつけてきて、鼻を赤くしながら清田は寒そうに肩をすぼめる。茶色にブリーチされた髪が風に揺れている。カメラを構えスイッチを入れながら、聞くのは今だと僕は思う。

「フジテレビの話、聞かせてくれるかな」

「フジテレビ？」

「トリックを隠し撮りされた話」

「……そのしつこさは友人としてはぜったい歓迎したくねえよな」

「カメラを止めれば友人に戻るよ」

「要するにフジテレビのスペシャル番組で、トリックを使った瞬間を隠し撮りされて放送されたという、まあそれだけの話だよ」

「トリックを使った理由は？」

「……それを今さら言っても言訳にしか聞こえないからな」

「それは僕が判断するよ」

雲の切れ目から弱々しい陽光が差してきた。清田は目を細めながら空を仰ぐ。ファインダーを覗《のぞ》きながら、テープの残量が少ないことを知らせる液晶のディスプレイに僕は気がついた。失敗だ。今ここでテープを換えるために撮影を中断すれば、清田は間違いなく「もうやめようぜ」と続行を拒絶するだろう。そうなったら機会はおそらく二度と訪れない。

「それともいつもトリックを使っているのかな？」

清田は無言で視線を空から僕に戻す。開きかけた口許《くちもと》が、その言いかたはねえだろうと訴えている。早く答えろ。残量はあと四分。

「……あの頃は、第二次だか三次だかのスプーン曲げブームとか言われて、とにかくメディアから取材の依頼が殺到していた頃なんだ」

「うん」

「だけど、実は俺、その頃はちょっとしたスランプだったんだよ。メディアに出すぎたせいだと思うんだけどさ、とにかく曲がるまでにすごく時間がかかるんだよな。フジテレビの収録は、確か新宿のホテルを一週間ぐらい何部屋か借りきった本格的なやつで、だけど調子が悪くて最初はなかなか曲がらなかったんだよ。……そこで言われたんだよな」

「何て?」

「……やっぱりこの話はやめようぜ」

「なぜ?」

「愚痴にしか聞こえないからさ」

「ここでやめたらそうなるね」

「……じゃあこうしよう。これを放送するのならフジテレビ側というか、そのときの関係者にもきちんと取材してくれよ。俺が一方的に言ってるだけじゃなくてさ」

「使うならね。わかった。約束する。で、何て言われたの?」

「……このまま曲がらなかったら、おまえは番組の制作費を弁償できるのかって言われたんだよ」

数秒絶句してから僕は、番組制作者がそんな不用心で劇画調の発言をするとはちょっと思えないと反論した。それに対して清田は、突きつけられた二千三百万円という具体的な金額と、番組プロデューサーと放送作家の二人の実名をあげた。

「だから二人に聞いてくれよ。まさか忘れたとは言わないだろう。二千三百万という数字を口にしたのは放送作家のほうだよ。テレビの業界では有名人なんだろ？」

「名前は知っているよ」

僕は頷く。今も家族向けの大型スペシャル番組などでは、構成という肩書きでよく名前がクレジットされている大御所だ。

「……もしかしたら二千四百万円だったかな。とにかくその前後だよ。やっぱり大人にそう脅されたら、本当に弁償しなくちゃいけないのだろうかって内心は焦ってさ」

当時の清田はたぶん大学生のはずだ。もし本当にそんな恫喝《どうかつ》まがいのことがあったのなら、震えあがるのもある意味で当然だろう。木枯らしが肌を刺す。ここは寒いから下に行こうぜとつぶやいた清田は、いきなり土手の下に駆け降りた。テープの残りは二分弱。舌打ちしながら僕も後に続く。

「……でもさ、やっぱりこれは言訳なんだよ。結局のところ俺がそういう不正行為をしたことは事実なんだから、やっぱり今頃になってこんなこと言うべきじゃないんだよな。とにかくいちばん我儘《わがまま》で勘違いしていた頃だからさ、スタッフからも恨まれていたと思うんだよ。俺だってあの頃の自分にもし今会っていたら三分でぶん殴ってると思うよ。やっぱりどう考えても悪いのは俺なんだよ」

「最後に聞くよ」

「うん」

「それ以降はトリックは使っていない？」

「当たり前だろ。誓ってもいいぜ」

同時にテープが終わった。誓うって俺はいったい何に誓うのかなと、清田が独り言のようにつぶやきながら笑っている。未消化な気分のまま、僕はカメラを止めた。ああそうそう忘れるところだったと言いながら、清田が革ジャンのポケットに手を突っこむ。

「これ、森さんにあげるよ。本当はCDを聴いて欲しいのだけど、俺の手許にもほとんど残ってないから、これで我慢して欲しいんだけどさ」

渡されたのは一本のカセットテープだ。十年前、清田がロックバンドを結成したときに発売したデビューCDをコピーしたテープだという。アルバムタイトルは「さよなら神様」。作詞はすべて清田自身が担当し、何曲かは作曲も手がけている。バンドはこれ一枚で解散した。売れたのかな？　という僕の質問に、清田は洟《はな》をすすりながらけろりと答えた。

「まったく売れないよ。ここまで売れないかと思うくらい売れなかったな」

家に帰ってから僕はテープを聴いた。実は期待していなかった。超能力者がロックを歌うという着眼だけの面白さを前面に出した、いわゆる企画モノを想定していた。そして驚いた。悪くない。いや、率直に言ってかなりの水準だ。曲はもちろん、清田のボーカルも予想を遥《はる》かに上回っていた。
　CDそのものは、まさしく清田本人が自称する「我儘で勘違いしていた頃」に作った代物だ。鼻につく部分は歌詞の随所に確かにある。しかしメディアに利用され、世間を欺こうとして墓穴を掘り、孤立無援を体験した彼の半生を思い浮かべながら聴けば、これはこれでなかなか味わい深い。

「さよなら神様」

奇跡が起こることを信じて祈る日々は
影のようにいつのまにか消え去っていく
跡形もなく

時がさらったあの頃俺は
瞳を空のように輝かせて
疑うことを涙で流してた
大人になって涙は枯れ果てた

さよなら神様さよなら神様
俺は自分に　今から頼ってみる
さよなら神様さよなら神様
俺は自分に　今から祈ってみる

信じる力を失ったとき
夢と現実　溝ができる
頼る奴が何者なのか
わかりはじめたこの時だから

さよなら神様さよなら神様
俺は自分に　今から頼ってみる
さよなら神様さよなら神様
俺は自分に　今から祈ってみる

頼る奴が何者なのか
わかりはじめたこの時だから

さよなら神様さよなら神様
俺は自分に　今から頼ってみる
さよなら神様さよなら神様
俺は自分に　今から祈ってみる

Chapter 9
額に張りついた一円玉

「危険です」


オフィスの自分の机で、秋山眞人は先刻から分厚い企画書に視線を落とし続けている。テーマパーク建造を計画している地方のディベロッパーが、昨日送ってきたものだという。

「もうプランはほぼできあがっているんですがね、風水や占星術の見地からこの計画を検討して欲しいという依頼なんですよ」

「こういうオファーは多いんですか？」

「さすがにバブルの頃に比べれば減りましたけどね、でもこの手のプロジェクトには、実はいろんな形で僕らのような超能力者に仕事の依頼があるんです。まあ表にクレジットされることはほとんどないですけど」

「オカルトに傾倒する企業といえば、京セラの名前はよく耳にしますね」

「企業というよりもあそこは稲盛《いなもり》さんですよね。でも彼に限らず、大企業のトップに、いわゆるオカルト好きが多いことは事実ですよ」

「ソニーの井深さんは有名ですよね。他には本田宗一郎や松下幸之助《まつしたこうのすけ》あたりがビッグ・スリーかなあ。でも彼らに限らずトップ経営者はほとんど、超能力に関心を持ってますよ」

「具体的には？」

「財界だけじゃないですよね」

「政界にも多いですよ。鳩山由紀夫《はとやまゆきお》は九三年頃に、国会議員を集めて気の研究会というグループを主宰してました」

「あの鳩山さんが？」

「ええ。メンバーには中山太郎や与謝野馨《よさのかおる》、新井将敬《あらいしょうけい》など大物議員もたくさんいましたよ。まあ政治家の場合はいろいろ事情や思惑があって参加する場合もあるでしょうけど」

「鳩山さん本人は？」

「奥さんがそうとう熱心らしいと聞いています。だいたい民主党のテーゼの『友愛』だって見方を変えれば大笑いでしょう？」

「友愛が？　どうして？」

「フリーメーソンですよ。彼らの憲章に真先に出てくる言葉です」

「鳩山由紀夫はフリーメーソンなんですか」

「お祖父《じい》さんは間違いなくそうです。でも、フリーメーソンって言ってもそんな謀略めいた組織じゃないんです。実態はライオンズクラブみたいなもんですから」

微笑みながら秋山は、財布から取りだした一枚のカードをちらりと僕に見せる。

「何ですか」

「会員カードです。僕もフリーメーソンですから」

言葉を失い黙りこんだ僕に秋山は、タバコの煙を吐きだしながらしみじみとつぶやいた。

「彼らは結局孤独なんですよね」

「彼らって？」

「いわゆるトップです。どんな分野でも昇りつめると、自分に指示してくれる人がいなくなりますからね。何かに縋《すが》りたくなるのが人情なんですよ。政財界と超能力者との結びつきは、実は表に出ないだけでいろいろあります。一九九四年にグアムで変死した占い師の藤田小女姫《ふじたことめ》なんかいい例ですよね」

ああそういえばと僕は頷《うなず》く。確かに変死が報道されたときには、一部の保守派政治家たちとの関係性を云々《うんぬん》した記事を目にした記憶がある。野田醤油《しょうゆ》がキッコーマンに、産経新聞がサンケイに名称を変えたときも、彼女の宣託が背景にあったと、政治ジャーナリストの大御所がオフレコで語っていたことも事実らしい。結局は顔見知りの日本人が容疑者として逮捕されたが、事件の概要も含め、中途半端な捜査と腰砕けの報道だったような印象が強い。

「突っこむといろいろ出てきますからね。メディアもあまり気軽に触れられない話題なんですよ」

「出てくるって何が出てくるんですか？　秋山さんは知っているんですか」

「立場上いろいろ耳にします。聞かないほうがいいです」

「というと？」

「危険です」

真顔だった。時おり秋山はこんな持って回った言いかたをする。どこまでが虚でどこまでが実なのかが判然としなくなる。しかし聞きながらそう煩悶《はんもん》するのは僕だけで、秋山にとってはすべてが実なのだ。彼が見ている紫色が僕にとっても紫なのかどうか、僕にはわからない。きっとこの先も永遠にわからない。

「秋山さん。頼みがあるんです」

「はい」

「今、ここで一円玉やってもらえますか」

「今ですか」

「無理にとは言いません」

「いや、いいですよ。やってみます。一円玉貸してもらえますか」

僕の財布には三枚の、そして秋山の財布には二枚の一円玉があった。合計五枚の一円玉を積み重ね、左の手のひらの上に置いて右手の人差し指を秋山はその上に置く。その姿勢のままじっとしばらく動かない指先を僕は目を凝らして見つめる。仮に僕が見逃したとしても、僕のすぐ後ろで業務用カメラは定位置のまま回り続けている。手先に妙な動きがあれば見逃すことはない。

やがて秋山は深々と息をつき、椅子の上で突然上体を後ろに反らせ、水平になった額の上に五枚の一円玉を重ねて置き、ゆっくりと上体を起こし始める。ほぼ45度の角度になったとき、三枚の一円玉が額から滑り落ちた。さらに60度ほどの角度になったとき、もう一枚の一円玉が滑り落ちた。「……まだ残ってますか？」同じ姿勢のまま秋山が訊《たず》ねる。「駄目です。一枚しか残っていません」僕の答えに秋山は「駄目かなあ」とつぶやきながら身体を起こす。

一円玉のパフォーマンスを僕が打診したのはこれで二度めになる。青山の喫茶店で秋山は、四枚の一円玉を額に付着させながら、何事もないかのような表情でコーヒーを飲んでいた。あのときも今は無理ですとは秋山は言わなかった。僕に対しての秋山はいつもこうだ。拒絶ということを決してしない。たぶん誰に対しても同様なのだろう。

二回めも結果は同じだった。三回めは三枚だけ貼りついていたが、秋山がほとんど垂直に上体を起こしかけたその瞬間に、一枚を残して無情に床に転がり落ちた。

「秋山さん、調子が悪いのなら今度にしましょう」

たまりかねて言う僕に、「いや、できると思います。もう一回だけやらせてください」と答えた秋山は、五枚の一円玉を机の上に並べ、「ちょっと一服します」とつぶやいてからタバコに火をつけた。

「さっきまで企画書読んでたから感受モードなんです。それがうまく念力系に切り替わらないんです。こういうときはタバコや酒とか、要するに身体に良くない刺激性の高いものがいい作用を及ぼすことがあるんです。清ちゃんなんかまさしく典型ですよね。タバコは吸わないけど、大酒飲みで鳥の唐揚が大好物でしょう?」

「鳥の唐揚がPK系にはいいんですか」

「肉食なんですよ。とにかく世界は俺のものだと思うくらいが、念力を操るPK系にはいちばんいい。テレパシーや予知などの能力を持つESP系にはベジタリアンが多い。騒がしいロックが好きなのがPK系。クラシックやヒーリングミュージックを好むのがESP系」

　タバコを吹かしながらの秋山のこの説明には説得力があった。何人もの超能力者に会ってきたが、確かにこの特性は不思議なくらいに符合する。もちろん後づけの可能性は否定できないが。

「嗜好《しこう》と能力との関係は、僕も一度ちゃんと研究したいと思ってるんです。例えば、僕たちにとっての天敵は玉ネギなんですよ」

　他にも長ネギやニンニクなど、なぜかネギ系の野菜と僕らとは相性が悪いんですと秋山眞人は説明した。相槌《あいづち》を打ちながら、以前禅宗の寺を取材したとき、玉ネギとニンニクは肉と同様に食べてはいけない食材なのだと修行僧たちに説明されたことを僕は思いだしていた。

「きっと何か理由があるんでしょうね。西洋でもニンニクはご存知のように魔除《まよ》けですからね。それとね、左目が悪いということも大きな特徴です」

「秋山さんもそうなんですか」

「ええ。右目は〇・八だけど、左目は極端に悪くて〇・一ないんです。宜保愛子《ぎぼあいこ》さんもそうですよね。彼女の左目はほとんど視力がなかったんじゃないかな。麻原《あさはら》もそうです。他にも大勢います。皆不思議と左目が悪いんです」

「左目は要するに右脳ですよね？」

「そうですね。右脳が活性化することと能力が顕在化することとの因果関係は何かあるんじゃないかな。いずれにせよ、恐山《おそれざん》のイタコとかもそうだけど、シャーマン的な能力を獲得するためには何か身体的な欠落があったほうが有利に働くことは間違いないです」

最後に深々とタバコの煙を吐きだしてから、秋山は吸殻を灰皿に押しつける。「超能力と人格は別モノですから」。秋山がよく苦笑しながら口にする言葉だが、そのスタンスや活動が反社会的と認定された瞬間に、メディアや世間が「インチキ超能力者」と一斉に声を揃える傾向があることは、麻原彰晃《しょうこう》を例にだすまでもなく確かに事実だろう。

後日談になるが、この撮影の二年後にミイラ教祖としてマスコミで話題になって逮捕されたライフスペースの高橋弘二《たかはしこうじ》なる人物も、左目は全盲だったと報道されている。だからといってミイラは実際に生きていたのではと短絡する気はもちろんない。麻原が空中浮揚できるのだと主張する気ももちろんない。あくまでも偶然の領域だ。しかし事件や彼らの人格はともかくとして、不気味な符合であることもまた確かだろう。

「そろそろやってみます。カメラ回してください」

一円玉を手に秋山は再び同じ手順をくりかえす。結果は同様だった。秋山の上体がほとんど垂直になりかけたとき、最後まで貼りついていた二枚が今度は一塊となって、ぽろりと床に落下した。

「秋山さん、機会はまた作りますから、コンディションが良くないのなら無理をする必要はないですよ」

「もう一回だけやってみます」

始めてから既に小一時間は経過している。今日の撮影をほとんどあきらめかけていた僕は、ここまで意地を張り続ける秋山が不思議だった。率直に言えば多少苛《いら》ついていた。この撮影のために今日はわざわざENG（業務用カメラクルー）を発注したのだ。深夜のドキュメンタリーの予算にこの出費は痛い。一円玉が無理なら、他に撮っておきたい要素は幾らでもあるのだ。中継や生放送をしているわけではない。「今日は調子が悪いようです」との一言ですむ話なのに、なぜここまで意地を張り続けるのだろう？

秘書の森脇を呼んだ秋山は、彼の財布から三枚の一円玉を供出させた。「調子が悪いときにはこうして逆境に自分を追いこむんですよ」再び仰向けになって、合計八枚の一円玉を額の上にそっと置いて、秋山はゆっくりと上体を起こす。三枚の一円玉はすぐに滑り落ちた。しかし今回は、残りの五枚はぴたりと貼りついたまま動かない。60度くらいに上体を起こしてから、秋山は「まだついていますか？」と視線だけを僕に向けながら小声で聞く。「ついてますよ」と僕も囁《ささや》き返す。少しずつ秋山は上体を起こす。さらに二枚が滑り落ちたが、ほとんど垂直となったその額に、三枚の一円玉は依然としてぴたりと貼りついている。

しかし僕の肩越しにカメラレンズがぐいと近づいたとき、三枚はぽろぽろと落下した。よほど悔しかったのか秋山が、「ありゃあ」と彼にしては珍しい素頓狂《すっとんきょう》な声をあげ、無念そうに息をついた。

「秋山さん、充分です」

一円玉を再び拾い上げようと身を屈めた秋山に、僕は慌ててそう言った。また最初から始められてはたまらないという思いがあったことは事実だが、ほんの数秒とはいえ三枚の一円玉がぴたりと額に貼りついていたことに、僕は充分に満足していた。カメラは至近距離で回っていた。気になるような手つきも一切ない。一瞬の光景ではあったけれど、秋山が見る紫を同じ紫として、僕も視認できたのだと実感した。

「自然現象の可能性もあると思うんです」

昼下がりの公園では、数人の子供たちがサッカーボールを蹴《け》りながら歓声をあげていた。そのすぐ横の広場で、堤裕司は両手に持った紐《ひも》を使って、プラスティックの輪を高々と宙に舞わせる大道芸の練習に熱中していた。足許《あしもと》には色とりどりのプラスティックのボールや様々な器具が置かれている。マジックショーの客寄せとして最近始めた大道芸のはずだが、どうやら凝り性の堤はいつのまにか、この新しいジャンルにすっかり夢中になってしまったようだ。

黙々と練習を続ける堤を遠巻きに眺める小学生たちに、「このおじさん誰だか知ってる?」と訊ねてみる。「遊び人」「プータロー」「変質者」などの単語が口々に返ってきて堤は苦笑する。一度ここで警察の職務質問を受けたことがありますよ。平日の昼間から怪しい奴だってことなんでしょうけど。

「このおじさんはね、日本一のダウザーなんだよ」

ダウザーという言葉に補足の説明が必要だろうなと思いながらそう教えると、「ああダウジングか。じゃあエスパーだね」という反応が子供たちから即座に返ってきた。

「ダウジング知ってるの?」

「知ってるよ。ユンゲラーだろ」

「何だユンゲラーって?」

きょとんとする僕に、「ポケモンのキャラクターにダウジングを使うエスパーがいるらしいんですよ。その名前です」と堤が説明する。

「ユンゲラーっていうんですか」

「ユリ・ゲラーからきてるらしいです」

「思わぬところからダウジングの認知が高まりますね」

そうですねえ、こんなことでも起爆剤になってくれればいいですけどねえと、相変わらずの抑揚が薄い口調で堤はつぶやいた。いつのまにかダウジングブームはすっかり下火になっていた。ピーク時には三百人以上いたダウザー協会の会員も減少する一方で、今では百人にも満たないらしい。ゴーストハンターズのチームもとっくに解散していた。


「ポケモンの世界では、ダウジングは超能力と認知されているということですね？」

「そのようですね。森さんユンゲラー見たことありますか？　両手にスプーン持っているんですよ」

「特技がダウジングとスプーン曲げじゃ連戦連敗だろうな」

僕の言葉を聞きつけた小学生が、ユンゲラーはかなり強いんだよとその闘いかたの説明を始める。ボールを手にした太緒ちゃんがおずおずと近づいてきて、父親の袖《そで》に指を絡ませながら、黙って話を聞いている。

「太緒ちゃんはダウジングできますか」

「このあいだ自転車の鍵《かぎ》をなくしたと泣いているので振り子を教えたんです。部屋の座布団の上で揺れかたが変わるので座布団を剝《は》いだら出てきましたよ」

今ここでダウジングやってもらえますか？　と僕は言った。カメラは背後で回っている。

ここでですか？　と少々たじろぐ堤に「ああそうか。振り子を持ってきてないんですね」

と撤回しかければ、「いや。いつも持っていますけど……」と堤はジャケットのポケットから愛用の振り子をとりだした。

ルールはその場で決めた。十円玉を僕が右手か左手のどちらかに持ち、それを当ててもらうというシンプルなルールだ。黙って頷《うなず》く堤の表情が浮かない理由はわかっている。ダウジングは切迫感が何より重要だと常々堤は言っている。

「自分自身の経験で言えば、これが外れたら本当に困ってしまうという状況なら100%に近い正解率です。それは体験上確実です」

言い換えれば、いわゆる当てものなどのゲームの類《たぐ》いは的中率が大幅に減少する。テレビの特番などの出演に、堤がどうしても消極的になってしまう理由のひとつでもある。

「でも、例えばテレビの生放送なんかを想定すれば、日本中がリアルタイムに見ているわけだから切迫感はあるでしょう?」

「でもそれは本当の切迫感じゃないですよ。依頼があった段階で自分が承諾しているわけだから」

予知や透視ができるのなら、ギャンブルで一攫千金《いっかくせんきん》を狙えばいい。ところが予知や透視で大金を稼いだという超能力者の話はほとんど聞かない。だから超能力など存在しないのだ。

否定派の科学者たちがテレビや著作でよく力説する三段論法だ。別に科学者に限らない。超能力に対して半信半疑のスタンスを持つ人は、ほとんどがこの疑問にまず着眼する。僕自身も四年前、秋山眞人にこの矛盾について訊《たず》ねている。

「よく言われます。でも本当にギャンブルは駄目ですね。自分の欲得や打算が絡むと、どこかに制御する力が働いてしまうんです。まあ、これを当てないと一家離散とかそんな局面になったら当たるでしょうけど」

潜在意識は絶対に騙《だま》せない。ビジネスや実験と超能力との共存の難しさはここにある。

「株価の予知や人の捜索などの依頼があったときには、報酬を前もって決めないようにしています」と秋山も言っていた。

「だからビジネスとしてはほとんど成り立ちません。額を決めなくても、やっぱり当たれば報酬を獲得できるという意識は払拭《ふっしょく》できないし、その意味ではどうしても的中率は下がります」

前方に突きだした僕の二つの握り拳《こぶし》の上に振り子を下ろし、右と左の揺れを数秒で確認した堤は、気負う様子や逡巡《しゅんじゅん》する気配はまったく見せず、あっさりと僕の右手を指差した。

「早いですね」

右手を開いて十円玉を堤に見せながら、僕は言う。

「技術ですから」

無表情にそう答えた堤は、森さん、左手も開いてくださいと静かに言う。意味がわからずに僕は空の左手を開く。静かに頷きながら堤は、僕の背後のカメラのレンズにちらりと視線を送る。両手に十円玉を握っていなかったことをカメラに確認させるための指示だったのだと、やっとそのときになって僕は気づいていた。

二回めも右手に十円玉を握りしめた。的中。三回めは左手にした。的中。四回めは自分なりに意表をついたつもりで、左手に十円玉を握りしめる。堤はやはり躊躇《ためら》う様子もなく左手を指差した。これが最後です。当たればパーフェクトですねと言いながら、五回めは右手に十円玉を握りしめた。外れましたと言いながら僕は両手を開く。空っぽの左手に堤は無言で頷く。

結果としては五回試して四回の的中だ。「すごい成績だと思うのだけど?」とはしゃぐ僕に、「統計をとるのならもっと数を重ねないと意味がないですよ。これではまだ偶然の領域です」と堤の表情は変わらない。

「このあいだ秋山さんにも、カメラの前で一円玉やってもらったんです」

「一円玉は私も何度か見ていますけど……」

意味ありげに途切れた語尾に、「あれはトリックはないですよね?」と僕は思わず念を押すが、堤はうーんと小さく唸《うな》ってからしばらく黙りこんだ。

「……トリックというか、自然現象の可能性もあると私は思うんですよ」

「一枚なら額の汗や脂で貼りつくということも確かにあると思うけど、でも秋山さんは四枚つけましたよ」

「額につける前に、念を送るということで手の中でしばらく重ねて抑えますよね。一円玉というところがミソなんだけどアルミですよね。軟らかいんです。強く抑えつけることで、表面のでこぼこが微《かす》かに変形してくっつく可能性はあると思います。もちろんあくまでも可能性です。超能力じゃないという証明にはなりません。でも、その意味では、否定派に対してはかなり隙だらけのパフォーマンスであることは事実です」

超能力現象否定派の学者というスタンスでは、大槻義彦と双璧《そうへき》をなす存在が立命館大学教授の工学博士、安斎育郎《あんざいいくろう》だ。一九九〇年十一月に出版された「『超能力』を科学する」（かもがわブックレット・かもがわ出版）は、巷《ちまた》で噂される様々な超能力や霊現象を、安斎がひとつずつ科学的な視点から解明を試みるという六三頁の小冊子だ。

ダウジングについては、「事情に通じた実行者の心の中の潜在的予期意向（こう動いて欲しいという潜在意識─引用者注）が棒や振り子の動きを無意識のうちに誘発するもので、その原理において『こっくりさん』占いとまったく同じです」と記述されている。さらに鉱脈や水脈占いについては、「事情に明るいベテランなら、周辺地域の地質に関する知識や地表面の様子などをふまえた科学的推論によって、大体の検討《ママ》をつけることができるにも、これは要するに潜在意識や予期意向のレベルではなく、あくまでも作為的に詐術を使っているのだというニュアンスで断定している。「こっくりさん」については、一時流布された動物などの低級霊の仕業なのだとする説にはさすがに僕も同意できないし、そんな思いこみが（狐憑《つ》きと同様に）悪影響を及ぼすことがあることは事実だろう（実際に一九八九年には福岡の中学校で、こっくりさんをやりすぎた生徒十二人が授業中に放心状態となり授業打ち切りになって、マスコミが大騒ぎした事件がある）。

複数の人間が指を置いた十円玉が動く理由は、十九世紀半ばにイギリスのマイケル・ファラデーが「タイムズ」誌上で、そして明治二十年には井上円了《いのうええんりょう》が「妖怪《ようかい》玄談」という著書で、参加者の「予期意向」が、自らはその運動を自発的だと知覚しない「不覚筋動」を生じて動かしているのだと説明している。理論的にはもう百年以上も前に解明されているわけだ。

彼らの説を引用しながらの「こっくりさん」についての安斎の記述は、確かにある程度は「科学的」で尚且《なおか》つ「客観的」だが、ダウジングも「その原理においては『こっくりさん』占いとまったく同じです」といきなり理由を省いて結論づけるその論旨は、あまりにも唐突すぎるという印象を否めない。

他にも、二十世紀初頭のデンマークで、複雑な問題に答えることができる「超能力馬」

として話題になった馬ハンスは、実は質問者の顔色や頭の動きで正解を察知して床を前脚で打っていたにすぎないとか、今どき遊園地の動物ショーでもやらないようなそんな動物芸のエピソードを超能力否定のための傍証として使ったり、このなりふりかまわない論旨の短絡には、まるでその根底に執拗《しつよう》な憎悪が介在しているような感覚に囚《とら》われて、僕はどうしても違和感を払拭できない。

極めつけは、明治四十三年十一月に行われた御船千鶴子の透視実験についての記述だ。福来友吉博士が二つのサイコロをタバコ箱に入れ、数回振ってから御船に透視をさせたというこの実験の結果と、安斎の科学的分析を以下に原文のまま引用する。

回数	千鶴子の透視	真の目	所要時間
①	1と3	4と5	3分05秒
②	3と5	5と5	3分44秒
③	2と5	2と5	1分38秒
④	2と5	2と5	1分59秒
⑤	2と1	2と1	1分51秒

奇妙なことに五が五回も出ているのに、三と六は一回も出ていないなど、サイコロの目が著しく不平等な出方をしています。どうも、二つのサイコロがぶつかりあって邪魔

したりする効果も重なって、前の目がそのまま出る傾向が強いようです。（中略）千鶴子は、二回目と四回目には、前の回に出た目をそのまま次回の透視結果として言っています。残りの二回についても、二つのうちの一方は、前回の結果と同じ数を言っています。偶然にしては出来過ぎですから、意識的にそうしたとしか考えられません。実験装置の性格を考えると、ちょっと注意深い人なら、それなりの正確さで推定できたように思われます。／明治四四年一月一七日、報知新聞は千鶴子を「大詐欺師」と断じました。その日の午後、御船千鶴子は、二五歳の若さで服毒自殺しました。御船家には、門前列なす患者の治療で蓄積した二〇万円もの大金が遺されたということです。（31頁）

「二つのサイコロがぶつかりあって（中略）前の目がそのまま出る傾向が強いようです」という安斎の仮説が、まずはよくわからない。「千鶴子は、二回目と四回目には、前の回に出た目をそのまま次回の透視結果として言っています」と安斎は書くが、表記されている結果の一覧と見比べれば、これは明らかにケアレスな誤りだろう（結果一覧のほうの誤植の可能性もある。しかしいずれにしても、僕が入手したこの書籍は一九九一年十二月発行の七刷である。これほど明らかな間違いが、増刷を六回も重ねながら訂正されなかったということも奇妙だ）。

結果一覧を見るかぎり、五回の実験のうち後半の三回はまさしく的中している。この現象を「ちょっと注意深い人なら、それなりの正確さで推定できたように思います」といきなり結論づけられても困惑するばかりだ。要するにシャッフルが充分になされず、同じ目が続けて出る可能性が高いことに気づいた千鶴子が、同じ目を言い続けたという意味だろうと思うが、五回めの出目の的中だけを見ても、この論理の飛躍には無理がある。最後の「蓄積した二〇万円もの大金が遺された」との記述も含めて、超能力者や霊現象を唱える人への憎さが余って筆が走りすぎているという印象を僕は率直に持つ。

さらに、一貫して子供たちへの悪影響を懸念してやまない安斎は、次のような例をあげている。「小学生に尊敬する人物を聞いたところ『カーネル・サンダース』と答えたが、（中略）小学生がこうした人物の生きざまに共鳴し、尊敬しているという事態は、はたして尋常なのでしょうか」「最近、ボールが顔の方向に飛んできても避《よ》けないで顔に当ててしまう子供が少なくないといいます。テレビでは、ボールが画面の方向に飛んできても決して飛び出してこないので、安全だと思っているのだそうです。テレビの影響は、なかなか侮れないようです」

……細かい言及はしない。とにかくこのレベルだ。もちろんメディア批判や子供の心理など彼の専門外なのだから、この考察の稚拙さをあげつらうことはフェアではないと思う。しかし、肝心の「超能力を科学的に検証する」という文脈までがこのレベルではどうしようもない。

誤解しないで欲しいが、あるとかないとか、否定派とか肯定派とか、そんなレベルで異議申し立てをする気はない。僕はただフェアじゃないと言いたいだけだ。そしてこの偏向した文脈が否定派の口から発せられた瞬間に、（いかに大学教授の発言とはいえ）科学的な正論として世間に盲目的に支持されることに奇妙な違和感を持っただけだ。

大槻や安斎などの否定派を、そのスタンスゆえに批判する気は僕にはない。さらさらない。しかし否定したいがためにムキになるこの詐術と論旨の短絡は、はっきり言って醜悪だし啞然《あぜん》とする。彼ら否定派の稚拙さや安直さを嘲笑《ちょうしょう》するために長々と安斎の著述を引用してきたわけではない。僕がどうしても気になるのは、彼らが共通して持つこの強引さだ。たぶんそれぞれの専門分野では、真摯《しんし》に、冷静に研究を重ねているのだと思う。そんな研究者たちがなぜ超能力というジャンルにコミットする瞬間に、ここまでヒステリックに我を忘れてしまうのか、その意識メカニズムが僕にはとにかく不思議なのだ。

商売だからじゃないかと言う人は僕の周囲に何人かいる。曖昧《あいまい》には頷《うなず》けるが膝《ひざ》は打てない。それだけじゃないという直感はある。超能力の実践者たちが、その能力のプレゼンテーションにどうしても負い目を持ってしまうこと、否定派たちがここまでムキになって声を張りあげること、この二つの現象が、「何か」の表裏なんじゃないかという直感がある。根拠はない。「何か」の輪郭すら僕には未《いま》だに摑《つか》めない。でも「何か」だ。愚鈍すぎて話にならないのはおまえじゃないかと我ながら思うが、この感覚を拭《ぬぐ》い去ることが、僕にはどうしてもできないのだ。

Chapter 10
どうしてみんな隠すんだ？

「カメラ、止めてくれるかな？」

電極を繋《つな》いだヘアバンドを頭に装着され、スタッフがキッチンから持ってきた三本のスプーンを手にした清田益章は、しばらくの沈黙の後にぼそりとつぶやいた。

「あのさあ」

「うん？」

「森さん一人じゃなくてENGで来たということは、やっぱり今日、このカメラの前で曲げさせようという魂胆なんだろ」

「無理ならあきらめるよ」

「無理はしないよ。でも少し時間をもらえるかな？」

「いいよ。志賀《しが》さん。じゃあそのあいだ、少しインタビューいいですか」

「どうも気がのらねえな」

ヘアバンドから延びた電極はノート型パソコンに繋がれている。モニターには、何種類もの折れ線グラフが刻々と刻まれている。じっとその画面を見つめながらダイヤルを操作して微調整に集中していた志賀一雅《かずまさ》は、顔を上げて、「うん、確かに今日の清田の調子は良くないですね」とつぶやく。

「わかるんですか？」

「ここのラインが普通の人のアルファ波のアベレージです。そしてこれが今の清田の脳波です。わかりますか？　彼はそもそもアベレージも高いんです。でも本当に集中しているときはこんなものじゃないですから」

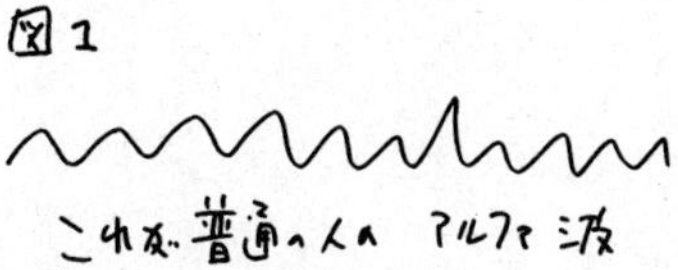

図1
これが普通の人のアルファ波

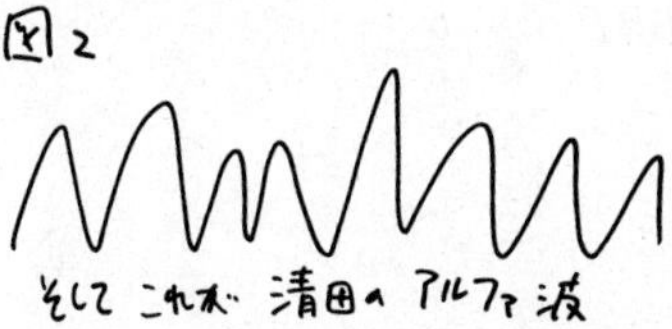

図2
そしてこれが清田のアルファ波

カメラは回り続けている。液晶画面を指先でなぞりながら志賀の説明は続く。図1が普通の人の、ミッドアルファ波と呼称される脳波の波形だ。

そして図2が、画面に表示されていた清田のミッドアルファ波だ。


松下技研で半導体物性を研究しながらLSI（大規模集積回路）の開発に携わっていた志賀一雅は、突然上司に呼ばれて、清田益章の超能力実験の手伝いをするように命じられた。役割としては脳波計の操作と測定だった。学生時代から純粋な物理屋だった志賀は、その日まで超能力になどまったく関心はなかった。イカサマだと思っていたし、社命とはいえ憮然《ぶぜん》としたという。

当日実験室に現れた二十歳そこその清田は、大勢の科学者や技術者が見守る中で、スプーンを何本も曲げ続けた。しかし志賀が驚嘆したのは、モニターに現れた清田の脳波だった。スプーン曲げという目の前の現象よりも、常人ではありえない強烈なミッドアルファ波が存在していることに、とりあえずは不思議な現象だと確信したわけだ。

家族への説得にかなり苦労はしたが、辞表をだすことに葛藤《かっとう》はほとんどなかったという。こうして志賀一雅は脳力開発研究所を設立し、嘱託社員として契約することに清田も同意した。今から二十年前だ。

「松下という大企業にいれば一生安泰ですからね、家族は私の頭がおかしくなったと思ったみたいですね。だけど実際に見てしまいましたからね。要するに新しいパラダイムへの転換が目の前で起こったわけですから、物理屋としてはやっぱりとてつもない衝撃です」

志賀の声のオクターブが高くなったとき、カメラのMが僕の名を小さく呼んでいることに気がついた。スプーンを手にじっとテーブルの上の一点を凝視していた清田が、静かに柄の部分をさすり始めていた。液晶にちらりと視線を送った志賀が、小さく頷《うなず》いてから僕の耳許《みみもと》で「まだ本調子ではないけど、アルファ波がかなり強くなっています」と囁《ささや》いた。更に二分ほどが経過する頃、清田はスプーンを自分の顔の前にかざす。指の動きに合わせて、スプーンの柄が一点でぐにゃぐにゃと飴《あめ》のように傾ぐ。ほぼ三〇秒後、スプーンはぽっきりと二つに折れ、丸い頭がテーブルの上に乾いた金属音をたてながら落下した。ここへ来るロケ車の中で、「いやあ楽しみだなあ。初めて見るんですよ」と屈託ない笑顔を見せていたMが、ファインダーに右目を押し当てながら微《かす》かに息をつく。

テーブルに落ちたスプーンにはもう興味はないと言いたげに、清田は脳波が映しだされる液晶画面を覗《のぞ》きこんだ。そういえば実験前に、画面もしっかり撮ってくれよと清田がしきりに言っていたことを思いだした。スプーン曲げなんて何回映したって、信じない人にはやっぱり胡散《うさん》臭く見えるんだよ。それよりも折れるその瞬間にアルファ波がかなり強くなるからさ、わかる人には目を疑うくらいの強さらしいんだよな。むしろそっちをオンエアして欲しいくらいなんだよ。まあ、テレビで脳波計の画面だけじゃ話にならないだろうけどさ。

しかし初めてスプーン折りを目撃したMは、先刻の清田のアドバイスをすっかり失念してしまったらしく、テーブルの上に転がったスプーンの破片ばかりを、憑《つ》かれたように撮り続けている。いずれにせよモニターに映るアルファ波はもうピークではない。テーブルの隅に置かれた手つかずのスプーンを手にした僕は、Mの視界に横から入りこみ、はっと気づいたようにレンズが上向いたことを確認してから、両端を摑《つか》んだ腕に力をこめた。気配に振り向いた清田が、小さな呻《うめ》きを咽喉《のど》の奥で洩《も》らす。

「何？」

「もしかして手で折るつもり？」

「うん。折れ口を比較したいんだ」

「そうか……」

「何かまずいの」

「まずくはねえよ。まずくはねえけど、折る前にさ、スプーンにちょっとだけ御免って思ってくれないかな？」

「スプーンに？」

「変かな？　変だろうな。だけどさ、前にも言ったけど、最近俺は、折る前にスプーンに謝ってんだよ。昔は曲がれこの野郎みたいな感じでやってたんだけどさ」

……頷いた僕は目を閉じてスプーンに語りかけた。「謝れってさ、いいけどさ、このシーンはカットだな。スプーンさん御免なさい。もう一回言っておくか。スプーンさん御免なさい。折られるなんて不本意かもしれないけれど、決してあなたの犠牲は無駄にはしません。……こんなところだろう」

目を開けて僕は両腕に力をこめた。曲げることはそう困難ではない。しかし折るとなると話は違う。二つに曲げ、今度は逆に曲げるこの過程をくりかえし、やっと五回めにスプーンは二つに折れた。

二本のスプーンの折れ口をテーブルの上に並べる。レンズが近づく。違いは明らかだった。力任せに折ったスプーンの柄は、何度も力を加えられたために全体が歪曲《わいきょく》しており、

清田益章の折ったスプーン（左）とその断面（右）

何よりも断面がでこぼこだった。しかし清田のスプーンの柄自体には歪《ゆが》みはまったくない。真直ぐなままだ。まるで道具で切断されたかのように断面も滑らかだった。指の腹で擦《こす》ってみると、その違いはさらに明らかに感触できた。

テーブルの上に置いた清田のスプーンの折れ口に柄の部分を何気なく近づけて、僕は「あれ？」とつぶやいた。置かれたスプーンの先端が、微かに動いたような気がしたのだ。いや錯覚じゃない。確かに動いた。

「ああ、磁力を持つみたいだよ」

黙って見ていた清田が淡々とした口調で言う。

「磁力？」

「折れた後はしばらく引き合うんだよな。これは別に超能力とか何とかじゃなくて自然な現象みたいだぜ」

「そうでもないみたいだよ」

手で折ったばかりのスプーンを試してみた。

こちらはまったく引き合わない。再び清田のスプーンの柄の部分を摘《つま》みあげ、折れた先端の少し上で回してみると、くるくると自力で丸い先端は回転する。しかし少しずつ力が弱くなっていることは明らかにわかる。叙情的な形容詞を使うべき局面ではないとは思うが、まるで息をひきとる直前のようだと僕は思う。

「……一緒になりたいという意思があるみたいだなあ」

僕の言葉に清田は答えない。やがてスプーンは静止した。「……スプーンに謝るようになってからさ」清田が低く言う。

「曲がりかたが強くなったことは事実だよ。だけどさっきの謝ってくれだなんて台詞《せりふ》がテレビでオンエアされたら、やっぱりあいつは頭のおかしなオカルト野郎だったと言われるんだろうな」

「カットしてくれって言うのなら使わないよ」

「いいよ。そう思う人は曲がる瞬間を目の前で見ても、やっぱり同じことを言うんだよ。別にかまわねえよ」

磁力については思わぬ収穫だった。しかし僕にはひとつの悔いがあった。悔いというより大きなミスだ。結果として、スプーンが折れる最初から最後までをカメラに収められなかった。志賀にインタビューしている数分の間に、清田がスプーンに細工をしたという可能性を否定はできない。細工といっても、仮にこっそりとテーブルの下で何度も曲げていたのなら、顔の前にかざした瞬間に歪みに気づくはずだ。何よりも狭い室内で、スタッフは僕とカメラ以外にも二人いる。互いの息がかかるほどの至近距離にいながら、もしも怪しい動きがあったなら誰かが気づくはずだ。一瞬の隙を盗んでとかそんなレベルではありえない。テレビカメラの前で発覚した瞬間に、清田にとってはすべてが終わるのだ。そんな綱渡りのようなリスクで、超能力者としての二十六年間を維持できるはずがない。

……しかし100％の断言はできない。他に手段が絶対にないとは言いきれない。いや、カメラよりも何よりも、たぶん今回のドキュメントの大きなヤマ場となるこのシーンで、僕自身が一瞬とはいえ目を離してしまったことは、悔やんでも悔やみきれない大きなミスだった。

「カメラ、止めてくれるかな？」

考えこんでいた僕に清田が言った。奇妙に静かな口調だった。真意はわからなかったが、振り返った僕は戸惑った表情のMに無言で頷き、カメラを足許に下ろさせた。音声担当のNも機材を床に置いてヘッドフォンを外す。清田はテーブルの上に置かれていた最後の手つかずのスプーンを手にとると、片端を持ち、僕とMにその反対側の端を持つようにと命じた。何が始まるのかといった表情を互いに見交わしながら、残されたスタッフたち全員も周りをとり囲む。

左手でスプーンの端を持った清田は右手でゆっくりと柄をさする。……覗きこんでいた

Nが声にならない声をあげた。僕も咽喉の奥で呻いていた。ゆっくりと、しかし明らかに視認できる速度で、スプーンが僕の手の中で捩《ねじ》れてゆく。僕と並んでスプーンの端をつまんでいるMは硬直している。指先にはほとんど力は伝わらない。まるで粘土細工のように、清田の手の動きに合わせて、スプーンは自力で少しずつ捩れてゆく。

清田が指を離した。時間にしたら三〇秒足らずだ。柄は90度捩れていた。スプーンから手を離したMが、自分の腕をしきりにさすりながら、鳥肌が出てるよと溜息《ためいき》をつく。捩れたスプーンを手に僕は顔を上げる。清田は無言で、じっと僕の表情を覗きこんでいた。

「……何でカメラ止めさせたんだよ?」

「御免よ。でもさ、これでいいんだよ。今のはスタッフの皆さんへのサービスだよ。森さんはともかくさ、他のみんなとはこれっきりになる可能性もあるんだからさ」

「……撮影をストップさせた説明になってないよ」

「怒るなって。仮に今のを撮影してテレビでオンエアしたとしてもさ、やっぱり嘘臭くなるんだよ。森さんだってそれはわかってるだろう? 俺はもう何度もそれは体験してるからさ、だから無理はしないよ。テレビはさっきので充分なんだよ」

納得できずに黙りこんだ僕に、「カメラが回っているとやりづらいってのは確かにあるんですよ」と志賀が慰めるように声をかけた。「清田としては皆さんの前で失敗したくなかったんでしょう」

「そうなの?」

「まあ、それもあるよ」

「ひとつ聞きたい。どうして皆、肝心の瞬間にカメラを避けるんだ？　これは清田だけじゃないよ。関口淳もスプーンは後ろ向きにしか投げなかったし、他の超能力者たちも皆、その瞬間に妙な動きをすることは事実だよ。トリックがあるからだと否定派が主張したくなるのも無理ないぞ。どうしてなんだ？　どうしてみんな、その瞬間に隠すんだ？」

昂揚《こうよう》していた。決定的な瞬間を撮れなかった腹立ちが小さな亀裂《きれつ》となって、ずっと意識の底に滞留していた曖昧《あいまい》な衝動が、その隙間から一気に噴出していた。スタッフたちは皆、突然の僕の剣幕に唖然《あぜん》としている。志賀は頷いている。清田は無言で、喋《しゃべ》り続ける僕をじっと見つめている。

「オカルト」の語源はラテン語で「隠された（知）」という意味だと何かで読んだ。文字どおりだ。彼らは「隠す」のだ。それは間違いない。理由は彼らにもわかっていない。しかし隠された（オカルティックな）能力が発露するその瞬間に、彼らは本能的に「隠す」のだ。

前述の御船千鶴子の透視能力が科学者たちに疑われた当初の理由は、実験者に背を向けたり別室に籠《こも》らなくては透視ができないと彼女が主張したからだった。透視用の紙が収められた箱の厳重な封印に触れた形跡はなかったが、その瞬間をブラックボックスにされれば、何らかのトリックがあったのではと疑惑の目を向けたくなるのは確かに人情だろう。しかし「人の目を避ける」というこの傾向は、話題になった超能力者ばかりに顕在する現象ではない。ほとんど普遍的と形容したくなるくらいに、彼らは皆、その瞬間には人の目を避ける。

一九七四年、第一次スプーン曲げブームがいちばんピークの頃、テレビや週刊誌は競うようにして、超能力少年少女たちを使って実験をくりかえしていた。雑誌だけでもほとんどが、そんな特集を最低でも一度は掲載していた。目につくままに以下に転載する。

現在の「超能力ブーム」は、作られたブームであり、非常に危険なものであると考えないわけにはいかない。（中略）五月十八日にスタジオを予約し、「目の前で曲げる」少年たちを待ったが、遂に一人も現れなかった。五人の方からは断りの返事がきた。「人の視線を嫌うものだから、取材とか撮影となると失敗する可能性が強い。そのときトリック呼ばわりされるのは嫌だ」「非常に体力が消耗する。特に他人の見ている前ではその傾向が強いので」「人の見ている前ではいや」「信じていない人がいてはムリだから」が、その理由である。（「週刊朝日」七四年五月三十一日）

関口淳くんはフライパンを曲げる実験をした。他人の視線があるとやりにくいというので、右手にフライパンを持って、下半身が隠れる公道の演台の向こう側に立つ。左手は机の上に載せたまま、フライパンを上にあげてみんなに見せたり、また下に隠したりする動作をくりかえす。あちこちにみごとに曲がったスプーンが転がっている。それを見たとき、記者はあまりにも簡単すぎると思った。それにほとんどの子供たちが記者たちに背を向けて、手許を隠すようにしてスプーンを投げている。（「女性セブン」七四年六月五日）

一般に「超能力」を持つといわれる子供たちに共通した傾向がある。①人目を気にし、念力を信じない人がいるとできない。②明るいところより薄暗いところを好む。③カメラや視線に対して後ろ向きでないとだめ、ということだ。（「週刊平凡」七四年五月三十日）

「布団の中でスプーンと一緒に寝ていないとやりにくい」と、応接室に布団を持ち込み、中にくるまってやってみせてくれた。だが、布団の中に入っちゃったのでは、いかにも「見えないところ」が多すぎて、「あ、消えた」「あ、戻った」と叫んでも、にわかにそうとは信じがたい。（「週刊読売」七四年六月十五日）

「じゃ次にスプーンの首を切ってくれないかな、いや切れる寸前のところで止めておいて欲しいな」本誌側から難しい注文を出す。スプーンを持ってしばらくぶらぶら歩いていた淳君が叫んだ。「切れる寸前!」みんなが脱ぎ捨てておいたコートの上にスプーンが投げられた。全員がいっせいに覗き込む。まさに切れる寸前、どんな熟練した技術者をもってしても、このように何分の一ミリかを残して切ることは不可能なはずだ。(「週刊プレイボーイ」七四年四月二日)

他者の目があると集中できないという理屈は、トリックの温床となる可能性と同義でもある。背中を向けるあいだにスプーンを床やベルトに押しつけるといった手法を使った子供たちも実際にいただろう。しかし当時日本中に大量に現れたすべての超能力少年や少女たちが、トリックを隠すためにこの口実を使っていると断定することは、やはりそうとうに無理がある。

実験科学の旧来からの手法にこの現象がどうしても馴染《なじ》めない理由のひとつは、再現性がなく追試が不可能だからだと肯定派はよく弁解のように口にする。しかしそれだけじゃない。理由はわからないがほとんどの自称超能力者たちは意識下で、できることなら発現したくないと抑制していると僕は思う。彼らの無意識の領域に、この能力に光を浴びせたくないという衝動が間違いなく存在している。それは断言できる。断言はできるが理由はわからない。根拠の曖昧な確信など矛盾している。その自覚はあるが仕方がない。この矛盾が、八年間にわたる彼らとの付き合いで、今の僕が獲得できた唯一の実感だ。

脳力開発研究所での撮影が終わったその夜、折れたスプーンを僕は家に持ち帰った。家族に撮影の様子などを説明しながら、ふと思いだしてもう一度折れ口を近づけてみると、テーブルの上の二つの破片は、また弱々しく引き合った。

「最後の力を振り絞っているという感じね」

じっと眺めていた妻がつぶやく。「ホンモノのエスパーだ」と最初はテーブルの周りで大騒ぎだった子供たちは、微《かす》かに引き合うだけの折れたスプーンに興味が持続するはずもなく、いつのまにかテレビゲームを始めていた。

Chapter 11 逃れられない二者択一

「その喫茶店は宇宙人の溜まり場です」

「やはりマーケティングの視点から見た場合、このキャラクターの愛らしさを、多角的ではなくむしろセグメントされた形で訴えるほうが効果は上がると思うんです」

新宿の高層ビルのワンフロア。会議室のテーブルで話し続ける秋山を見つめる社員たちの表情は真剣だ。株式会社イマジニア。秋山眞人とビジネスコンサルティング契約を結んでいる数十社のうちのひとつであるこの会社は、ゲームソフトの開発で最近急激に業績を伸ばしている業界の注目株だ。

消費者ニーズ、マーケッティング・リサーチ、購買動機、イメージ訴求、そんな語彙《ごい》がちりばめられた秋山の弁舌は続いている。この日の議題は、現在開発中の占いゲームソフトのキャラクター設定についてだった。社員の一人がホワイトボードの前で呈示する何枚ものキャラクターのラフスケッチに、秋山は感想と提言を述べてゆく。オカルトめいた話は一切ないし、頷《うなず》きながらメモをとる社員たちの表情に、揶揄《やゆ》や諧謔《かいぎゃく》の色もまったくない。

二時間ほどの会議が終わり、代表取締役の神藏孝之《かみくらたかゆき》がインタビューに応じてくれた。三十歳でおこした会社の店頭公開を十年後に果たし、経済誌などにもよく登場するベンチャーのシンボルのような経営者ですと秋山が紹介してくれた。コンサルティングを依頼する際に迷いはなかったかとの僕の質問に、神藏は怪訝《けげん》そうになぜですか？と聞き返す。

「あくまでも世間一般の印象ですけど、いわゆる超能力者という存在は胡散《うさん》臭いというイメージはどうしてもあると思いますし、企業イメージを考えた場合、マイナス面もあると思うのですが？」

「重要なのは秋山さんの本質ですから。彼のビジネスへの提言が私どもにとって有益かどうかで判断しました。別に黒ミサを依頼したわけじゃないですし」

「契約は今後も継続しますか」

「経済について言えば日本は今後大変な状況を迎えるだろうと思っています。秋山さんの予測とぴたりと符合しています。私どもにとって、彼のアドバイスは現在も、そしてこれからも貴重な指針です」

　新宿で拾ったタクシーで池袋の事務所へ戻る。降りる際に料金を払おうとした僕を、財布を背広の内ポケットからとりだしながら、秋山はやんわりと押しとどめる。

「取材費がありますから。ここは僕が払います」

「撮影のために発生した費用なら甘えます。しかし今日は僕の普段の業務ですから」

事務所に戻った秋山は、ビルの屋上へと僕を誘った。夕陽が毒々しいほどに赤く西の空を覆い、眼下には東京が360度のパノラマで広がっていた。

「時々こうして街のオーラを見ているんです」

「街の何ですって？」

「オーラです。人にもあるけど街にもオーラはあるんです。それぞれの地域の上のほうに、ゆらゆらと立ち昇っているんです」

「何かわかるんですか」

「いろいろわかりますよ。例えば永田町の方向は最近ちょっと勢いがないなあとか、今日の大手町は久しぶりに活気があるから株は上昇するのかなあとか」

「常に見えるんですか」

「チューニングです。言葉で説明するのは難しいんですけど、オーラが見えるように頭の中で周波数を調整するんです」

「チャンネルは他にもあるんでしょうか」

「いっぱいありますよ。前にも話しましたけど、僕の能力がピークだったのは十代後半でした。その頃はチューニングがうまくできなくてノイローゼのようになりました。だって毎日いろんな人の怒りや憎しみが頭の中に飛びこんでくるんですよ」

「……具体的にどんな感じなのか説明できますか」

「朝、家を出るといつも陽気な隣のおばさんに出くわしたとしますよね。おはようございますと挨拶《あいさつ》を交わした瞬間に、彼女が昨夜旦那《だんな》さんとものすごい夫婦喧嘩《げんか》をしたこととか、子供の病気のことで人知れずずっと悩んでいることとか、とにかくそんなネガティブな情報が凄《すご》い勢いで頭の中に流入してくるんです。満員電車なんかに乗ったら地獄です」

「でも、ネガティブな情報ばかりとは限りませんよね」

「人の意識下はポジティブじゃないです。憎悪や屈辱や絶望ばかりです。僕自身の当時の周波数がそこに合っていたのかもしれません。とにかく十代から二十代にかけて、僕はどこにいても何をしていてもノイローゼ状態でした。想像してみてください。二四時間、複数の他人の思念が頭の中を出たり入ったりしてるんですよ。いつ自殺をしてもおかしくなかったと思います。当時はよく部屋に籠《こも》って、壁に頭をぶつけていました」

「はい？」

「痛覚でごまかしているんですよね。一日中部屋で壁の前に座りこんで、頭をごつんごつんとぶつけていれば、とりあえずは楽なんです」

「……それって、見た目はまさしく分裂病ですよね」

「まさしくそうですね」

「何よりも他人の内面の声が聞こえるという段階で、いわゆる分裂病患者と区別する術《すべ》は、周囲の僕らにはないですよね」

「仰《おっしゃ》るとおり。だからこの段階で精神病院に入れられてしまう超能力者もいるでしょうね。実際に何人かは知ってますよ」

「今でも周波数を合わせれば、秋山さんは他人の思念を読むことができますか」

「昔ほどではないですけど、でもやろうと思えば可能だと思います」

「つまり見方を変えれば、今現在の秋山眞人を、世間は狂人だと認定することができるということです」

「そのとおりです」

「狂人と超能力者との区別は僕らにはつきません」

「はい」

「すごく失礼な言いかたになるかもしれないけど、こうして撮影を続けながら、僕はただの狂人を撮っているだけじゃないだろうかという不安を時々感じます」

僕の言葉に秋山は微《かす》かに目を細める。上下の唇の隙間から白い歯が覗《のぞ》く。

「……狂人と超能力者、それともうひとつの可能性がありますね。イカサマ師です。確かにこの境界は客観的には微妙です。でも、視点を変えればこれ以上ないほどにシンプルです。能力がホンモノかどうか、その白黒さえはっきりつけばいいことです。徹底的に研究してくれればいい。僕らはいつでも、研究素材になる覚悟はしています。ソニーや科学技術庁や防衛大学校などの要請で何度も実験材料になっていますし、それなりの成果はあげています。僕なんか一昔前にはしょっちゅう動物実験みたいに頭に電極刺されていましたよ。でも現状では、その結果が世間に大きく公表されることはほとんどないです」

「なぜでしょう」

「もちろん大学や企業の保身という要素もあるでしょう。でもそれだけじゃない。この研究内容を公にするのはまだ時期尚早と考えているんじゃないかな」

「そうでしょうか？　厳密な実験で出た数値を発表すれば、世間だって納得せざるをえないでしょう」

「社会の合意は数値では無理です。例えば過去のテレビ番組でも、もちろんいかがわしいものも数多いけど、客観的に説得性のある実験もいくつもありましたよ。でもオンエアが終わればそれっきりです。テレビ画面が獲得してしまったいかがわしさもあるかもしれないけど、でも要するに大衆の集合無意識としては、この事実をまだ納得したくないんです」

「……いつかは変わるんですか」

「そう信じないと僕らがこの世に生まれた意味がない。だから僕は主張し続けます。この世には今の科学や常識だけでは割りきれないものはあるんですよと言い続けます。今の段階では頭がおかしいんじゃないかと笑われることがほとんどですけど、でも集合無意識というのは、ちょうど芋を洗う猿の数が百匹を超えた瞬間に何かが起きるように、何かの弾みでころりと変わる可能性があるんです」

　いつのまにか陽が落ちていた。目の下には数えきれない街の灯《あかり》が瞬いている。そのひとつひとつに、様々な人の営みがある。出会いがあり別れがあり、喜びと怒りと哀しみがある。

「……こうして街の灯を見ていると、優しい気持ちになれるんです」

秋山眞人は静かに言う。

「優しい気持ちは重要です。特に僕らは世間から迫害されたり冷遇されたり差別されることが多いから、気を抜くとネガティブな方向に引っぱられてしまうんです。そうなったら悲惨です。何人もの超能力者たちの末路を僕は見聞きしています。本当に凄惨《せいさん》な話です。……だから荒《すさ》んだ気持ちになりかけたときには、ここに来てこうして街の灯を眺めながら、このひとつひとつに人の営みがあるんだと確認するんです。人間を本当にいとおしく思える気持ちをとりもどせるまで、ここでじっと街の灯を眺めています」

書棚から探しだした一冊の書籍を、秋山眞人はカメラのレンズの前に差しだした。

『私は宇宙人と出会った』（ごま書房）

身も蓋《ふた》もないタイトルだなと思いながら、僕はその表紙にフォーカスを合わせ、何度もズームをくりかえす。

「まあ、ここまで書くのは僕も最初で最後のつもりです。やっぱり宇宙人の話は、超能力に対してはある程度の理解を示してくれる方でもどうしても引いてしまうんで……」

「最近宇宙人に会いましたか」

「最近は……えーと、今年に入ってからはまだ一回だけですね」

「宇宙人は一種類だけですか」

「地球に今来ている宇宙人は三種類なんです。ひとつはグレイといいますけど、爬虫類《はちゅうるい》が進化したタイプです。よくSF映画なんかにも出てくる、眼の大きな皮膚に光沢のあるあの感じですね」

「爬虫類といっても地球の爬虫類じゃないんでしょう」

「ええ、もちろん地球外の爬虫類です。ただ生命構造はそれほど違わないし、進化の過程やDNAも類似してますから、地球の恐竜から進化したタイプと考えて大差ないですよ。もうひとつはヒューマノイド・タイプ。今地球上ではいちばん数が多いし、僕に頻繁に接触してくるのもこのタイプです」

「もうひとつは？」

「巨人族です」

「巨人？」

「大きいんです。身長は四メーターから五メーターぐらい。これは地球で言えば犬が進化して二足歩行になったタイプです。ただ巨人族はグレイと仲が悪いんですよ。昔は山間部などによく来ていたようですが、グレイとの覇権争いに負けて今はほとんど地球上にはいません。巨人伝説は世界中にありますよね。みんな、ガギグゲゴやダヂヅデドの濁音が名前につくんです」

「濁音ですか」

「ギガント、ジャイアント、あと日本ではダイダラボッチ。皆悪役で、最後には人間に退治されるという巨人伝説は世界中に残されています。これは言ってみればグレイが作りあげた陰謀史観です」

「ヒューマノイド・タイプとグレイとは仲は良いんですか」

「良くも悪くもないです。もちろん母星も違うし種も違いますから、コミュニケーションがあまりとれないんですよ。僕が頻繁に会うヒューマノイド・タイプは、外見は地球人とまったく変わりません。骨格や筋肉を多少は変えられるようですね。名刺も持ってるし家族もいるし保険証も持ってます」

「……でも、その宇宙人を自称する人が、実はただの分裂病だったという可能性だってあるわけですよね」

「僕も最初はそう思いました。静岡市の呉服町で待ち合わせたのが最初です。それから静岡駅地下街の『草苑』という喫茶店で話をしたんです。その後何人も会いました。担当が決まっていてどんどん替わったという話は以前しましたよね？　チームがあるということは、分裂病の妄想という疑いをとりあえずは払拭《ふっしょく》できると思います」

「…………」

「彼らは僕自身が『会いたい』と望まなければ絶対会いに来ません。つまり、こちら側の怖れが助長されるというか大きくなることを非常にいやがるんですよね。で、まあ、願いが叶《かな》ってやっと会えたわけですよ。喫茶店で会って、話をいろいろして……」

「じゃあ、会う前にインフォメーションはあったわけですか」

「うん、その前のインフォメーションの段階でいろんなテレパシーのメッセージが来たときに、全部記録につけてましたから。その草苑という喫茶店は彼らの溜《た》まり場になってたんです」

「今もあるんですか」

「草苑ですか？　二十年くらい前に静岡駅の地下街でガス爆発があったことを森さん覚えてますか？　死者もかなり出て大騒ぎになりました。あれで吹っ飛びました」


一九八〇年八月十六日（土）午前九時四十分。静岡市紺屋町西武デパート前の駅前地下街「ゴールデン街」の居酒屋「菊正」周辺で、ガス洩《も》れによる爆発と火災が発生した。その一〇分後、駆けつけた静岡県警と消防署員が現場検証中、二次の大爆発が勃発《ぼっぱつ》。地下街は数十メートルにわたって炎上、西武デパートや付近のビルのガラスが爆風で吹っ飛び、死者十五名、負傷者二百二十三名、店舗全壊四十三棟・半壊七棟・一部破損二十七棟、という大惨事となった。十九日の新聞報道によると、一次爆発の中心点となったのは、「菊正」に隣接する「ちゃっきり寿司」であることを静岡県警はつきとめた。しかしこの店舗は災害発生時には営業しておらず、隣接するレストラン「キャット」の従業員控え室となっていたという。直接の原因は、何らかの理由でこの従業員控え室にたまっていたガスが発火し、一次爆発を引き起こしたとの見解を県警は発表した。しかし従業員控え室になぜガスが洩れたのかは不明とされている。

「爆発したガス管は草苑の横あたりだったらしいです」

「じゃあこれは、グレイの陰謀？」

「わかりません。可能性はあると思うけど」

僕は黙りこんだ。秋山眞人も黙りこんだ。時計の音だけが夜半のオフィスに響いている。

「秋山さん、今まで宇宙人には何回くらい会ってますか」

「えーと、通算したら四百回くらいです」

「何か証明できるものがありますか」

「……証明？　宇宙人にもらったものならありますけど」

レンズの前に秋山は左手を突きだした。近すぎてピントがうまく合わず、ファインダーいっぱいに秋山の拳《こぶし》と巨大な指輪が滲《にじ》んでいる。

「この指輪、宇宙人にもらったということですか」

「正確にはこの石です。三年前、三星グループの会長と食事をしていたときに……」

「ちょっと待ってください。サムソングループってあの……」

「ええ、韓国の大財閥の」

「その幹部ですか？」

「正確には三星グループのサムソン総合化学の元社長で、韓国半導体業界のボスと言われる成平健です。赤坂のホテルのバーラウンジだったのですが、彼がどうしても宇宙人に会いたいって言い始めて」

「……………」

「それでまあ、念を送ったわけです」

「宇宙人にですか」

「ええ」

「そうしたら現れた？」

「そのときは姿を見せませんでした。代わりにこれが降ってきました」

秋山はもう一度拳をレンズの前に突きだす。色はくすんだ小豆《あずき》色。たとえ水商売の女性でも、身につけることを一瞬躊躇《ため》らいそうなほどに強烈な大きさだ。

「……降ってきたってどこから？」

「席は大きな窓ガラスに面していて……うーん。どっからなんだろう？　ガラスを擦り抜けてきた可能性もありますね。とにかく念を送って少しすると、いきなり二人の目の前にぽとりと落ちてきたんです。それを会長と半分にして研磨したのがこの指輪です。会長も同じ指輪を持っているはずです」

「……そもそも成平健は何しに赤坂に来たんですか」

「商談で日本にはしょっちゅう来てますよ。だいたいその都度食事をしてます」

「この石の分析はしたのですか」

「しました。別に正体不明の成分じゃないです。イエローダイヤです。ダイヤモンドとしては実はそれほど希少なものじゃありません。ただこんな大きな原石は見たことないって言われました」

長い間があった。ビルが面する山手通りの方角から、車のクラクションの音が微《かす》かに響く。秋山は回り続けるカメラのレンズをじっと見つめている。短い深呼吸を二回くりかえしてから僕は言った。

「……秋山さん、率直に言います」

「はい」

「僕にはやっぱり宇宙人の話は信じることはできません。普段、僕が知っている秋山さんの口から、四百回宇宙人に会ったとか、そんな言葉を聞くとその温度差には戸惑います。率直に言います。やっぱり頭がおかしい人なのだろうかと思います」

「はい。それでいいと思います」

「いいんですか？」

「宇宙人に限らず超能力にしても、実際に見たり体験することもしないままに信じる人がもしいたら、やっぱりそれは不健全だと僕も思います。宗教に騙《だま》されたり霊感商法にひっかかったりする人はたぶんそのタイプです」

「………」

「だけど森さんにはこれだけはわかって欲しいんです。いるわけがない、あるはずがないという僕らのこの意識を少し変えるだけで、宇宙人の存在に僕らは気づきます。宇宙人だけじゃない。お化けも妖怪《ようかい》も妖精も、全部見えてきます。比喩《ひゆ》的な表現じゃありません。全部実在しているんです」

静岡ガス爆発事故の第一次爆発の原因を巡り、現場となった第一ビルの区分所有者や遺族たちが静岡ガスに対して二十五億円あまりの損害賠償金を求めた訴訟は、提訴から実に十六年後の一九九六年三月十四日、静岡地裁で判決が言い渡された。争点となったのは、二次爆発に至るまでの静岡ガス側の対応に問題はなかったかという一点と、二次爆発を誘引した一次爆発の原因である。特に一次爆発の原因については都市ガスと主張する原告側と、ビル地階の飲食店が地下湧水槽に捨てていた残飯から発生したメタンガスが何らかの理由で発火したと主張する被告側とが激しく対立。判決は被告側が主張する「メタンガスが一次爆発の原因」とする説を支持、原告側の敗訴となった。しかし、「メタンガスでビルが壊れるほどの爆発が起きるはずがないし、ガスが引火した理由もまだ不明である」として、原告側は即座に控訴に踏みきっている。

「二年のボーイで2Bだよ」

「火星に行ったことあるんだよね」

僕は清田に聞いた。清田は無言で、僕が手にするカメラのレンズにちらりと視線を送る。回ってるのに言えねえよとその表情がアピールしている。しかし僕は素知らぬ顔でもう一度訊《たず》ねる。

「行ったことあるんだろ?」

「……あるよ」

聞こえよがしに溜息《ためいき》をついてから、明らかに不貞腐《ふてくさ》れた口調で清田は答える。

「どうやって行ったのか教えて欲しいんだ」

「俺は秋山君じゃないからさ、専門用語はよくわからねえけど、何だっけ? テレポテーションだよな確か? あれだよきっと。空間移動みたいなやつだよ。だけどさ、一応言っておくけど夢の可能性もあるからな。それは自覚してるぜ。火星に行った夢を見ただけかもしれねえよな」

「バイキングの話は聞いたよ」

「誰に?」

「このあいだ酔って自分で言いかけたじゃないか」

「そうだっけ」

「バイキングの地表探査機のカメラの前で手を振ったんだよね。それから地表の石をどれくらい重いのか知りたくて引きずったんだろう？」

「…………」

「バイキングが火星の地表で、『2B』って判読できる文字を発見したという話は僕も当時聞いたことがあるよ。確か自然現象の可能性もあるとか何とか、結局よくわからないうちに話はいつのまにか終わっちゃったけど」

「……うん」

「あれは誰の仕業なの？」

「……聞いてるんだろ？　俺だよ。砂に指で書いたんだよ」

「意味は？」

「単純だよ。中二だったんだよ、二年のボーイで2Bだよ。KIYOTAって書けば良かったかな。でもさすがにそれは躊躇ったんだよな」

「……信じられると思う？」

「無理だろうな。だから俺から言ってないぜ。今までのこの会話は森さんが誘導したんだろ？」

「誘導は確かだけど……もう一回聞くけど、確かに火星に行ったんだよね」

「主観的にはね。それが客観的な事実かどうかは俺にはわからないよ」

一九七六年七月二十日。アメリカの火星無人探査機バイキング一号は、火星表面のクリュセ（黄金の土地）平原の北西七六〇キロの低地に設定した目標地点への軟着陸に成功、火星表面の写真を地球に電送した。新聞各紙の二十一日朝刊では、第一面で写真とともにこの快挙を大きく掲載した。そして同日、「毎日新聞」夕刊には、コンピュータで補整されて一層鮮明となった火星の表面の写真が、やはり第一面に大きく掲載された。見出しにはこうある。

『火星の表面に〝動く物体〟が……』

記事を以下に要約する。

「火星からの写真に、何か動くものが写っているらしい」

二十日火星軟着陸に成功したバイキング一号のランダー（着陸機）が、着陸直後から送ってきた火星の風景写真について、米カリフォルニア工科大ジェット推進研究所（JPL）の写真解析チームのトーマス・A・マッチ（ブラウン大教授）は、「何か小さなものがカメラの前を通り過ぎた」とも考えられると記者会見で語った。またカール・サガン（コーネル大教授）は、この写真の中の別のところに、「石が動かされたような跡が見える」と述べた。

カール・サガンとはおそらくカール・セーガンのことだろう。同じ二十一日、「朝日新聞」夕刊の記事は、「何か動いたあと　砂ぼこり？小動物？不明」との見出しに続き、マッチ博士の記者会見での談話として、「あらゆる分析の結果から考えて、何か小さなものが一分ほどのあいだにカメラの前を横切るように動いたと考えるのが最も科学的だ」とコメントしたことを記事にしている。

さらに、この五日後の二十六日、朝日の朝刊三面に、「火星の岩に『2』『B』『G』」という見出しの記事が掲載されている。

「火星人だ——」と二十四日夜（日本時間二十五日昼）、ジェット推進研究所（ＪＰＬ）全体が一瞬色めきたった。モニターテレビに写し出されたバイキング一号着陸機からの写真に、地球の文字らしいものが認められたからだ。

同日の「日本経済新聞」朝刊には、写真についてこう記述されている。

バイキング1号が送信してテレビカメラに写った一枚で、写真左下にアルファベットの「Ｂ」「Ｇ」と数字の〝2〟が写っていた。

研究所の結論は、はっきりしたことは言えないがと前置きしながら、岩の影がたまたまそう見えたのではとまとめている。写真も掲載されている。「G」の文字は全体が黒ずんでいてかなり識別が難しい。そう見えると言われれば見えないこともないというレベルだ。しかし、「2」と「B」については、岩の影という説明ですんなり納得できるようなレベルでは少なくともない。

このバイキングの報道からほぼ一ヵ月後に発売された「週刊ポスト」八月二十七日号で、当時中学二年生の清田益章は、バイキング一号が着陸した直後の火星にテレポーテーションし、「バイキングの前で手を振って石ころを蹴《け》飛ばしてきた」と父親に打ち明けていたという記事が掲載されている。

火星では、僕の周囲に透明なプラスチックのドームがあって守ってくれたんだよ。もしかしたら幻覚かもしれないと思って目をつぶってまたあけたら同じ風景だったので、ああ、やっぱり火星に来ているんだナと思ったの。火星じゃ、体がちょっと軽かったけど、あとは地球の感じとかわらなかったよ。証拠に火星の砂を持って帰ろうと思って砂を握ろうとしたら、自動的に地球に帰って来ちゃった。少し頭がボーッとして、朝起きた時の感じだったなァ。

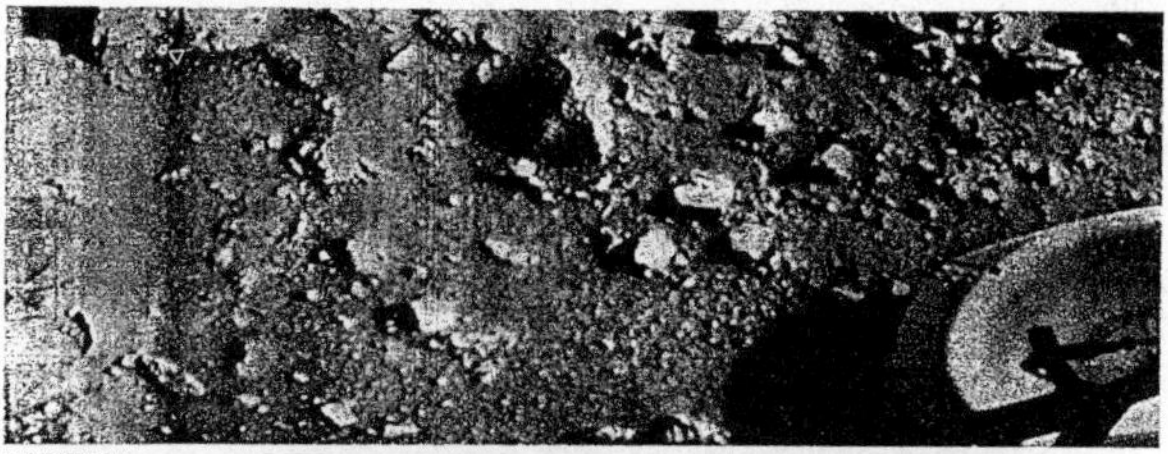

火星の表面に"動く物体"が

"砂ぼこり"の見方も

予想外、地球なみの明るさ

――バイキング１号電送写真

【パサデナ二十日共同】「火星からの写真に"何か動くもの"が写っているらしい」――二十日火星軟着陸に成功したバイキング一号のランダー（着陸機）は、着陸直後から火星の風景写真を送ってきたが、米カリフォルニア工科大ジェット推進研究所（JPL）の写真解析チームのトーマス・A・マッチ・ブラウン大教授は、写真解析結果について同日の記者会見でこう語った。

同教授の説明では、火星表面の写真を撮り始めたさいの画面の左側の方に縦方向にスダレのようなシマ模様が写っており、これは「何かある小さなもの（パーティクル）がカメラの前を通り過ぎた」とも考えられるという。

バイキングの写真撮影方式では、動くものの形が不鮮明な縦の線として写し出される。

コンピューターで補正され、一層鮮明となったバイキング一号からの火星表面写真。着陸地点の足もとの火星表面で右端は着陸機の脚部先端。左側に縦にぼやけた黒っぽいすじ模様（▽印）が写っているが、撮影中に何かが動いた跡と考える科学者もいる（AP＝共同）

毎日新聞（1976年７月21日付・夕刊）

火星の岩に"文字"!?

送信写真にうつる

【パサデナ二十五日AP】バイキング1号のランダー（着陸機）が二十四日、火星から送信してきた白黒写真にアルファベットや数字のような影が写り、話題になっている。米カリフォルニア州パサデナのジェット推進研究所の科学者たちは光の加減や影のいたずらとみているが、その原因を調べている。

この"ミステリー写真"はバイキング1号が送信してテレビカメラに写った一枚で、写真左下にアルファベットの「B」「G」と数字の"2"が写っていた。

バイキング計画を担当している同研究所のジム・マーチン博士は「はっきりしたことはいえないが"B"の文字はおそらく光の加減で火星表面の二つのとがった岩によってできた影だろう」と語った。

日本経済新聞（1976年７月26日付・朝刊）

記事中で父親は、テレポーテーションではなく透視でないかと推測している。あるいはさすがに彼もテレポーテーションと主張することを憚《はばか》って、記者には婉曲《えんきょく》に表現したのかもしれない。他に傍証として、清田に触れられると同時に、一〇メートルくらいを一瞬で移動した体験があると証言する小学校のクラスメートが実名で紹介されているが、「要するに、火星には行かなかったが火星の風景を見たのはホントだ——ということらしい」という、揶揄《やゆ》とも何とも判然としない文章でまとめている。

いずれにせよポストのこの記事では、火星の表面に残された文字については触れていない。この時点では清田が父親に話していなかったのか、あるいは父が記者に対して沈黙したのか、それは僕にはわからない。推測だが、この話に触れるからには、やはり実際に行ったという主張になる。それをどこかで抑制したと考えるほうが妥当だろう。

秋山眞人はこの件について、「清田が嘘を言うとは思えないが、写真発表があってから実はあれは俺が書いたんだと言われてもやはり社会的な信憑性《しんぴょう》は薄いと言わざるを得ない」と僕に言った。もっともな意見だ。しかしその秋山も、UFOに実際に乗って操縦法を習ったことがあると、自らの著作「秋山眞人の語りあかそう超能力」(67頁)に書いていることも事実だ(もっとも、読みようによっては、実際に操縦したともとれるし、意識だけがコンタクトしたとも解釈できる微妙な表現だ)。

「新聞にはGの文字も発見されたって書いてあるよ」

「うん」

「これも書いた覚えがあるの？」

「……2Bの後に、日本の頭文字も書こうとしたような気もするんだよな」

「日本の頭文字？」

「だからJなんだよ。それをGって書いちまったという気もするんだけど、でも俺、当時英語はけっこう得意だったから、いくらなんでもそんな間違いしねえだろうとも思うんだよな」

「だって自分の体験だろ？」

「最初から最後まで意識がはっきりしていたわけじゃないよ。おまけに二十年前だからな。夢という可能性もあると自分では思ってるよ。ただ、2Bを砂に書いたことははっきり覚えてるぜ。そして探査機が撮った火星の表面に同じ文字があったということは事実なんだろうな。偶然かもしれないよな。俺にはそれ以上はわからないよ」

　率直に書く。僕にはお手上げだ。仮に嘘だとしたら、常に神経質なほどにリスクと他者の視線を自覚している清田が、こんな割の合わないフィクションを捏造《ねつぞう》するはずはない。ならば真実なのか？　僕にはわからない。「主観的な体験だよ」と清田は何度も僕に言った。夢と思われてもよいとくりかえした。しかしその直後に、「2」と「B」の文字を書いたのは自分なんだと断定する。その瞬間に僕はすべてを放棄する。他に方策はない。確認しようがない。結局のところ残されたのは、ずっと忌避し続けてきた「信じる」か「信じない」かの二者択一しかない。しかしその選択がどうしてもできない僕は、その場に立ち尽くし、虚空を眺めては溜息《ためいき》をつくばかりだ。

Chapter 12
残夜のＴＶに「職業欄はエスパー」

「信じてないですよ」


「切断面が磁気を帯びることはたぶん珍しい現象じゃないはずです」

堤の口調はいつものように冷静だ。公園での大道芸の練習の帰り道、僕は堤と太緒ちゃんとを、目についたお好み焼き屋に誘っていた。

「物理的に説明できる現象のはずですよ。私も一度見ましたけど、清田さんが折ったスプーンの磁気は確かに桁《けた》外れに強いです。でもきちんと比較計測はしてないから何とも言えないですけど」

「脳波計には確かにものすごいアルファ波が記録されてましたよ」

堤は答えない。数秒沈黙してから、言いにくそうに小声でつぶやいた。

「脳波計を騙《だま》す方法があるんですよ」

「騙す？　どうやって？」

「昔ながらの電極を頭皮に突き刺す実験方法のほうが正確なんですよ。今の測定法は被験者の負担を軽くするため、パッドを頭皮に貼る方法が主流なんです。志賀さんの研究所もそのやりかたのはずです。そうすると、例えばガムを噛《か》んだだけでもアルファ波が記録されるんです。実際にアルファ波が出てるわけじゃないんだけど、ガムを奥歯で噛み締めるという筋肉や神経の振動をコンピュータが感知してしまうんです。もちろん画像に現れた波形が本来の意味でのアルファ波ではないと断言はできません。ただ、そういった他の要素の夾雑《きょうざつ》は否定できないんです」

「でも志賀さんだって脳波の専門家のはずなのに、パッドの計測じゃ不正確なことくらい……」

「当然ご存知でしょうね」

「じゃあどうして」

「痛いんです」

「はい？」

「電極を刺すのは、正確だけど痛いんです。そうすると被験者は通常の状態じゃいられなくなります」

ビールの中ジョッキを半分ほど一息に飲みほしてから、僕はテーブルの上の一点をしばらくぼんやりと眺めていた。超能力の存在を現代物理学の規範で証明するためには、追試に耐えられるだけの再現性と恒常性が求められる。現在僕らが知る物理現象や法則は、すべてその手続きを経て実証されてきた。しかしそもそも心の働きに、正確な再現性や恒常性を求めることが無理なのだ。実験の精度を高めれば高めるほど、被験者は日常から逸脱し、心の平衡を保てなくなる。位置を決めたら質量が決まらず、質量を決めれば位置が決まらなくなる不確定性原理そのままだ。どこまでやっても確証がとれない。被写体としての彼らをいくら撮り続けても、当事者ではない僕は相変わらず何処にも行けない。振り子もスプーンも試そうとはせず、夜空をまともに見上げたことすらないこの僕は、このままでは絶対、確実なことは何ひとつ獲得できない。

豚玉と五目焼きそばとオレンジジュースが運ばれてきた。太緒ちゃんのグラスにジュースを注ぎながら、堤は黙りこんだ僕をじっと観察している。

「……磁化や脳波の話はあくまでも一般論です。前にも言いましたけど、清田さんのスプーン振《ねじ》りは、一度テレビ局の楽屋で間近に見せてもらったことがあります。少なくとも私の知っているスプーン曲げのトリックではあれはできません。私の知る範囲では、あれはやっぱりホンモノだと思います」

言いながら堤は、熱せられた鉄板の上に五目焼きそばの材料を載せる。油が盛大に跳ねて小さく悲鳴をあげた太緒ちゃんは、椅子の上で身体を捩《よじ》らせて、父親の背中の後ろに隠れようとする。

もう一回、実験やらせてもらっていいですか？　と僕は聞く。え、今ですか？　とさすがに心外そうに堤は聞き返すが、無言で頷《うなず》く僕に、観念したようにテーブルの脇のスイッチを回してガスの火を一旦《いったん》消してから、しぶしぶと振り子をとりだした。

店主に頼んで茶碗《ちゃわん》を三つ持ってきてもらう。堤には顔を伏せさせ、テーブルの上に逆さに並べた三つの茶碗のひとつに、小さく丸めたティッシュを入れる。目を閉じてじっと俯《うつむ》いたままの父親を、太緒ちゃんは不思議そうにじっと眺めている。

カメラを回しながらのこの実験は三回だけやった。一回めは簡単に的中。そして二回め、三つの茶碗の上で振り子をかざした堤が一瞬動きを止めた。表情には明らかに戸惑いがあった。首を少し傾げてもう一度端から試し、今度は茶碗を二つに絞ってもう一度くりかえす。どうやらこの二つの茶碗の上で、振り子が同じようにイエスの反応をしてしまうようだ。一回ずつテーブルの上で念入りなシャッフルをくりかえしているから、見つめる僕にも正解はわからない。戸惑った表情のまましばらく考えこんだ堤は、煩悶《はんもん》を断ち切るかのように真ん中の茶碗を指で示す。これでいいんですね？　と念を押しながら持ち上げた茶碗の中身は空っぽだった。正解は同じ反応をくりかえしていた右端の茶碗のほうだった。

こんなときの堤はいっさい言訳をしない。迷っていたようですね？　と訊《たず》ねると、ええ少しと言葉少なく頷く。三回めはあっさりと的中した。三回めが当たった時点で、「終了です」と僕は宣言した。意外そうに顔を上げた堤は、さっさと茶碗を片づける僕に、「こんなのでいいんですか？」とやや不満そうに小声でつぶやいた。

二回めが外れたことに僕は満足していた。的中率など実はどうでもよい。振り子の動きに、あれ？　と一瞬首を傾げてから、結局は外してしまった堤裕司の表情の変化や息遣いに、僕が依拠できるリアリティがあると気づいたのだ。

仮に何百回の実験をくりかえして明らかに高い的中率が証明されたとしても、テレビ画面に映ったその映像やデータには既に説得力はない。見事にない。要は実験の精度ではない。手首から先でもない。彼らの頭の先から足許《あしもと》まですべてだ。何度も失敗しながら頑《かたく》なに一円玉を額に貼り続けた秋山眞人の焦燥と未練を僕は作品の中で呈示する。三回やって一回だけ、首を傾げながら的中できなかった堤裕司の戸惑いと決意を呈示する。過去にはトリックを暴かれて、そして今も気分が乗らないよとスプーン曲げをあっさり中止する清田益章の葛藤《かっとう》と覚悟とを呈示する。呈示して、そして胸を張って支持する。なぜならこれが、今回のドキュメンタリーのテーマだからだ。

手首から先ばかりをいくら凝視したって何もわからない。僕は彼ら全体を見る。客観的な証明など何の価値もない。僕が彼らを「どう思うか」が重要なのだ。その表出がドキュメンタリーの仕事なのだ。そのうえで断言する。トリックや錯覚や虚偽や思考停止が横溢《おういつ》する世の中で、僕らが今、営みを続けていることはきっと疑いようのない事実だ。しかし少なくともこの三人が、社会への希望を捨てず家族を愛し誇りを持って生きていることだけは、この作品において僕は胸を張って断言できる。これが僕の結論だ。悩むことではない。能力を信じるのか信じないのかと狭間《はざま》で困惑する必要などない。自分を信じ、他者を信じ、日々を送る彼らを僕も信じる。彼らの人格を信じる。ただそれだけのことなのだ。

鉄板が再びじゅうじゅうと音をたて始めた。太緒ちゃんの皿に焼きそばをとりわけながら、そういえばこのあいだ久しぶりにバラエティ番組から依頼があって出演しましたよと、思いだしたように堤が言う。

「ギャラ、いくらもらいました」

「源泉徴収されて九万円です。テレビでこんなにもらったのは初めてです。多くて吃驚《びっくり》しました」

「ずいぶん半端な数字ですね。一日で終わったんですか」

「いえ。拘束は丸三日です」

「三日で九万？　それで満足しているんですか」

「……だって、一日三万のバイトなんてそうないでしょう？」

堤のこの言葉に僕は啞然《あぜん》としていた。しかし少なくとも皮肉や諧謔《かいぎゃく》でこんな冗談を言う男じゃない。本気で言っていることは間違いない。

「堤さんはダウジングという技術のエキスパートなんでしょう？　その技術を当てにされて出演依頼がきてるわけですよ。確かに一日三万のバイトなんてそうないけど、それと比較するのはちょっと違うでしょう？」

　ねえ何か焦げてるよと太緒ちゃんが父親に小さく囁《ささや》いた。慌ててお好み焼きをひっくり返しながら、「言われてみればそうですね。その意識は変えなくちゃ駄目なのかなあとは思っているんですけど」と堤はつぶやく。

「でも今回はテレビ局と事前にギャラの交渉をしたんですよ。出演してから、ギャラはありませんって言われたことはこれまで何度もあるんですよ。そのたびにああそうですかって言ってきたのだけど、これからはちゃんと交渉しようと思ったんです。私にしてみればずいぶんな進歩なんです」

「今回、僕にはギャラの交渉はないですね？」

「そうですね」

「なぜですか」

「ずっと森さんを見てきましたから。騙《だま》すような人じゃないという確信もありますし」

「それ、甘いですよ」

「そうかもしれませんね。でもこれで騙されるのなら仕方ないです。さっきの実験にしても、実はこんな集中できない環境はダウジングにいちばん不向きなんですよ。それでなくても当てものは外れやすいんです。でも、とにかくそれなりに的中できたのは森さんがいたからかもしれないし」

「僕が？　どうして？」

「否定派が側にいると当たらないというのと逆の意味です。きっと森さんは信じてくれていると私が思っているから、当たったと思うんです」

「僕が？」

「はい」

「信じてないですよ」

数秒の間があった。それから堤裕司は、「そうですか」と小声でつぶやいて、静かに微笑んだ。僕は無言だった。頭の中は空白だった。たった今自分が反射的に発した言葉に、自分自身で呆然《ぼうぜん》としていた。

カメラは回り続けている。太緒ちゃんは父親と僕の顔とを交互に見上げている。お好み焼きは鉄板に焦げついている。堤は静かな動作で、焦げついたお好み焼きを口に運び、娘の皿にとりわけている。

一九九八年二月二十四日未明、堤裕司に僕が「信じてないですよ」とつぶやくシーンがラストとなるドキュメンタリー番組「職業欄はエスパー」は、フジテレビ系列で放送された。視聴率は2％台。時間帯を考えれば可もなく不可もない数字だろう。

「放送することが怖くなったんです」

通されたＴＢＳの応接室に、タバコとノート型パソコンを持って現れた本間修二《ほんましゅうじ》は、「奇遇ですねえ。今日カギチョウから久しぶりに電話があったんですよ」と口を開くなり言った。

「カギチョウ？」

「科学技術庁です。放医研という部署です」

「ああ、気の研究をやっているという部署ですね。一度写真週刊誌に載りましたね。こんな怪しげな研究を税金でやっているとか何とか」

「気の研究？　そんなもんじゃないです。それはカモフラージュ」

「違うんですか」

「まさしく超能力研究ですよ。どっぷりと漬かった連中が、透視とか念力とか、毎日研究してますよ」

言いながら本間は、彼なりの打ち合わせに臨むスタイルなのか、タバコにノート型パソコンと灰皿と携帯電話を目の前にひとつずつ並べてゆく。一九九〇年代前半、普通の子供たちが練習によってスプーン曲げや透視などの超能力を獲得する経緯を記録した番組を、ＴＢＳはゴールデンタイムにセミレギュラーとして放送し続けた。ゴールデンタイムのこの手の番組としては控えめな演出に終始しながらも、肯定のニュアンスを正面から打ちだしたこのシリーズは大きな反響を呼んだ。その仕掛け人が本間修二だ。

「僕が初めて超能力番組にかかわったのは、『ギミア・ぶれいく』という巨泉さんが司会をやっていた番組です。一九八九年だったかな」

「当時から超能力には関心があったんですか」

「いや全然。個人的には古代遺跡とかそんなものに興味はあったけど、超能力にはなかったなあ。きっかけはマジックなんですよ」

「マジック？」

「手品師が大勢集まる奇術大会みたいな番組を僕は以前から担当していましてね。で、マリックさんがメジャーになる前から付き合いがあって、それでまあ彼が日本テレビで超魔術というフレーズでブレイクしたとき、TBSでも彼を出演させられないかという話が僕のところにきたんです。でも、日本テレビとの契約があるのでパフォーマンスは無理だと。だったらレポーターにして中国の超能力者を取材に行かせようみたいな非常に安易な企画で中国に行ったのが、そもそものきっかけです」

当時、中国の気功師たちは、密閉した瓶の中の錠剤を手のひらに移動させるなどの様々なパフォーマンスで話題を呼んでいた。マジック番組を担当していたこともあり、超能力に対して当時は懐疑的だった本間は、クローズアップマジックの分野では知られた有名人であるマリックが、そんな気功師たちのトリックをあっさりと暴いてくれるだろうと予想していたという。

「北京の国賓館という日本でいえば迎賓館で、一週間びっちり、いろんな超能力者に来てもらって、ロケ隊とマリックさんの前で超能力を披露させたんです」

「どうでした」

「玉石混交でしたね。素人目にも明らかなトリックで見得を切る人もいれば、これはトリックではありえないんじゃないかという人もいました。中国側にははっきり言ってなかったけど、番組としては、超魔術師Mr.マリックがトリックを暴くという展開に持ちこみたかったわけです。だけどこの狙いは外れました」

「というと？」

「否定しないんですよマリックさん。まあ、キャラクターとしても他人を否定するタイプじゃないのだけど、考えたら、むしろ超能力で世論が盛り上がってくれたほうが、彼のジャンルは浮き立つんだよね。全部否定しちゃったら、じゃあおまえの超魔術はどうなるんだ？　って話にもなりかねないし」

番組としては結局凡庸なものになってしまったと本間は言う。マリックが帰国してから、ロケ隊は長春に移動した。この地の小学校で超能力の授業があると聞き、番組を補完できないかと撮影を打診した。

「小さな紙に字を書いて、それを丸めて子供たちに握らせるのだけど、ほとんどの子供たちが握り拳《こぶし》を開かずにその字を当ててしまうんです。トリックじゃない。だいたい公立の小学校がいくらなんでも学校ぐるみでそんなイカサマを子供にやらせるわけがない。とにかく衝撃を受けて、番組でもこの部分がいちばん反響が大きかった。そこで今度は、日本から六人の子供たちを中国に連れていってその授業に参加させて、本当にそんな能力が現れるのかどうかを検証するという番組を作ったのです。一般公募しようかとも思ったのだけど、こんな実験で子供を公募することに正直躊躇《ためら》いはあったよね。スタッフの知り合いの知り合いとか、そんな形で集めました。まあ、テレビだから、やはりキャラが立つ子供ということで、チビッコ相撲の横綱とか、プリマドンナを目指す美形の女の子とか、そんな子たちを優先したことは事実だなあ」

「で、結果は？」

「驚きました。中国に行く前にも日本で実験したのだけど、まあ当然というかまったく的中しなかった。それが長春の小学校で、中国の子供たちがどんどん当てている状況に放りこんだら、まるでスイッチが入ってしまったみたいな感じで、みんなどんどん当たりだしたんだよね」

特に当時は小学四年生だった高橋つくしちゃんの的中率は群を抜いていた。この中国滞在の期間中、紙に書かれた簡単な漢字ならほとんど正確に透視することができるまでになった。放送されたこの特集はさらに大きな波紋を呼んだ。以後、子供たちの能力開発を趣旨としたこのシリーズは、「ギミア・ぶれいく」の人気企画として回を重ね、「ギミア・ぶれいく」が終了した後は、同局の「ＴＨＥ・プレゼンター」のシリーズ企画として継続された。

「途中から秋山さんも子供たちの合宿に参加してもらって、いろいろ実験をやったんです。密閉した瓶の中に何かを実在化してみようみたいな実験をやっていたら、秋山さんが手にしていた瓶の中に木の葉が現れましてね。間近で見ていたからあれは衝撃でしたね」

「………」

「そのときはね、それを見ていたつくしちゃんがやっぱり同じように瓶の中に葉っぱを実在化してね。それもしっかり撮れたしね」

「……撮ったんですか？」

「撮りました」

「業務用カメラで？」

「ええ。まさしくその瞬間を克明に」

僕は絶句していた。この手のパフォーマンスを披露するとき、ほとんどの場合、その瞬間を彼らは手のひらで隠したり後ろ向きになったりすることが通常だ。何もない空間に物体が現出するその瞬間の映像がもし放送されたのなら、絶対に大きな話題になるはずだ。番組としてのレベルではない。社会が騒然としてもおかしくない現象だ。しかし当時、何度かこのシリーズを目にしていたはずの僕にも、その瞬間の映像は記憶にない。

「……カットしたんですよ」

僕の疑問に、本間は一拍の間を置いてからそう答えた。

「カット？　なぜですか？　だって密閉した空間にモノが現れる瞬間が映像として記録されたわけでしょう？　こんな衝撃的な映像なのにどうして……」

本間はマルボロライトに火をつけた。光の加減なのか、ライターの灯《あかり》に浮かび上がる表情は、別人のように奇妙に憔悴《しょうすい》しきって見えた。深々と紫煙を吐く。

「……どう言えばいいのかなあ。怖くなったんですよね」

「怖い？」

「ギミアの最後の頃かなあ。高橋つくしちゃんはもうレギュラーみたいな感覚でね、エンディングでつくしちゃんが腕時計に手で蓋《ふた》をして数秒してから手をどかすと、針が全然違うところを指しているというシーンを使ったことがあるんです。まあお遊びみたいな超能力だけど、ちょうどカメラ撮りができたので、最後に軽い気持ちでそのシーンを入れたんです。ところが番組が終わってから、視聴者からのクレームがものすごくてね」

「クレーム？」

「あんなトリックをどうしてテレビで放送するんだ？　とか、テレビ局もインチキに加担しているとか、子供たちへの影響力を考えろとか、まあ、そんなクレームです。もちろん毎回必ずこの手の抗議はくるけど、このときは突出していたんだよね。……何ていうか、本当に怖いくらいにヒステリックな抗議なんですよ。そんな経験もあったからかもしれないなあ。とにかくその瓶の中に葉っぱが現れるというものすごい映像をオンエアしたとき、いったい何が起きるのだろうと考えた……怖くなったという感覚かなあ。うまく表現できないのだけど」

本間は何を怖れたのだろう？　超能力者が隠し、偶然撮れたら、今度は撮ったメディアが隠す。誰も明確な意識はないままに、しかし目に見えない一線を、まるで「何か」が内側から制御しているようだ。「何か」がこの分野をまだまだ明るみに晒《さら》したくないと考えて、僕らの無意識の領域に、無言のバイアスをかけているかのようだ。しかし言うまでもなく、この仮説はまさしくオカルトそのものだ。

一九八五年、日本テレビのドキュメンタリー番組「知られざる世界」は、清田益章のメタル・ベンディングや遠隔透視、念写などの能力を二回にわたって実験室で検証した。例のフジテレビの番組の翌年だ。たまたまVHSテープを入手した僕は、見終えて唖然《あぜん》とした。この時点で清田は二十二歳。能力がピークの頃だったのかもしれない。研究者やスタッフたちに囲まれながら、すべての実験で圧倒的な数値や結果を導きだし、手を触れないスプーン曲げにも成功し、そのすべてがワンカットで撮影されていた。樹脂アクリル板の水槽の中にぶら下げられた赤白二つの振り子を念力で動かす実験の際、清田はまずは二つを同時に動かし、次にスタッフの指示で白の動きを止め赤だけを動かした。すべてワンカットだ。ところがカメラがズームすると、止まっていた白の振り子が赤に同調するように動きだし、カメラが引けばまた白は止まり赤が動くという現象がくりかえされた（水槽の向こう側で、拳を握りしめ念を送っている清田はずっと顔を伏せており、カメラの動きを察知できるような体勢ではない)。

この現象について、スタジオに出演した番組のディレクターは、「理由はわかりませんが、まるで振り子がカメラを避けているとしか思えませんね」と当惑したように発言した。

しかし何よりも、これだけ圧倒的な映像が過去には放送されているのに、世間の認知は決して変わらないという事実が僕には不思議だった。テレビが獲得した胡散《うさん》臭さだけがその理由とは思えない。超能力者が隠し、メディアが隠し、そして最後に僕らは、見て見ぬ振りをするとしか思えない。

番組の最後には、「新しい時代の幕がこれから開くでしょう」とナレーションが謳《うた》いあげている。いつもこうだ。十五年前、この番組のスタッフたちは、これが放送されれば世界は変わると昂揚《こうよう》しながら放送の日を迎えただろう。しかし終わってみれば何も変わらない。そのくりかえしだ。

許容量を超えた電流が流れればヒューズが飛ぶように、僕らの意識には、きっと超能力や超常現象を許容するためのヒューズが仕組まれているのだろう。ある程度までは許容するが、一定の基準を超えれば、ヒューズは飛ぶ。それだけのことだ。ただ、いったい誰が、何のためにヒューズを仕込んだのか、僕にはそれがどうしてもわからない。

現在本間はこの手の番組にはほとんどタッチしていない。特にオウム事件で後遺症が突出して大きかったＴＢＳが、以降、超能力や心霊などの番組を基本的にタブーとしていることは業界内ではほとんど公然の事実だ。実際に、「超能力、心霊、ＵＦＯをテーマにした番組は放送しない」という内規を、つい最近も局内で目にした記憶があると本間も言っていた。しかし、確かに決定的な素因となったことは事実だが、理由はオウムだけではないと僕は思う。なぜならこの沈滞と熱狂とを、メディアはこの四半世紀、ずっとくりかえしてきているからだ。

一九七四年五月二十三日の「朝日新聞」朝刊社会面に「トリックに動揺　テレビ局」という見出しで、乱発する超能力番組の現状と、教育上好ましくないと自粛をするテレビ各局の混乱ぶりが紹介されている。大きく掲載されているのは、関口淳のスプーン曲げのトリックを暴いた週刊朝日と同様の分解写真だ。キャプションにはこうある。「週刊朝日が行った実験で、飛び入りの少年にコツを教えてやってもらった。念力で曲がったかに見えるが、実はバンドに押しつけて曲げている」

記事によれば、自粛を決めたのは毎日放送とＴＢＳ。特にＴＢＳは宇田テレビ本部長という人物がこう語っている。「もともと民間放送連盟がつくった〝放送基準〟一〇三条で心霊など、科学を否定するものは扱わないことになっている。手元が映ると念力が出ないなど、超能力者を自称する人たちの撮影条件を受け入れた形で番組を構成すると、どう解説してみても、テレビ局が超能力演出の片棒をかついだと見られるからだ」

記事はこの後、日本テレビだけは強気に、超能力番組を「これからも続ける。科学でも証明できないことはいくらでもある」と記者会見で語ったという記述に続き、若手のアングラ映画製作者たちが発起人となって「超能力番組を告発する会」を設立し、番組への反対運動を始めたとの記述で締めくくられている。

本文には関口淳の名前は記載されていない。しかしこの直前に週刊朝日に掲載されたトリック暴きの記事が導火線になっていることは説明するまでもない。メディアが動揺し混乱しているとの趣旨だが、「こんなトリックを……」という関口に対しての攻撃的なニュアンスが見え隠れすることは否定できない。

朝日新聞のスタンスを責める気はない。マスメディアが商業行為と報道倫理との狭間《はざま》で揺れ動いていることは四半世紀が経過した現在もまったく変わっていないし、とりたてて言うこともない。しかし、写真も含めて関口淳という十一歳の少年に対してのこの攻撃は、（きっかけになった週刊朝日も含めて）常軌を逸脱していると感じるのは僕だけだろうか。相手は子供なのにという一面的な意味ではない。現象としてはこれほどの騒ぎになったのだから看過できないことは当然だ。当然だとは思いつつ、肯定するにせよ否定するにせよ、この剝《む》きだしのスタンスはやはり過剰だと僕は思う。一口に言えば大人気ない。この十年後には、フジテレビが清田に対して、この憎悪を剝きだしにする事件があった。そして今は、大槻たちアカデミズムの一部が、オウムをきっかけにして世論を味方につけながら、この役回りを担っている。

「この手の番組のピークはちょうどバブル期と重なります。現在は以前ほど視聴率がとれなくなったということもありますね」

「飽きられたんでしょうか？」

「そうではなく、視聴者層が二分化しちゃったんですよね。要するに以前は、あるかどうかわからないけど興味があるという層が大半だったんですよ。そしてこの層がメインの視聴者だった。ところが最近は、検証なんかしなくたってこういう現象はきっとあると全面的に肯定する層と、たとえ目の前で見てもあるわけがないと頭から否定する層に二極化しちゃったんですよ」

「つまりどっちもテレビ番組には興味を示さない？」

「そういうことです。まあテレ朝さんがＴＶタックルなんかで頑張っているけど、あれは検証番組というよりも、肯定派と否定派との論争を楽しもうという趣旨ですよね。でも、肯定するにしても否定するにしても、見る必要がないと思いこむことは健全ではないはずです。そういう意味では好奇心のありかたが、一昔前とはだいぶ変わってきたような気がするなあ」

　嘆息する本間に僕はこの視聴者層、つまり大衆の意識の変遷はどこへ向かうのだろうと訊《たず》ねてみた。しかし本間は「僕にはそれはわからないなあ」とつぶやくばかりだった。

Chapter 13 ドキュメンタリーの余韻

「頭の上に、ぽっかり穴が空いています」

「職業欄はエスパー」放送の四ヵ月後、（視聴者から多少の反響があったらしく）フジテレビ編成担当の鈴木専哉から、三人のエスパーを起用した九〇分のバラエティ番組を企画してもらえないかとの依頼が制作プロダクションにあった。バラエティというジャンルは経験がないとディレクターとしての依頼を一旦は断った。しかし制作プロダクションのプロデューサーが打診した結果、清田からの返事は、「森が演出するのなら」という条件付きの承諾だったという。

最終的に僕は演出を引き受けた。プロダクションが呈示したギャラは、清田の件もあってこの手の番組としては破格な条件だった。要するに秋山ではないが、「金に転んだ」わけだ。

バラエティとしての体裁を整えるために、三人のエスパーに加えてダチョウ倶楽部《くらぶ》と桜《さくら》庭《ば》あつこというタレントたちの起用も決まった。企画内容は雑誌やインターネットなどで探しだした東京都下のオカルトスポットを、三人のエスパーとタレントたちが探索し、可能ならばエスパーの超能力を使って幽霊を捕獲するという趣旨だった。「一泊二日のロケだろ？　まあピクニックのつもりで参加するよ」と清田は言い、「じゃあ幽霊捕獲機が必要ですね」と堤は淡々と答え、秋山は「いいですねえ。面白い実験をしましょうよ」と微笑んだ。

ロケ二日前の打ち合わせで、バラエティを得意ジャンルとするプロデューサーの渡部宏《わたなべひろ》明《あき》から、四人のタレントたちを否定派と肯定派とに選別しましょうと提案されていた。ダチョウ倶楽部の上島竜兵《うえしまりゅうへい》と桜庭あつこは肯定派、肥後克広《ひごかつひろ》は中立、そして寺門《てらかど》ジモンは強硬な否定派。あらかじめ個々の役割を設定しておいたほうが、現場での彼らのトークも盛り上がるという発想だ。

「別にヤラセとかそういうことではなくて、実は演出上も無理はないんですよ。実際にこの四人についてはそういうスタンスなんです。竜兵ちゃんはとにかくこういうオカルトが大好きな人だし、寺門ジモンは高尚に言えば、がちがちの唯物主義者ですから。間違いなく彼はムキになって否定します」

ロケハンの結果、四百年前に落城した際に多数の死傷者を出したという史実があり、甲《かっ》冑《ちゅう》姿の武士やら女官の幽霊が目撃されると評判の八王子城史跡と、二十数年前に実際に老婆が惨殺されて、その慰霊のために建立された地蔵が祟《たた》るという多摩の首なし地蔵、北千住の幽霊テーマパークとして有名なアメージングスクエアなどがロケ地として決定した。これらのポイントを一泊二日で探索するというかなりの強行軍だ。

ロケ初日、スタッフ、キャストを合わせると総勢二十名近い一行は早朝の新宿花園神社に集合し、社殿で神主にお祓《はら》いをしてもらってから出発した。お祓いなど金と時間が無駄なだけだと僕は主張したのだが、制作会社の年配の役員が、絶対にお祓いだけはやらなくては駄目だと強硬に主張したらしい。四谷怪談の舞台やドラマを作る際には於岩稲荷への参拝は今でも不可欠だ。しかし祟りがありませんようにと手を合わせる彼らが皆、霊魂や超能力を信じているわけではもちろんない。当たり前だ。正月に明治神宮でお賽銭《さいせん》を投げて手を合わせる人たちが皆、明治天皇の魂の存在を信じているわけでもない。

ロケバスの中で、僕はタレントたちの一人ひとりに名刺を渡しながらさりげなく雑談に持ちこんだ。渡部のキャストたちへの認識は正確だった。堤や秋山の著作を何冊も読破したという上島竜兵は、テレビでは見ることのできない真剣な表情で、「僕自身は体験はないけどお化けや超能力は現実にあると思っています」と小声で言った。寺門ジモンは、「心霊現象は100％科学的な説明がつくし、超能力なんて全部トリックでしょう」と自信満々に断言した。「こういういかがわしいものを飯の種にする輩《やから》がいるから、いつまでも信じる奴が絶えないんだよね」とまで言われ、さすがに内心はむっとして、「その筆頭はまさしくこんな番組作りに加担する僕たちでしょう？」と多少の皮肉を舌の裏に込めながら言ってみたが、「そうそう」とあっさりと頷《うなず》く寺門に通じた気配はなかった。

初日のロケが終わって、宿泊したのはインターネットで探索したお化けが出ると噂が高い南伊豆の旅館だった。夕食後大広間で、三人の超能力者たちの霊視やスプーン曲げ、ダウジングの実験を撮影した。特にこの夜の清田は絶好調で、キャスト全員に囲まれた旅館のロビーで、ADの井坂光徳《いさかみつのり》がロケ前日に合羽橋《かっぱばし》で買ってきたスプーンの一本をまずは折り、ポラロイドカメラの中の印画紙に赤と黄色の光を現出させるという念写の実験にも成功し、さらに夕食中には肥後克広と寺門ジモンの手の中で、例のスプーン捩《ねじ》りも披露した。三〇秒ほどでスプーンは90度捩れ、その動きと感触を体験した肥後と寺門はしばらくは言葉が出ない。二人だけではない。スタッフや他のキャストたちも啞然《あぜん》としていた。秋山と堤だけが涼しい顔で、黙々と目の前のお膳《ぜん》に箸《はし》を伸ばしていた。

エスパーたちの実験が終わった後、僕は残ったスプーンのうちの一本を寺門に手渡しながら、筋力で折ってみないかと提案した。気乗りしない表情ながら寺門はしぶしぶ応じ、スプーンは何度かの力任せの二つ折りを経過してから、やっと彼の手の中でぽっきりと折れた。

「……全然違うよ」

二本のスプーンの折れ口を指の腹で擦《こす》ってからしげしげと眺め、掠《かす》れた声で寺門は言う。

「力で折ったほうは折れ口がぎざぎざだ。こんなに滑らかな切れ口になるはずがない」

「どうですか？　実際に目撃してトリックはあったと思いますか？」

「いやない。これは本当にない」

言ってから寺門は折れたスプーンを手にしばらく黙りこみ、やがて深々と吐息をついた。

「……たまげたねえ。まさかこんなことが本当にあるなんて思わなかった」

すっかり意気消沈した寺門に、いつのまにか溜飲《りゅういん》を下げている自分に僕は気がついた。奇妙な感覚だった。信じているという言葉は未《いま》だに使えなかったが、寺門のステレオタイプな否定の論理には過剰に反発していた。否定するにしても肯定するにしても、そんな表層的な感覚で断じて欲しくないという思いは確かにあった。しかしそれだけではない。明らかに僕は冷静さを失っていた。一言で言えばムキになっていた。


機材をすべて片づけた就寝前、秋山の部屋の前にスタッフたちがずらりと並んだ。一人一人が霊視をしてもらったのをきっかけに、全員が我も我もと希望したのだ。タバコを吸いながら僕はぼんやりとそんな様子を眺めていた。部屋に戻ろうとする一人のスタッフの顔色が蒼褪《あおざ》めていることに気づき、「どうしたの？」と思わず訊ねたら、強張《こわば》った表情で、「的中です」と彼はつぶやいた。

「ついこのあいだ親父が死んで遺産を相続することを的中されました。今、背中に親父がいるそうです」

自分は正直に言うと否定派ですよとロケ前に言っていた彼のこの言葉に、「本当に的中？　誘導尋問されたんじゃないの？」と重ねて聞いたが、「絶対にありえません。いきなり言われました」と掠れた声で答えながら彼は首を振り続ける。

超能力実験から一夜明けた二日めのロケのあいだ、僕はひそかに寺門の挙動に注目していた。しかし前日より多少は無口になったような気配はあるが、言葉や仕種《しぐさ》に劇的な変化はない。他のキャストやスタッフたちも同様だった。昨夜は皆、次々と眼前に展開する出来事に昂揚《こうよう》したり呆然《ぼうぜん》としたり衝撃を受けたりしていたはずなのに、一夜明ければ絶句や沈思の余韻など微塵《みじん》もなく、いつもどおりにカメラの前と後ろとで、全員がそれぞれの役割をこなしていた。

……そんなものなのだろうと思う。たぶんこれが多数派の反応なのだ。この撮影の後も仕事は続く。家のローンもあるし子供の入学式も近いし明日は分別ゴミの日だ。スプーンが意識の力で折れるのだとしても、だからといってそれぞれの日常に影響は何もない。膨張を続けた宇宙が絶対静止するのかビッグクランチを迎えるかも、今の生活にとってとりあえずは大きな問題ではない。カシオペア座で中性子星がブラックホールに変わりつつあることよりも、目前に迫った相続税の対策のほうが深刻な問題だ。一人ひとりの感覚の中では、時間と空間はまぎれもなく有限だ。絶対的に閉じられている。こうして僕らは日々を過ごし、年老いて死ぬ。死んだら何処に行くのだろうと、時おりは脳裏に浮かぶが深くは考えない。子供の頃は思いつめた時期もあったが今は考えない。囚《とら》われていては日々の営為をこなせない。

もちろんインドに行ったり宗教の門を叩《たた》いたりする少数派もいる。僕はどちらでもない。黙殺はできないが熱狂もしない。言葉を換えれば中途半端なままだ。三人に出会ってからのこの五年間、いろんな体験をしてきたはずなのに、咀嚼《そしゃく》も獲得も何ひとつできていない。何も変わらない。何も断言できない。二日めのロケではタレントたちも清田に指導されてスプーン曲げに挑戦した。肥後のスプーンが微《かす》かに曲がり、番組としては大成功だが、肥後が番組のためにこっそり手に力を加えたのかどうかは僕には判断できない。こっそり聞こうかなと思ったがやめた。聞いたところで同じことだ。どこまで進んでも視界は開けない。相変わらず混沌《こんとん》としたままだ。何よりも僕自身は、未だにスプーンを手に試しに擦ることさえしていない。

超能力実験についてはそれなりに成果はあったが、肝心の幽霊捕獲については、まだまったく手応《てごた》えはなかった。初日と二日めのロケの前半まで、堤の空間異常検出機はどのスポットでも「異常なし」という数値を記録し続け、このまま幽霊捕獲のシーンが撮れないのならこの番組は成立しないと、スタッフたちは少しずつ焦りだしていた。

二日めの夜、今の東京近郊では最も凶悪なスポットとインターネットでも騒がれていた首なし地蔵の公園でも、「異常値は現れません」と堤はすげなく断定し、秋山も両手を空中にかざしながら「邪悪な気配は薄いですねえ」とつぶやき、清田は「霊視は俺のパートじゃないからよ」とカメラの後ろでポケットに手を突っこんでいる。

もちろん僕も含めスタッフやキャストたちが、本気で幽霊を捕獲できるなどと考えているわけではない。「捕獲といっても場のエネルギーを水に吸着させるだけですよ。要するに画《え》にはなりません」とロケの最初に堤は心もとなそうに言ったが、そんなことはこちらも承諾済みだ。ダチョウ倶楽部と桜庭あつこの同行が決まった段階で路線はもう決まっている。番組としては、大真面目に幽霊捕獲に取り組むエスパーたちを撮って、それを素材にしたダチョウ倶楽部のギャグが撮れればそれで充分なのだ。しかしこのままでは、その最低限度の保険すら撮れないままに終わってしまう可能性は高い。

首なし地蔵のロケの結論は、「祟りはないが、怖いと思う人の意識が残存エネルギーとして浮遊している可能性はある」と堤がまとめた。将門の首塚と同様だ。

「心霊スポットと騒がれている場所はこの手が多いです」

カメラの前でそう断言する堤の横で、肥後克広と上島竜兵が、「この番組、本当にこんなまとめばっかりで大丈夫なのかよ」と真顔で不安がる。「秋山君なんかさ、本当はこういうときは嘘でも、ああ！　肩にとり憑《つ》きましたとか言って大騒ぎする役回りなんじゃないか？」冗談めかしての清田の言葉に苦笑を浮かべながら、「確かにこの場には邪悪な雰囲気はないけど、あの地蔵さんの向こうの藪《やぶ》が少し気になるなあ」と秋山はつぶやく。

撮影が終わりキャストたちはロケバスに引き揚げるが、一人だけ残った堤が、首なし地蔵の背後の深い闇にドライヤーのような奇妙な器具を向けてはしきりに首をひねっている。何ですかそれは？　と訊《たず》ねる僕に、自作の赤外線ビュワーですと答えてから、堤はもう一度ビュワーのレンズを闇に向ける。地蔵の背後には藪があり、その向こうには鬱蒼《うっそう》たる森がある。同時にビュワーがけたたましく鳴り始める。残ったスタッフたちが色めきたちながら堤の周囲に集まるが、「犬や猫がいても鳴るんです。赤外線というのは要するに温度ですから」と堤は相変わらず素気ない。

「……でも実はちょっと奇妙なんです」

「奇妙？」

「さっきから森のほうにレンズを向けると鳴りっぱなしなんですよ。それがピンポイントじゃないんです」

「犬や猫が藪の中にたくさんいるということですか」

「それも妙な話ですね」

皆がロケバスに引き揚げた後、敷地内の雑景と首なし地蔵単体の撮影を、僕はカメラマンと二人で続けていた。特にオープニングの映像に使用するつもりの首なし地蔵は、上から俯瞰《ふかん》したり下から仰いだりズームをしてみたりと様々な角度から撮った。先刻までは二十名近いキャストやスタッフたちで賑《にぎ》やかだった深夜の公園は、ひっそりと打って変わって静寂に包まれている。首から上を失った地蔵というモニュメントは、見ていて気持ちの良いものではない。手早く撮影を済ませてから、僕とカメラマンは現場を後にした。背筋に悪寒が走る。石段を降りる手前で立ち止まり、振り向いて僕は一瞬だけ地蔵に向かって手を合わせた。その程度の礼は尽くすべきだろうと思ったのだ。悪寒の理由はわかっている。深夜の森という感覚遮断、老婆の殺人事件と首を折られた地蔵という過去の事実、事前にインターネットで読んでいた様々な噂話、これらの要素が渾然《こんぜん》となってインプットされれば、悪寒や胸騒ぎというアウトプットくらい当然だ。

しかし次のロケ地である八王子城史跡に向かうバスの中で、背筋に芽生えた悪寒は急速に全身に広がっていた。深夜の青梅《おうめ》街道を走るロケバスの中、運転席のすぐ後ろの座席で身体を硬くして、酸欠の金魚のように、僕は必死に短い深呼吸をくりかえしていた。全身の筋肉がすっかり弛緩《しかん》して指先に力が入らない。こんな感覚は初めてだ。しかしロケ途中のこの時点で、身体の変調をスタッフやキャストたちに訴えるわけにはゆかない。とにかくロケは後数時間で終わる。それまでは何とか持ちこたえなければいけない。

ほぼ二時間後、目的地である八王子城史跡の駐車場にバスはやっと着いた。ＡＤの井坂が、「キャストの皆さん、お待たせしました」と後ろで大声をあげている。前の座席の背もたれに摑《つか》まりながら、やっとの思いで立ち上がりかけた僕の横に、数列後ろの席にいたはずの秋山がいつのまにか佇《たたず》んでいた。

「森さん。変でしょう？」

秋山のこの唐突な質問も変といえば変だ。しかし冗談を返す余裕はない。観念した僕は、小声で「変です」と囁《ささや》き返す。

「さっきからずっと気になってたんです。とにかく降りましょう」

バスの中の他のキャストや機材を降ろすスタッフたちは、僕と秋山のこの動きに気づいていない。皆に異変を気づかれたくないという僕の挙動を察知したのか、口を閉ざした秋山と一緒にバスを降りた。「森さん！　五分休憩してから始めます」照明機材を担いだ井坂が、擦れ違いざまに声をかけてくる。「わかった。ちょっとトイレに行ってくるよ」気配を悟られないように、僕もできるだけ大声で言い返す。

八王子城史跡の入り口脇の公衆トイレ。その脇の植え込みまで歩いて僕は立ち止まった。悪寒で指先が細かく震えているのがわかる。もうこれ以上は一歩も進めそうもない。秋山の手が僕の背中に伸びた。森さんちょっと俯《うつむ》いてくださいと耳許《みみもと》で囁いてから、僕の首と背中を奇妙な動きで擦《こす》りだす。同時に嘔吐《おうと》が始まった。これまで経験したことがないほどの激しい嘔吐だ。

一時間ほど前、全員で立ち寄ったファミリーレストランでは、僕は食事をとらず水ばかりを飲んでいた。とてもじゃないが料理を咀嚼《そしゃく》したり飲みこんだり喋《しゃべ》ったりできる状況ではなかった。しかしその時点では、車酔いだろうかと考えていた。風邪にしては急激すぎた。昨日から全員と同じものを食べているのだから食中《あた》りとも違う。成人してからは車に酔った体験などほとんどないが、他に原因は思いつかなかった。

結局のところファミレスでは、トイレに行くふりをして従業員に氷の入った水を頼み、目の前の和風定食には少し箸《はし》をつけてからさっさと蓋《ふた》をして、グラスに二杯分の氷の入った水を、僕は周囲には気取られないようにこっそりと飲みほした。全身が乾ききったスポンジのように水分を欲していた。

しかし今、まさしく僕の胃の腑《ふ》から排出される水の量は、どう考えてもグラスに二杯の量じゃない。……水だけじゃない。確かその前に缶ジュースも飲んだはずだ。トイレには何回行っただろう？

間断なくこみあげる嘔吐の発作に目尻《めじり》に涙を浮かべながら、今日一日で摂取した水の量と排出した量とを頭の中で比較する。別に変じゃない、普通の現象だと何度も自分に言い聞かせながら嘔吐をくりかえす。

涙で滲《にじ》む視界の端に秋山の革靴が見えた。ティッシュで口許を拭《ぬぐ》いながら僕は視線を横に向ける。嘔吐というこれ以上ないほどに無防備な現場の一部始終に、他人を介在させてしまったことに急に羞恥《しゅうち》がこみあげてきた。

「……秋山さん、大丈夫です。後は一人でも」

「いえ、もう少しここにいます」

傍らの立ち木に腕をかけて僕は体勢を立て直した。五〇メートルほど離れた駐車場ではロケバスの小さな灯《あかり》が闇に滲み、耳をそばだてればスタッフたちの雑談や笑い声がきれぎれに聞こえてくる。トイレの常夜灯に仄《ほの》白く照らしだされる秋山の表情はいつになく真剣だ。口調にも有無を言わせないものがあった。

「でも本当に……」

「今、森さんにとり憑《つ》いていたのが出てゆきました。でも場所が悪い。ここにもたくさんいるんですよ」

「………」

「ちょうど今、頭の上にぽっかり穴が空いている状態です。気をつけないとまたすぐ別なのが入ってきます」

そう言った秋山は、再び僕の背中に手を這《は》わせる。梵字《ぼんじ》でも書いているのかなと多少余裕を取り戻した僕は、背中を這う素早い触感を観察する。数分後に手の動きが停まり、最後に秋山が背後で大きく息をついた。

「とりあえずの応急処置です。二、三日は身体がだるいかもしれないけど、もう大丈夫です」

確かに気分は一変していた。僕は背筋を伸ばし、深呼吸を数回くりかえす。嘔吐も四肢のだるさも、何かの冗談じゃないかと思いたくなるくらいに、いつのまにかほとんど消えかけていた。

「……僕の様子がおかしいって気づいてたんですか」

「後ろの席にいたら、森さんの肩のあたりに何かが見えるんですよ。たぶんさっきの首なし地蔵の現場から持ってきちゃったんでしょうね」

植え込みの根元の吐瀉物《としゃ》に僕は足先で砂をかける。ロケバスの方角から井坂が小走りに近づいてくる。「スタンバイＯＫですけど……」異変を察したのか手前で足を止め、何かあったんですか？　と井坂は聞いてくる。何もないよ。僕は答える。

「だって森さん、顔色真青ですよ」

「霊にとり憑かれていた。今秋山さんに祓《はら》ってもらったんだ」

「マジすか」

「嘘だよ」

ロケバスに向かいながら、霊現象以外の可能性を考える。吐くだけ吐いたのだから気分が持ち直すのは当然だ。ファミレスでの夕食の際、ほとんど料理に箸をつけなかった僕に秋山は気づいていたのかもしれない。バスの中でもちょっと注意を向ければ、ずっと黙りこんでいた僕の様子に気づいたはずだ。症状としては確かに急激すぎるが、だからといって風邪という可能性を否定はできない。車の酔いと疲労がそれに重なったと考えるほうが絶対に合理的だ。

ロケバスの横、八王子城史跡への入り口脇で、キャストとスタッフは深夜の冷気に震えながら既にスタンバイしていた。プロデューサーの渡部が、「森さん何かあったの？」と声をかけてくる。井坂がすかさず答える。

「森さん、とり憑かれたんすよ」

「嘘？　マジでかよ」

「秋山さんが祓ってくれたらしいすよ」

「冗談だよ。ちょっと体調が悪かったから吐いたけどもう大丈夫だよ」

「言ってくれればカメラ回したのに」

「いやだよ」

「だってまさしく悪霊祓いの瞬間じゃない？」

「勘弁してくれよ」

秋山は微笑を浮かべながら、僕とスタッフたちのこんなやりとりを聞いている。「まだ出発しないのかよ」と寺門ジモンが苛《いら》ついた声をだした。「じゃあ行こう」と僕は言う。「出発です！」と井坂が全員に呼びかける。こうしてバラエティ番組「大東京オカルトツアー」の最後のロケが始まった。


「首だろ？　三つだよな」


「何て表現すればいいかなあ。バレーボールみたいな感じですね」

八王子城史跡の最深部、武士やら女官姿の幽霊やらの目撃例がいちばん頻繁な滝壺《たきつぼ》の脇にしゃがみこみ、スタッフが持つバッテリーライトに照されて眩《まぶ》しそうに目を細めながら、秋山眞人はにこにこと微笑んだ。「バレーボール？」桜庭あつこが恐々と聞き返す。「首だろ？　三つだよな」と清田が言う。ほぼ同じタイミングで、「滝壺の下からぽーんぽーんと跳び上がってきては、こっちを睨《にら》んでいるんですよ」と秋山が言った。上島竜兵が秋山の背広の裾《すそ》にしがみつく。もちろんカメラが回っていることを意識しての演出された行為だと思うが、怯《おび》えた表情は真剣だ。

「大丈夫なの？　祟《たた》らないの？」

「大丈夫です。祟るような霊じゃないです。何て言うのかな。かつてここにいた人の意識の残滓《ざんし》なんですよ」

タレントたちと秋山との会話に耳をそばだてながら、僕は清田が、カメラが回る前で首が見えるとはっきりと言葉にしたことが意外だった。霊視やら祟りやらのジャンルには、常に慎重に距離を置いてコミットすることを避けてきた彼としては珍しい。同時に、「三つの首」と二人の意見が合ったことも興味を引いた。二人が口裏を合わせていたという可能性はない。それは断言できる。彼らの性格から絶対にそれはない。もうひとつの可能性は、秋山が「バレーボールのようです」と言った後に、清田が三つの首と断定し、秋山がそれに無意識に同調したという可能性だろう。しかしそれもない。彼らはほぼ同時にコメントした。同調や追随の気配はない。ならば選択肢はひとつだ。実際に三つの首が滝壺の上を飛び跳ねる映像が秋山には見え、そして清田にも見えたのだ。

一行から少し離れた地点で、堤は一人で黙々と「空間異常検出機」を操作している。プリントアウトされた数値は４・５。

「ですよね。でも、このあたりは地元の人も近寄らない場所ですから。ロケはここが最終地なんですよね」

訊《たず》ねる僕に、堤は微《かす》かに首を傾げる。

「異常ですか？」

「微妙ですね。平均値は4だから異常といえば異常ですが……ロケはここが最終地なんですよね」

「ええ」

「幽霊捕獲機、一度くらいは使ったほうがいいんですよね」

「そうですね」

無表情に頷《うなず》いた堤は「じゃ、やりましょうか」と傍らに置いたトランクを開ける。横にいた井坂が「幽霊捕獲始めまあす！」と周囲に大声をあげて、上島竜兵と桜庭あつこが、「ええ！　本当にやるのォ！」とカメラの前で大仰な悲鳴をあげる。

滝壺の脇の木陰に向けて堤は手製の超音波発生器を向ける。場の空気を振動させ、茂みに潜むエネルギーを追い出すのだという。キャストは全員、堤の周囲に集まってその一挙手一投足を息を凝らして見つめている。次に幽霊捕獲機を堤は構え、水晶が取り付けられた棒の先端を、木立に向けてぐるぐると数分にわたって振り回した。水晶とコイルで繋《つな》がる機器本体の中には蒸留水を入れた容器が収められている。蒸留水のpH《ペーハー》と電気伝導率は直前に測定してある。数値に変化があれば、場に潜んでいたエネルギーを捕獲したということになる。

測定する堤の手許《てもと》に全員の視線が集中する。電気伝導率は640から630に、そして

pHは8・4から7・9に変動していた。「成功だ」と肥後が叫び、上島が「この水はどうやって処分するんだよ」とつぶやいて、寺門が「お約束だろ。飲むんだよ」と脅して笑いを誘う。しかしタレントたちの昂揚《こうよう》をまったく意に介すこともなく、堤はいつものように冷静だった。

「水は放置していても大気に触れるだけでpHが変わります。電気伝導率もほとんど変わっていないし、この程度の変化なら失敗です。というよりも、やっぱり最初から霊はいなかったということです」

　全員が沈黙した。数秒の間を置いてから肥後が、「まあ今回は寒くて霊も活発ではなかったようです」と気を取り直したようにカメラ目線でコメントし、「お化けでお悩みの方がいれば是非お知らせください」と上島がまとめる。

「オーケー、これでアップだ」傍らの井坂にそう言うと、「大丈夫すか森さん、こんなんで本当に終われるんすか」と井坂は真剣な表情で僕の顔を覗《のぞ》きこんだ。

「だってこれ以上どうしようもないじゃん」

「そうですけど、でも……」

「いいんだよ。おしまい」

　わかりましたと頷いた井坂は一歩前に進み出て、「皆さんお疲れ様でした！　これでロケアップです」と大声で叫ぶ。

フジテレビ日曜スペシャルは、再放送も含めて日曜の夕刻に二回放送された。幽霊捕獲はともかく、念写やスプーン曲げについては、否定のしようがない状況で撮影することができた。しかし視聴者からの反響は鈍かった。そういうものだと思う。メディアと超能力とは、これまでもそしてこの先も、こんな蜜月《みつげつ》と痴話喧嘩《げんか》とをくりかえしながら年月を重ねてゆくのだろう。

Chapter 14
そして八年越しの願いは絶たれた

「とにかく大槻はそう申してますので」


「大槻が言うにはネタにはされたくないそうです」

受話器を通しての女性マネージャーの言葉が一瞬うまく頭の中で咀嚼《そしやく》できず、思わず僕は立ち止まりながら、携帯電話を耳に押し当てて「ネタ？　ネタって何のことですか」と聞き返していた。白昼の赤坂一つ木通り。声のオクターブが上がっていたのかもしれない。擦れ違った二人連れのサラリーマンが、吃驚《びっくり》したように振り向いた。

超能力者のドキュメンタリーを最初に思いついてからのこの八年間は、否定派のシンボル的存在である早稲田大学理工学部教授大槻義彦に、連絡をとるタイミングをずっと計ってきた期間でもあった。当初のプランにあった三人のエスパーとの対決というあまりにテレビ的な仕掛けは、もちろんとっくに意識にない。しかし今回のルポを書くにあたっては、最後の最後に大槻に会って話を聞くことは不可欠だろうと当初から考えていた。

否定派の旗手やタレントとしての側面はできるだけ排除して、一人の実験物理学の研究者である大槻義彦に、超常現象に対して大衆が持つネガティブな意識についての意見を聞きたかった。「信じる・信じない」という過激な述語が示すように、否定するにしても肯定するにしても、過剰な熱狂や黙殺とどうしても無縁ではいられない僕らの意識について、否定派のカリスマとして長くメディアに君臨してきた彼の見解を聞きたかった。

二〇〇〇年九月二十三日、「TVタックル」の収録後にスタジオの隅で、僕は秋山眞人に大槻を紹介された。ほとんどまともな会話はできず名刺ももらえなかったが、「サイプロに連絡してくれ」と大槻に指示された僕は、オンエアから一週間が経過する頃、電話番号を調べて大槻の所属事務所であるサイプロに電話をかけた。担当だという女性マネージャーは、僕の依頼に率直に困惑した。

「あなたが大槻に話を聞いて、それでその内容は出版物に掲載されるのですか?」

「まだ決まっていません」

「それによってギャラも違いますから、確定した段階で連絡ください」

「掲載するかどうかは大槻さんと話してみないとわからないです」

「え? だって普通は構成とか、そういうものあるでしょう?」

「そうなんですか? 僕はそういうもの作らないんです」

「はあー」

「あの、実はその意味では、プロダクションを通さずに個人的にお話をお聞きすることがいちばんいいと思っていたんです」

「そうですね。私もそう思います」

「まあでも、大槻さんからプロダクションを通せと言われてしまいましたから。……いずれにせよ、お時間を拝借することは事実なんですから、サイプロを通さなければいけないのなら、僕が個人的に謝礼を負担します」

「そうですねえ。それで聞きたいことは？」

「超能力についてです。これはこのあいだ大槻様にも申し上げていますが」

「とにかく本人に連絡をとって、追ってご連絡いたします」

電話がきたのはそれから二〇分後だった。冒頭でいきなりネタにはなりたくないと表現され、携帯電話を握り締めたまま僕は数秒絶句した。

「つまり、大槻に取材して森さんがお書きになるということですよね」

「はい」

「その場合、文章になった大槻の発言に、大槻自身が責任を持てないのでお断りしたいと」

「……責任」

「はい」

どうも趣旨がわからない。わかるようでわからない。確かに取材を受けるという行為は、他者の言語に自分を委ねることでもある。その意味では取材を拒絶する権利はもちろん誰にでもある。しかしこれまで、それこそ女性誌や芸能誌まで含めてさんざんメディアの取材やインタビューに応じてきた人なのだ。僕に対してのこのいきなりの拒絶は、明らかに唐突すぎるし不自然だった。

「あのう……じゃあ、インタビューという形で、つまり会話形式という形できちんと掲載して、チェックもしてもらうという条件なら宜《よろ》しいのでしょうか？」

「いいえ。つまりネタにはされたくないんです」

もう一度彼女は同じ言葉をくりかえした。たまりかねて僕は言う。

「ネタって意味がよくわからないのですけど」

「さっきの電話であなた、……森さんでしたっけ？　あなたが仰《おつしや》ったでしょう」

「僕が？　言いません。僕はネタって言葉は嫌いなんです。取材の対象者に対してそんな失礼な言葉遣いするはずがないです」

「とにかく大槻はそう申してますので」

「ちょっと待ってください。……困ったな。大槻さんと直接話ができませんか」

「ええ、ちょっと。申し訳ありませんが」

「交渉の余地はないのでしょうか」

「本人がそう申してますので、これ以上は無理です」

女性マネージャーの最後の言葉は実はよく覚えていない。申し訳ないですねと紋切り型に謝罪されたような気もするし、いきなり電話を切られたような気もする。とにかく白昼の赤坂で、通話の途絶えた携帯電話を手に、僕はしばらく呆然《ぼうぜん》と立ち尽くしていた。

揚げ足をとる気はない。しかし女性マネージャーの言いかたで直感できたが、大槻自身が「ネタにはされたくない」と口にしたことはきっと間違いないと思う。ならば問い返したい。一九九三年に出版された著作「超能力・霊能力解明マニュアル」や「超能力ははたしてあるか」、あるいは九四年の十月号から現在まで連載が継続している「噂の眞相」のコラムでは、毎月のように大槻は、秋山、清田、堤を登場させては、イカサマとか詐欺師と批判している。批判というより罵倒《ばとう》に近い。掲載にあたっては、「ネタにされた」彼らには事前も事後もいっさいの連絡はないそうだ。確かに文中では、批判の対象である彼らの名前はアルファベット表記となっていることが多い。しかし、「某ダウジング協会のT氏」とか、「テレビによく登場するオカルト超能力者のA山」とか、「スプーン曲げのK君」とか、頻出するこれらの表記に僕は大きな違和感を覚える。批判をするべきではないとは言わない。彼らもメディアに登場しているのだから批判される覚悟はできている。ならば大槻も、早稲田大学理工学部教授の肩書きで批判している以上、きちんと研究の対象である彼らの実名をあげるべきだ。そして自らも批判に応《こた》えるべきだ。物理法則の認定に不可欠な追試や再現性は、何よりも相互批判の精神が前提のはずだ。結局は面会を拒絶された大槻の言動の矛盾や人間性についての批判はここまでにする。以下は大槻の理論の欠陥や不備を、あくまでも僕のレベルで考察する。

超能力が存在しないと大槻が断定する最大の根拠は、存在を前提にすると、「作用反作用の法則」や「エネルギー保存の法則」など従来の物理法則との整合性が保てなくなるとする一点である。著作やインタビューのほとんどで大槻はこのレトリックを展開している。

しかし、決して否定されない、いや否定されてはいけない法則・原理が物理学にはある。相対性原理もその一つだ。それが否定されたら科学自体が否定される。さらに、宇宙の存在そのもの、空間とか時間も否定される。人間の進化、宇宙の進化も否定されることになる。（『だから、私は超能力・霊能力を批判する』、呉智英監修「朝日ワンテーママガジン㉘オカルト徹底批判」93頁）

だけどね、物理の基本法則に反するものはダメです。作用・反作用などの物理の基本法則が崩れたならば、宇宙の基本秩序そのものが崩れることになる。そうすると、宇宙の進化もない。宇宙の進化がなかったら、人類もない。科学者だっていないし、科学もない。超能力者も、あなたたちもいないんだと、良心の科学者・大槻はこういってるわけなんです。（「ＤＥＮＩＭ」九三年九月号）

空間を伝わるあらゆる力は、「その距離の逆二乗に比例して（あるいはそれ以上の激しさで）小さくなる」というニュートンが発見した万有引力の法則は、物理学の基本法則であり、アインシュタインの相対性理論が現れても、決して破れなかったものである。（中略）つまり日本の視聴者の時計を、ユリ・ゲラー氏のパワーでカナダから本当にこわすためには、原爆一〇〇個程度の破壊力をカナダから日本に向けて放射しなければならないのである。彼がカナダから「念」を送って日本の時計をこわしたのは数年前だった。その「念」が本当にエネルギーを持つものであったら、ユリ・ゲラー氏自身は、あのとき吹きとばされ、すでに、この世には存在しないはずである。（中略）しかし、私がスタジオで会ったユリ・ゲラー氏はピンピンした生身の人間であった。（中略）自然に法則性がなかったならば、進化論すら否定されることになるが、そうすると、とても困ったことになるのだ。ヒトは猿人から原人、旧人へ、さらにホモ・サピエンスへと進化したものだが、それが否定されるとなると、現代のヒトは進化の結果ではなかったことになり、能力豊かな超能力者ご自身すら、いま存在していないことになるではないか。ユリ・ゲラー氏は、どこかの異星からある日突然、この地球に飛来したのであろうか？（「超能力ははたしてあるか」72〜76頁）

相対性理論は宇宙の時空間というマクロレベルで、そして量子力学は素粒子のふるまいというミクロレベルにおいて、ニュートン力学が否定されることを証明した。しかしこの三つのパラダイムは現在も共存している。新しい法則が既存の法則を否定するとは限らない。仮に進化論を白紙に戻したとしたら、どうして現人類の存在を否定することになるのだろう? 作用反作用の法則や相対性理論の再検証が、どうして宇宙の進化や存在を否定することに短絡するのだろう?

そもそもが現行のパラダイムとは別な位相で考察することが前提の「超能力という現象」を、現行のパラダイムに再び引き戻して論じれば矛盾が生じるのは当たり前だ。何よりも超能力という未知のパラダイムを検証することが、作用反作用など既存の法則をすべて棄却することと同義であるかのように、読み手に了解させてしまう詐術がここにある。この論理で考えるかぎり、地動説も進化論も量子力学も、もちろん大槻が決して否定されてはいけないものとして崇《あが》め奉る相対性理論も、発表と同時に棄却されていただろう。新しいパラダイムを考察することは既存のパラダイムを否定することと等価ではない。

超能力を肯定することは自然に法則性があることを否定することなのだと誰が言ったのだ? 相対性理論が発表される以前には宇宙は存在しなかったのだろうか? 地動説が発表される以前は地球は回転していなかったのだろうか? ユリ・ゲラーがカナダから日本の時計を壊す(若しくは直す)念を送ったというデモンストレーションに異議を唱えるのなら、握り締めることで時計内部の温度が上昇し、アナログ時計なら潤滑油の働きで動きだしたりするという可能性と、たまたま時計に変化が生じた視聴者だけが局に電話をかけてきたとする統計のトリックだけで説明は充分だ。

超能力論争においては僕は決して当事者ではないし、今後も加担する気はない。言うまでもないことだけど、大槻に対して私怨《しえん》などこれっぽっちもない。高校時代、物理ではいつも赤点だった僕が、本格的な物理学の論争になったら大槻に敵《かな》うはずはない。でもムキになっている。その自覚はある。「こういういかがわしいものを飯の種にする輩《やから》がいるから、信じる奴が絶えないんだよね」と寺門ジモンが訳知り顔に言ったときにムキになったように、この鈍感さにだけはどうしても他人事でいられない。

スプーン曲げが何の苦もなくできるのなら、なぜ生産に役立てないのか。ミスタ《マ》ー《マ》・マリックが競馬の予言ができるのなら、なぜ自ら競馬場に行って稼がないのか。フィリピンの心霊手術師の奇跡の業が本物なら、どうして昭和天皇の膵臓癌を治癒してもらわなかったのか。宜保さんの霊視能力が本物なら、女優を泣かしたりしていないで、どうして行方不明の坂本弁護士一家の命運を霊視してくれないのか、……（安斎育郎『心霊に惑わされる心と科学的態度』、「朝日ワンテーママガジン㉘オカルト徹底批判」89頁）

つまり、〝スプーン曲げ〟の超能力を持つ人を、金属加工業の生産ラインに並べておけば、工作機械も電力も使わずに、たちまちスプーンと同じ金属の板や棒を曲げたり、ネジッたり、二つに切断することができるはずである。／少しでもコストを切り下げようと一生懸命の経営者は、すぐにでも、そんな超能力を持った人を雇い入れたいと思うだろうし、また目ざとい企業なら、もう雇って働かせているに違いない。（大槻義彦「超能力ははたしてあるか」45頁）

超能力が実在しないことの証左としての安斎と大槻の文章を順に二つ並べた。論点は同じだ。どちらも必要条件と十分条件が混在している。たぶん中学生でもその矛盾には気づく。アインシュタインに「相対性理論が真実ならなぜ今すぐ他人の未来を自由に覗《のぞ》けないのか？」と毒づくことに等しい。

文章の稚拙さや論理の独善性を指摘すれば紙幅はいくらあっても足りない。僕が言いたいことはそんなことじゃない。超能力に関しての彼らの著作は無数にある。すべてこのレベルだ。どうして誰も指摘しないのかが不思議なのだ。どうしてこの程度の言説が、世間からは正論としてもてはやされるのか、それで腑《ふ》に落ちないだけなのだ。その意味では僕にとっての目的語は既に大槻や安斎ではない。はっきりいえば視野にはない。本が売れるのなら書くのは市場原理としては当然だ。彼らの論説をアプリオリに受容し肯定する今の日本のまさしく集合無意識が、僕にとっての最終的な目的語だ。

「例の話だよ。大槻さんと初めて会ったときの話」

「カメラはなしだよ」

「いいよ」

「一軒めは銀座だったんだ。つのだ先生の馴染《なじ》みの店みたいだったな。そこで、スプーン曲げてくれって大槻先生がスプーンを鞄《かばん》から出したんだよ。でも、俺、そこではやらなかったんだよ。初対面だからな。突っぱってる時期でもあったしさ、とにかく今は話をしましょうよって言って。何て言うのかな、初対面でいきなりスプーン曲げから始まるってのがどうしても自分の中で納得できなくてさ。とにかく銀座ではそれなりにまあ打ち解けて、次に大槻先生が知ってるという新宿の店に行って、で、そこで曲げたんだよ」

「質問がある」

「いいよ」

「銀座から新宿に移動するあいだ、そのスプーンは誰が持ってたのかな」

僕のこの質問に清田は一瞬黙りこむ。顔を上げ、微《かす》かに気色ばんだ表情で、正面から僕を睨《にら》みつける。

「大槻先生だよ。当たり前だろ。それを新宿の店でもう一回渡されて、捩《ねじ》ったんだよ」

「捩りなの?」

「そうだよ。後からやっぱりトリックだとか言われたくなかったからな。大槻先生に端を持ってもらって捩ったよ」

「それで、大槻さんは何て言った?　見なかったことにしてくれって言ったの?」

「そんな台詞《せりふ》は覚えてねえなあ」

「じゃあ何て言ったの？」

「やっぱりホンモノなんですねえって言ったんだよ」

「言ったの？　確かなの？」

「この一言ははっきり覚えてるよ。語尾が『なんですねえ』か『なんだねえ』かまでは覚えてないよ。でも言ったことは確かだよ。見なかったことにしてくれみたいな言いかたはその後だよ。テレ朝のスペシャル番組に呼ばれたんだよ。神田正輝《かんだまさき》とか加納典明《かのうてんめい》とかがスタジオにいたな。収録前に楽屋に大槻先生が訪ねてきて『清田君、このあいだ会ってスプーン振りを見せてもらったことは内緒にしといてくれませんか』って言うんだよな」

理由を訊《たず》ねる清田に大槻は、台本では僕らは今日初めて会うことになっているからですよと説明したらしい。嘘はつけないよと清田が断ると、今度はプロデューサーが楽屋までやってきて、「何とかなりませんか」と頼みこんできたという。

「とにかく嘘は嫌だからさ、でも最後には俺が妥協して、じゃあ今回はスプーン曲げははじめて念写にしましょう。念写なら大槻先生も見るのは初めてだから、ついこの間会ったばかりだという話は避けることができますよねって言っちゃったんだよな。念写なんてスタジオでやると失敗するほうが多いんだよ。だから普段はこんな状況じゃやらないんだけどさ。でもプロデューサーが、いいですねえそれでいきましょう！　って大乗り気になっちゃって、何だか引くに引けなくなっちゃってさ……何か俺、結局、いつもこうして、墓穴を掘っちゃうんだよな」
「台本に書いてあるからこのあいだ会ったことは内緒にしてくれ」と打診したという大槻の意向はよくわからない。スプーン曲げを見て認めてしまったことを内緒にしてくれと言うのならまだわかる。代案として念写を持ちだして墓穴を掘ってしまったという清田も、実は僕にはよくわからない。いずれにせよ、このときの収録について、大槻は講談社ブルーバックス「超能力ははたしてあるか」に以下のように記している（他の章では例によって、堤裕司や宜保愛子、ユリ・ゲラーなど海外の超能力者たちを、「やらせ」や「トリック」、「子供だまし」などの語彙《ごい》をふんだんに駆使しながらさんざんに罵倒《ばとう》しているが、この章だけ攻撃的な論調が、表面的には急激にトーンダウンしている。事前に清田が言うような経緯があったとしたら、それも何となく腑に落ちる）。

　さて、一九九二年の春、テレビ朝日の「水曜特番」の生放送で、わが国の有名な超能力者、清田益章氏が、この念写をやってのけることになった。／これに立ち会ったゲストは私と写真家の加納典明《かのうてんめい》氏であった。その日、皮《ママ》の服を着た清田氏は三時間もの生放送の間、パックしたポラロイドフィルムに両手をかざし、念を送った。その努力は私が見ていても大変なものであった。／しかし、結果は無残なものだった。現像した三パックのフィルムのどれにも、念写のかけらも写っていなかったのである。／「今日は胃の具合が悪く、超能力を発揮できなかった」と彼は、番組の終りにうっすらと涙を流した。

（「超能力ははたしてあるか」132〜133頁）


「それでその後だったか前だったか、大槻先生から電話がかかってきてさ」

「あのときだね」

「そうそう。七年前か。ちょうどそのとき森さん居合わせたんだよな。青山の事務所だよ。それで原宿のラフォーレのすぐ前のビルにある焼肉屋で待ち合わせしたんだけどさ、行って挨拶《あいさつ》してたら、いきなり日本テレビのカメラクルーがどやどやって、やってきてさ」

「……どういうこと？」

「大槻先生、呼んでたんだよな」

「それは聞いてないの？」

「聞いてないよ。聞いてたら行かないよ。だって俺、テレビではスプーンは曲げませんって例の宣言した後だからな」

「うん」

「日テレのクルーに、申し訳ないけど俺は曲げませんって言ったわけ。そしたら大槻先生が、『清田君、清田対大槻教授で視聴率が何パーセントか成り立つんだから』って説得しようとするんだよ。だから俺は言ったわけよ。とにかく俺はもうテレビカメラの前では曲げないって宣言しちゃったし、別にカメラはなしでもいいでしょうって。早稲田の研究室に通いますから徹底的に俺を使って実験してくださいって。謝礼はいっさい要りません。それでやっぱりインチキだって確信したのならマスコミでそう喋《しゃべ》ってもらってかまわないから、とにかく徹底的に実験してくださいよって言ったんだ」

「……それで大槻さんは何て？」

「せっかく高い視聴率がとれるのにとか何とかいろいろ弁解してたけど、要するにメディアがないんじゃ意味がないみたいなこと言うんだよな。でも学者なんだからさ、メディアは忘れましょうよって俺は言ったんだよ。返事はいつでもいいから待ってるよって言ったんだけど……それ以来連絡は途絶えちゃったな。……もういいよ。他にもいろいろあったんだけどさ。もっと前向きな話題で時間を使おうぜ。この話はやめようよ」

「最後に聞くけどさ、今までの話は全部真実だよね？」

「混じりっけなしの真実だよ。大槻先生に確かめてくれればいいよ」

最後の最後に、大槻を巡るエピソードについては一方的な記述になって僕自身も不本意ではある。噂は常に面白可笑《おか》しく変質するものだし、記憶だって事実のままに話しているつもりでも、自分にとって都合のいいように脚色したり、ニュアンスを剪定《せんてい》してしまうことは必然だ。当事者とはいえ片側だけの証言では、アンフェアであることは充分承知している。たぶん彼にも言い分はあると思う。しかし会えない以上は仕方がない。反論はお待ちする。でもとにかく、会って話すのがいちばんじゃないかな？

スモークが立ちこめ、三百人もの招待客たちは皆中腰になった。花道の脇からどっと笑い声が起こる。カーリーヘアの鬘《かつら》を被《かぶ》りインド風の衣装で登場した清田益章は、片手をあげて花道の脇のテーブルに砂を撒《ま》きながら登場した。言うまでもなくサイババのパロディだ。同じく民族衣装に身を包んだゆきこと真希が、照れくさそうに後に続く。渋谷の巨大なレストランを借りきっての清田の結婚式は、こうして爆笑のうちに始まった。

僕の座るテーブルには、秋山眞人と堤裕司、それにソニーの佐古曜一郎や月刊誌「ムー」の編集長である土屋俊介《つちやしゅんすけ》などが着席していた。新郎新婦の入場の次は、中国の民族楽器を奏でる女性が紹介されて何曲か弾いた。最後の曲の演奏中にその楽器の弦が切れた。女性は狼狽《ろうばい》しながらも懸命に演奏した。初めて聴く音色だったが美しい曲だった。レスリングのオリンピック銀メダリスト太田章《おおたあきら》、ビジュアリストの手塚眞《てづかまこと》などが挨拶に立ち、次には新郎と新婦が自作の歌を披露した。十数年前、清田がバンドを結成していた頃に作った歌だ。しかしまた途中で、リードギターの弦が切れた。つのだ★ひろが「メリー・ジェーン」を歌い、喜納昌吉《きなしょうきち》が三線《さんしん》を手に「花」を歌う。ここでも弦が切れた。切れた弦でも「花」は素晴らしかった。演奏が終わって余韻が残る会場で、「いやあ、これだけ超能力者が揃うとやっぱり弦は切れるねえ」と誰かがつぶやく。壇上には仲人の船井幸雄《ふないゆきお》が立っていた。開口一番、「私もいろいろ仲人やりましたが、仏滅の日の結婚式の仲人は初めてです」と言って会場は大爆笑となった。

式の最後はやはりスプーン曲げだった。「やっぱりやらないわけにはいかないだろうな」と言いながら、ステージに上がった新郎はスプーンを左手に持ち替え右手にマイクを持ち、「今日は本当にありがとうございます」と話し始める。招待客の席に置かれていた引き出物の紙袋のいちばん上には、透明なセロハンの箱に入れられたスプーンが入っている。スプーンの柄は90度捩《ねじ》れている。三百人分、家で二日で捩りましたと壇上で清田が言う。「もう途中から流れ作業みたくなっちゃって、そうしたら不思議なもんで次から次へと曲がるんですよ」

失笑が洩《も》れる。スプーン曲げの流れ作業は確かに笑える話だ。箱の中からとりだしたスプーンを手に、僕はいつのまにか無意識に、柄の部分にペンチで抑えたような傷がないかどうかを点検していた。むろんそんな痕跡《こんせき》があるはずがない。そんなことをするはずのない男だと知りながら、いざ三百本のスプーンを現実のものとして許容しようとすると、猜《さい》疑《ぎ》がむくむくと湧いてくる。このくりかえしだ。いつもこうだ。たぶんこれから先も、僕はスプーンを手に必死に念ずることはないだろう。夜空を何時間も眺めることもないだろう。これだけの体験を経ても、超能力を盲目的に「信じる」というスタンスには未《いま》だに立てない。でも同時に、「信じる」と「信じない」という二者択一の狭間《はざま》で悩むことはもうないだろう。この曖昧《あいまい》さに胸を張ろうと思う。そしてたったひとつ、三人の男たちが、決して自分に嘘をついていないことだけは、僕が獲得できた唯一の確信だ。

会場内がどっとどよめく。顔を上げた僕の視界の端を、折れたスプーンの先端が横切り、床に落ちて硬質な音をたてた。

Epilogue

「最初から疑っていたわけじゃないんですよ。事前に実家の寿司屋まで出向いてスプーン曲げを見せてもらったときは、確かにこれはすごいと思ったんです。そうでなければ番組にしようだなんて思いませんよ」

　東急目《め》蒲《かま》線洗足駅前のセルフサービスの喫茶店。昨年フジテレビを定年退職したばかりの宇留田《うるた》俊夫《としお》は、混雑した店内に一五分遅れて姿を現した。彼とはこれが初対面だったが、扉の脇に立って店内を見渡すその様子に、僕は「彼だ」と直感して腰を上げた。綺麗《きれい》に揃えられた顎鬚《あごひげ》やジャケットの着こなしに、如何《いか》にも老練なメディア関係者という雰囲気が、濃厚に漂っていたからだ。

「週刊サンケイ」の最後の編集長で「週刊ＳＰＡ！」の初代編集長。そして十五年前、清田益章のトリックを暴いたというフジテレビの番組の、担当プロデューサーが彼だった。

「当時ね、立花隆《たちばなたかし》さんが超能力にものすごく興味を持っていたんですよ。それできちんと科学的に検証してみようという相談を彼として、清田に新宿のホテルに缶詰になってもらったんです。一週間ぐらいかなあ。スタッフと一緒に宿泊して、とにかくスプーン曲げを実演させました。スプーン曲げそのものはそれまでもさんざんメディアで紹介されています。しかし、なぜか、曲がる肝心の瞬間の映像がほとんどないんですよ。その瞬間をとにかく撮ろうというのが、私と立花さんの当初の狙いでした」

この長期の撮影で、スプーン曲げの映像は何度もビデオに収めることができた。しかし当初の目的であるスプーンが曲がる瞬間だけがどうしても撮れない。「曲がる瞬間に手で隠すようだ。あれは偶然ではない。明らかに撮らせないようにしている」と訴えるスタッフもいて、現場の雰囲気は、清田への猜疑と撮影が進まない焦燥で、徐々に険悪になっていったという（現在の清田は曲がったり折れたりする瞬間を隠すことはない。当時は今とやりかたが少し違っていたようだ。そもそも折れる瞬間のスプーンを顔の前にかざす今のやりかたは、「テレビカメラがスプーンと顔とを正面から同時に撮れるように工夫したんだよ」と以前清田は語っていた）。

「私自身も、どうもこれは怪しいという気分になっていました。そんなとき、彼が以前から約束していたという日本テレビのワイドショーに出演するため、こちらの撮影は一旦《いったん》中断したんです。で、日本テレビにこっそり頼んで、スタジオの天井に清田の手許《てもと》が撮れるように隠しカメラを仕込ませてもらったんです。結果は案の定でした。ＣＭのあいだにテーブルの下で、清田はスプーンを手で曲げていたんです」

「撮ったのですか？」

「ええ。その瞬間を隠しカメラは撮っていました」

ソーサーの上のティースプーンを手にすると、宇留田はその手口を再現した。

「手で二つに折り曲げてから捩《ねじ》って伸ばす。こうすると折れる直前の状態になるんです。この状態をキープして、あとは指先に少し力を加えるとぽっきりと折れるでしょう？」

はあなるほどと頷《うなず》きながら、僕はタバコを咥《くわ》える。折れる直前をキープしたと宇留田はあっさりと言うが、考えるまでもなくそれはかなりハイリスクな技術だ。テーブルの下で万が一折れてしまったら、CMが終わった生放送のスタジオは収拾がつかない状態になる。すべてが発覚する。トリックとしてはあまりにお粗末だ。それに何よりも、スプーンが折れるまでの一部始終を僕は何度も見てきたが、そのレベルでの不審な手つきがあったことなど一度もない。力で折った場合のスプーンと比較すれば、断面が明らかに違うことも一目でわかる。少なくともテーブルの下でこっそりと折り曲げるようなそんな稚拙なトリックなど、これまで僕の目の前では絶対ありえなかったと断言できる。

しかし同時に、その瞬間の映像という明白な証拠が確かにあるのなら、そんな疑問や反論は瞬時に払拭《ふっしょく》されることもまた事実だろう。

日本テレビの収録を終えて何も知らずにホテルに再び戻った清田に、宇留田は念写を要求した。部屋にはあらかじめマジックミラーを仕込み、スタッフたちは全員、合図とともにさりげなく部屋の外に出た。予測は当たった。部屋に一人残されてから、渡されたポラロイドカメラのフィルムの包み紙を一部破って感光させる清田の姿が、マジックミラー越しにカメラに収められたという。

「この段階で、実は番組のお蔵入りを僕は覚悟したんです」

しかし番組のキャスター的役割を担った立花隆は、事実は事実として呈示すべきだと放送を主張し、宇留田は当時のフジテレビ社長である鹿内春雄《しかないはるお》に、直接相談して判断を仰ぐことになった。一番組としてはかなり異例の事態と言えるだろう。

「鶴の一声ですよ」

宇留田は自嘲《じちょう》的に笑う。鹿内の返事は、「放送せよ」だったという。こうして宇留田は清田をスタジオに改めて呼び、回るカメラの前で、隠しカメラの映像を突きつけた。

「あの頃清田はまだ二十代前半でした。最近は少しずつ力が弱くなってきたので時々こんなトリックを使ってましたとか、確かそんな言い訳を不貞腐《ふてくさ》れながらしていましたね」

つまり彼は自分の能力を全面的に否定したわけじゃないんですね？　と念を押す僕に宇留田は、「しかしそれは今となっては詭弁《きべん》でしょう」と苦笑する。

「ホテルで実験しているとき、畑正憲《はたまさのり》さんが見に来てね、彼の目の前でスプーンを捩って折ったんです。でも結局それも、僕らの目を盗んでスプーンを手で捩っていたわけですから」

「その瞬間は目撃したんですか？」

僕のこの疑問に、宇留田はやや心外そうに目を見開く。

「そのときは見てませんよ。でもトリックがあったことは事実なんだから」

「確かにトリックを日本テレビのスタジオでやったことは事実かもしれません。でも、それをもって清田のスプーン曲げは全部トリックだと断言はできないですよね」

「しかしね、本人も認めてますからね」

「全部トリックでしたと認めたのではなく、調子が悪いときに時々トリックを使っていましたと清田は言ったんですよね」

「ですからそれは詭弁でしょう」

この問答は何度か続いた。しかし宇留田の表情に当惑や動揺は浮かばない。これ以上は無理だ。自信に満ち溢《あふ》れたその表情を眺めながら僕は思う。

「……念写の話に戻りますけど」

「ええ」

「さっきのそのトリックでは確かに感光はするでしょうけど、でも清田の念写は、人の顔や景色などを写しだす場合のほうが多いんです。それはご存知ですよね？」

「ああそうですか」

「ご存知ないんですか」

「知りませんね」

「他の番組でもよくやってましたけど」

「僕が番組として超能力にかかわったのは、このときが最初で最後ですからね」

言い終えて宇留田はコーヒーを口に運ぶ。トリックが明白になったものに、なぜ興味を持続させなくてはならないんだ？　という僕への無言の抗議が、語尾に微《かす》かに滲《にじ》んでいるような気がしたが、僕の助走は止らない。

「具体的なビジョンを念写する場合は、先ほどのトリックでは説明できないですよね？」

「そりゃあ、いろいろトリックはありますよ。それをひとつひとつ説明してたらきりがない。要は清田がテレビでトリックを使ったということです。つまり彼が日本中をペテンにかけようとしたことは間違いなく事実ですからね」

「……番組として清田を追いつめたという雰囲気はなかったですか」

「追いつめた？　それはないです。確かにホテルに一週間宿泊させたけど、外出なんかも自由にさせてましたからね」

「外出が自由だから、プレッシャーがなかったとは言いきれないと思うんですけど？」

「はい？」

「つまり……、番組の中でスプーン曲げや念写を成功させなくてはならないというプレッシャーは絶対あったと思うんです」

「それはそうでしょう。でもそれを言うのなら、そのプレッシャーは誰にでもありますよ。そもそも出演を断るという選択も清田は最初にできたわけですよね」

正論だ。僕は黙りこんだ。執拗《しつよう》に質問をくりかえす僕のスタンスは、宇留田の側からはどう贔屓目《ひいきめ》に見ても、清田シンパの偏執的肯定派と見なされても仕方がない。その自覚はある。正論は悉《ことごと》く彼の側にある。十六年前、清田益章がテレビのスペシャル番組でトリックを暴かれたという経緯は、確かに紛れもない事実なのだ。

宮内勝典との対話集「サイキの海へ」（めるくまーる社）で清田は、実は隠しカメラがあることは気づいていたし、そもそもスプーンを試しに手で曲げてみてくれとスタッフに提案されたのだと語っている。念写についても、巧妙に作為的な編集をされたと主張して、スタッフの何人かが事後には謝罪の電話をかけてきたと述べている（この対談は事件の二年後に収録されている。現在の清田の言い分とは明らかな温度差がある。しかしこれをもって詭弁とは断定できない。現在の清田はとにかく、「弁解はしたくない。理由はどうあれ、紛らわしいことをやった俺が悪いんだからさ」と僕には一貫して言い続けている）。

いずれにせよトリックがあったことは事実だ。しかし隠しカメラでトリックを撮影し、本人も認めたから、彼の能力はイカサマなのだとするこの三段論法に、僕はどうしても馴《な》染《じ》むことができない。数式の等号関係のように明快すぎて逆に不安になる。心情的な部分ももちろんある。でもそれだけではない。宇留田の言葉の端々に滲む「善悪」という基準に、居心地の悪さをどうしても感じてしまう。倫理や正義という感覚でこの現象をあっさりと裁いてしまうことに、直感に近い不安を抱く。

オウム事件以降に特に突出したと個人的には思っているが、いわゆる不正に対してメディア全般が掲げる過剰な正義感の発露が、そもそも僕には馴染めない。カレー事件の容疑者や某球団の監督夫人、あるいは少年犯罪の加害者や、息子が逮捕されたかつての好感度ナンバーワン女優に対しての報道が典型だが、その行間に滲む「臆面《おくめん》もない正義」には、(同じメディアに属しながら)僕にはどうしても同調できないし、直截《ちょくさい》に言えば辟易《へきえき》する。

十六年前のフジテレビの一件も、さらに時世を溯《さかのぼ》って二十七年前の週刊朝日の一件も、この「社会正義」という感覚が背景に見え隠れするという意味では同質の匂いがする(週刊朝日の後の副編集長である稲垣武《いながきたけし》は、事件五年後の「文藝春秋」で、関口淳とその父親を名指しで「テレビ局の下請け屋」と形容して攻撃し、「テレビという『魔法の箱』を使って、国民性の弱点をうまく突けば、国民の大多数に、デマを信じさせることができることを教えたようである」と結んでいる)。

倫理や正義はもちろん社会共同体の重要な規範である。しかし少なくとも超能力という現象の方程式に、この記号を代入して解読することに僕は大きな違和感を持つ。これらの剝《む》きだしのモラルの周縁に、禍々《まがまが》しい「憎悪」の気配をどうしても察知してしまうからだ。そしてこのルサンチマンにも似た情感は、冷静な判断や正確な解析という地平まで、決して僕らを到達させてはくれないと確信しているからだ。

「二千三百万円の制作費をおまえは弁償できるのかとスタッフに詰め寄られたと清田は言ってましたけど？」

「そりゃあないですよ」

「確かですか」

「言いませんよ。そんなこと」

そうですかと頷《うなず》いて僕は口を閉ざした。これ以上の追及は無理だし意味もない。二千三百万という数字に具体性があるといっても決め手にはならない。ただ、「言った言わない」という慣用句を僕らはよく使うが、実際のところこんなケースでは、言われたという受動の記憶のほうが、言わなかったという能動の記憶よりも正確である場合がほとんどだ。人は言われたことは覚えていても、言ったことは忘れる場合が遥《はる》かに多い。もっとも清田がそれを狙って口から出任せを言ったという可能性だって否定できない。何でもありだ。最終的な判断は誰にもできない。

「もしも清田が超能力者なんて自称せずにマジシャンとでも言っていれば、僕らもここまでやることはなかったと思います。しかし現実には彼はその頃、中小企業の社長とかを集めてイメージする力が大切ですとか言いながら金儲《もう》けをしていたわけです。その意味では社会的責任があるわけです。ならばありのままを放送して、彼の不正というこの現実を、世の中に正確に伝えることが使命なんだと僕らは判断したわけです」

……さっきは社長の鶴の一声でしたと言ってたじゃないかよと思いながら、僕は冷えきったコーヒーを口に運ぶ。徹頭徹尾、彼は正論なのだ。反駁《はんばく》のしようがない。だけどこの健全な鋳型からどうしてもはみだしてしまうところに「超能力」の本質がある。そして僕が、惹《ひ》かれて止まない理由もきっとここにある。

本文中の敬称は省略させていただきました（編集部）。

あとがき　三つ巴の関係についての補足

マジシャンと超能力者、あるいは科学者と超能力者という三つ巴《どもえ》の関係について補足する。このトライアングルの構造は親和力だけでなく、近親憎悪にも似た斥力も働いて、互いに排除し合いながら引き合うという複雑な構造となっている。

錬金術を持ちだすまでもなく、科学史の黎明《れいめい》は、魔術的物質観とは不可分の関係にあった。しかし十八世紀後半、燃焼という現象は物質の中のフロギストンという可燃性流体が燃えるのだとされていた「フロギストン説」を、フランスのラヴォアジェが酸化という概念に着眼することで否定して実証した。本格的な実験物理学はこうして産声をあげる。十九世紀を迎えると、化学や物理学、医学や生物学などへジャンルの枝分かれと並行する形で、オカルトが徐々に駆逐されてゆくという過程が明確になってゆく。デカルト的近代合理主義のとりあえずの勝利と言い換えることもできるかもしれない。しかし科学とオカルトとのあいだには、実はこれ以前もこれ以降も、単純な対立とは言いきれない関係が続いていた。

「プリンキピア」著述時に、アイザック・ニュートンが錬金術に取り組んでいたことは科学史では常識だ。フロイトのテレパシーへの関心はユングが唱える集合的無意識論で開花したし、哲学者のベルクソンも透視やテレパシーの信奉者だった。

もちろんこの系譜は現代にも続いている。一九九九年十一月、早稲田大学構内で、「意識・新医療・新エネルギー国際シンポジウム」なるイベントが開催された。壇上に立った奥島孝康早稲田大学総長は「今後は医学の分野でも気の研究を重要視してゆかねばならない」と挨拶《あいさつ》し、この催しのために来日したブライアン・ジョセフソン教授（一九七三年にノーベル物理学賞を受賞）は、「超常現象の発見は正当な物理学が既に限界に達していることを呈示した」と宣言した。ちなみに最後に登場したのは清田益章で、「ニューサイエンスとメタル・ベンディング」というテーマで講演した後に、スプーン曲げを実演している。

オカルトへの親和で何といっても有名なのは、ウィリアム・クルックス（タリウム元素の発見者であると同時にX線や電子の発見の引き金となったクルックス管を発明し、英国科学振興会やロイヤル・ソサエティの会長まで務めた科学者）、サー・オリバー・ロッジ（電磁波研究の先駆者であると同時に、エーテルの存在を実験によって初めて否定した科学者。彼の研究がアインシュタインの特殊相対性理論の理論的支柱となった）の二人だろう。この時代のヨーロッパは、ダニエル・D・ホームやダベンポート兄弟など、幾多の霊媒師たちが主催する交霊会や心霊ショーが大衆の大きな関心を呼び、また社交界の重要な場としての機能も担っていた。二人のこの偉大な科学者は交霊会に参加して大きな衝撃を受け、以後は霊媒師たちの熱心な信奉者となり、全面的に支援した。

この時代における霊媒師たちの天敵は、科学者よりもむしろ奇術師だった。しかし奇術師が天敵として機能するためには、攻撃目標である霊媒師たちも実は奇術師であるという複雑に捩《ねじ》れた前提条件が必要だった。つまり奇術師が霊媒の掲げる奇術のトリックを暴くという掟破《おきて》りの構図である。その霊媒バスターの筆頭は、何といっても「脱出王」ハリー・フーディニーだ。生涯を通じて交霊会や霊媒師たちのトリックを暴き続けた彼だが、本物の霊媒師の存在を同時に信じていたという一面もあり、死後は霊界から交信を試みるという遺言を妻に残してもいる（妻だけには暗号を伝えていた。そしてその暗号を伝えた霊媒師は、遂《つい》に一人も現れなかったようだ）。

近代科学史の概略だけを俯瞰《ふかん》しても、ヨーロッパを中心に、超能力（魔術的な現象）と科学、そして奇術とが、愛憎入り乱れる複雑な相関図を描いていることは一目瞭然《りょうぜん》だ（オカルトに傾斜する科学者や研究者が多い理由として、堤裕司は以前僕に、「研究者ほど騙《だま》されやすい人種はいないんです」と説明したことがある）。

これよりやや遅れて日本においても、御船千鶴子の千里眼実験騒動が勃発《ぼっぱつ》する。トリックが暴かれて超能力が科学に屈した好例と喧伝《けんでん》されるこの事件だが、その背景には西洋化政策を推し進める明治政府の意向と、それに追随した東京帝国大学教授たちの派閥や新聞報道の作為的な偏向があるとする説もある。

いずれにせよ、当時の記録を詳細に読み返せば、二回に分けて行われた御船千鶴子の透視実験でトリックが発覚したとの記述は実はどこにもない。立会人だった山川健次郎《やまかわけんじろう》東大総長を筆頭とする東大教授たちも、その場では実験の成功を全員が認めており、翌日の新聞もこれを報道している。ところがこの直後、実験には立ち会っていなかった中村清二博士が「材料をすりかえた可能性がある」と新聞記者に憶測で語ったことをきっかけにメディアの大バッシングが始まり、御船千鶴子は自殺する。

同時期にもう一人、福来博士が発掘していた長尾郁子《ながおいくこ》の実験では、念写の公開実験の際に立会人の研究者たちが乾板を箱に入れ忘れるというとんでもない不手際が発覚した。自分を試そうとしたのですかと憤慨して泣き崩れる長尾に、立会人の代表である山川健次郎東大総長が謝罪したという記録も残されている。しかし後日、トリックが暴かれて長尾郁子が謝罪したとまったく逆の事態を報じるメディアまで現れて、日本中が大騒ぎとなり、長尾の自宅には複数の脅迫状までが送りつけられて、この一ヵ月後に長尾は（精神的ショックが引き金となって）病死してしまう。

福来博士が発掘した三人めの超能力者高橋貞子《たかはしさだこ》は、客観的な実験に耐えられる素材として博士が最も期待したが、なぜかこれまでの常連だった東大の研究者たちが公開実験の場に一人として集まらず、その意味での公式な記録が残されていない。この直後に福来は東大を正式に追われており、巨大な学閥組織の思惑がこの背景には透けて見える。

彼女たちが本当にそんな能力を持っていたかどうかは今となっては僕にはわからない。念写の証拠として残された乾板の文字を写真で見たかぎりでは、トリックの可能性は否定できないと思っている。しかし今ここで問題にしたいのは、彼女たちの能力の真贋《しんがん》ではなく、メディアや学閥、そして世論にシンボライズされる、当時の日本社会の異端へのメンタリティであり、結果として二人の女性が命を失ったという事実である。

高橋貞子の夫、高橋宮二は、その著書「千里眼問題の真相」に、「この問題は今日の状況においては、可否の理論の時代を超過して事実の存在を確定し、この発現の理論的探究時代にある」と書き残している。八十年前だ。しかし理論的探究時代は今も続いている。

大学というアカデミズムにおける迷宮、マッチポンプの役割しか果たさないマスメディア、この構造は今もまったく変わっていない。早川一《はやかわはじめ》は『捏造《ねつぞう》された実験報道』（「オカルトがなぜ悪い！」所収・新人物往来社）で高橋宮二のこの文章についてこう記している。

「不幸なことに我々はこの言葉に付け加えるものをほとんど持っていない。進展するチャンスがなかったというならまだわかる。しかしそうではなく、進展しないのだ。どうやら我々はとてつもない迷宮の森で、未だに出口が見つからない状況にあるのかもしれない」

最後の最後に他人の文章を借りることに逡巡《しゅんじゅん》はある。しかしこれにつけくわえる文章は、今の僕にも思いつけない。しいて書くのなら、プロローグの結びの文と重複する。小さいものや弱いものや薄いものを見つめることが大切なのだ。目を凝らせばきっと出口は見えてくる。他者の営みを想う心をとりもどすだけでよい。

きっと曖昧《あいまい》に、確信できるはずなのだ。

文庫化に際してのあとがき

テレビドキュメンタリー「職業欄はエスパー」がオンエアされてから四年が過ぎ、単行本『スプーン』（編集部注　単行本時のタイトル）が出版されてから一年半が経過した。「信じる・信じない」という二者択一への違和感は今も変わらない。いやむしろ、国内ではオウムの地下鉄サリン事件を助走にして、そして世界的には昨年の同時多発テロを契機として、「正義と邪悪」や「真実と虚偽」などの二元論が更に加速したと実感している。

人の営みや種々の事象は、両端だけで構成されるはずはない。その中間にある葛藤《かっとう》や煩《はん》悶《もん》、曖昧《あいまい》さや中途半端なものを、無価値として切り捨てる傾向にある今の世相に対しての危惧《きぐ》は、僕の中で日々濃密になっている。

オウム事件直後は、青少年に悪い影響を与えるからと一斉に姿を消していた心霊や超常現象番組は、いつのまにか息を吹き返して毎日のようにゴールデンタイムで放送されている。肯定派も否定派も忙しい。でもテレビ出演に一線を引いた秋山眞人と堤裕司の生活は、ここ数年、ほとんど変化はないようだ。子供たちも大きくなった。清田益章だけは、旅行でたまたま行ったバリ島がすっかり気に入って、とうとうこの春に家族で移住してしまった。

「日本はもう嫌だよ。バリではスプーンが気持ちよく曲がるんだ」

最後に会ったときに彼が言った言葉だ。僕自身は未《いま》だにスプーンを手に念じることはないが、つい先日、夜空をしばらく眺めていたことがある。ずいぶん長時間眺めていたつもりだったが、時計を見れば五分もたっていない。たぶんこれが僕の限界なのだろう。きっとこの先も、僕は超能力に目覚めたり、UFOを目撃することなどきっとない。断定はあまりしないように心がけているのだけど、でもこれにはなぜか確信がある。

彼らとの付き合いは今後も続く。これにも確信がある。被写体として興味が持続しているからじゃない。彼らを好きだからだ。

二〇〇二年夏

森　達也

「妖怪人間ベム」（作詞：第一企画　作曲：田中正史）
「さよなら神様」（作詞：清田益章）

本書は二〇〇一年三月に、飛鳥新社より刊行された
単行本「スプーン〜超能力者の日常と憂鬱〜」を
改題の上で文庫化したものです。